리포밍 처치

리포밍 처치(Reforming church)

초판1쇄 발행   2015년 3월 30일
지은이   김신정
펴낸이   원성삼
책임편집   이보영
펴낸곳   예영커뮤니케이션

주소   136-825 서울시 성북구 성북로6가길 31
전화   (02) 766-8931
팩스   (02) 766-8934
홈페이지   www.jeyoung.com
이메일   jeyoung@chol.com
등록일   1992년 3월 1일 제2-1349호

ISBN 978-89-8350-910-9 (03230)
책값 14,000원

「이 도서의 국립중앙도서관 출판예정도서목록(CIP)은 서지정보유통지원시스템 홈페이지(http://seoji. nl.go.kr)와 국가자료공동목록시스템(http://www.nl.go.kr/kolisnet)에서 이용하실 수 있습니다.(CIP제 어번호: CIP2015008638)」

모든 인간은 하나님의 형상을 닮은 존엄한 존재입니다. 전 세계의 모든 사람들은 인종, 민족, 피부색, 문화, 언어에 관계없이 존귀합니다. 예영커뮤니케이션은 이러한 정신에 근거해 모든 인간이 존귀한 삶을 사는 데 필요한 지식과 문화를 예수 그리스도의 사랑으로 보급함으로써 우리가 속한 사회에 기여하고자 합니다.

리포밍 처치

-기독교 세계관적인 교회란 무엇인가?-

김신정 지음

예영커뮤니케이션

추천사

지난 수년 간 국내외에서 기독교 세계관 운동을 하면서 필자가 마음에 지녔던 한 가지 부담은, 어떻게 세계관 운동을 삶의 운동으로 확산할 수 있을까 하는 점이었다. 필자 자신이 학자로서의 삶을 살고 있고, 그 외 세계관 운동에 참여하는 리더들도 대부분 학자들이거나 학교에 몸담고 있는 사람들이어서 세계관 운동을 삶의 전 영역으로 확산하는 것에는 한계가 있었기 때문이다. 그나마 학문과 교육 분야에서 기독교 세계관을 실천하려는 노력은 어느 정도 가시적인 성과가 있었지만 그 외 분야에서는 기독교 세계관을 구체적으로 실천하는 것이 쉽지 않았다.

이는 우리만의 상황이 아니다. 우리보다 먼저 기독교 세계관 운동이 일어났던 미국이나 캐나다 등에서도 상황이 비슷하다. 한 개인으로서 세계관적인 삶을 살려고 노력하는 것과 많은 사람이 그렇게 살도록 틀과 구조를 만들고 조직적으로 사람들을 훈련하는 것은 다르다. 김신정 목사님이 저술한 『리포밍 처치』는 그런 점에서 특별한 가치가 있다고 할 수 있다.

김 목사님은 밴쿠버기독교세계관대학원(VIEW)에서 필자가 가르친 제자이자 함께 쥬빌리채플을 섬겼던 목회의 동역자이다. 하지만 김 목사님은 필자가 섬기고 있는 VIEW에 유학 오기 전에 이미 한국에서 '그리스도인으로살기운동'으로 기독교 세계관을 목회와 삶의 현장에서 실천하기 위해 여러 해 동안 부지런히 노력한 사람이었다. 그러다가 VIEW에서 공부하는 동안 필자가 기독교 세계관적인 목회 모델을 위해 캠퍼스 채플로 개척한 쥬빌리채플을 함께 섬긴 것이다.

지난 여러 해 동안 필자는 김 목사님의 삶을 가까이에서 보아 왔다. 김 목사님은 말과 글로만 기독교 세계관을 외치는 사람이 아니다. 그는 삶을 통해, 특히 본인이 부름받았던 목회를 통해 실제로 기독교 세계관적인 삶을 추구하는 진정한 세계관 운동가이다.

본서는 저자가 본문에서 밝히고 있는 것처럼 두 가지 의도로 쓰였다. 첫째는 '기독교 세계관적인 시각을 따라 각 그리스도인이 하나님 나라 사역의 주체가 되어 자신에게 주어진 소명을 이루는 사역자가 되어야 함을 말하기 위해서'이고 둘째는 '기독교 세계관적인 목적에 초점이 맞춰진 교회가 있다면 어떤 교회일지를 같이 생각해 보고자' 함이다. 이를 위해 저자는 기독교 세계관적인 교회를 꿈꾸는 김 전도사와 소빛교회를 통해 기독교 세계관적인 교회를 시도하고 있는 이 목사라는 가상적인 두 인물을 내세워 한국 교회가 직면한 문제점과 이에 대한 자신의 입장을 설명하고 있다.

저자는 "오늘날 교회들은 믿지 않는 자들에게 복음을 전하고 또 그들이 교회를 위해 일할 수 있도록 교회 일꾼으로 양육하기는 하지만, 세상을 변화시키는 하나님 나라 확장을 위한 일꾼으로는 양성하지 못하고 있다."라고 지적한다. 그리고 이러한 문제의 원인으로 첫째, 수동적인 교인 둘째, 목회자와 교인에게 있어서 소명의 순수성 상실 셋째, 이원론적인 신앙관 등을 든다.

사실 여기까지는 다른 사람에게도 들을 수 있는 내용이다. 하지만 저자는 이 문제를 풀어 나가는 데 있어서 독특한 접근을 하고 있는데 가장 돋보이는 것은 철저하게 목회 현장 중심의 접근이라는 점이다. 본서에서 저자는 예배와 교제, 설교, 주일학교, 해외선교, 초신자 훈련, 성도의 훈련 등 목회 현장에 나가면 곧바로 목회자들이 부딪치는 문제들을 다루고 있다.

또 하나 돋보이는 것은 삶에서 부딪치는 문제에 대한 실제적인 접근이다. 기독교 세계관에 대한 논의는 자칫 이론적이고 추상적이 될 위험성이 있는데 저자는 현실 문제에 대한 기독교 세계관적인 접근을 대담하게 제시한다. 교회만이 아니라 가정, 직업, 돈, 환경, 미디어, 정치 등 우리가 살아가면서 부딪치게 되는 실제적인 문제에 대해 피하지 않고 목회의 일부로, 성도들의 신앙생활의 일부로 기독교 세계관적인 대안을 제시한다. 이러한 접근을 통해 저자는 자신이 생각하는 기독교 세계관적인 교회의 특징으로 신앙과 삶의 일치, 평등한 교회, 공동체성, 하나님 나라 확장 등을 제시한다.

본서의 주제는 자칫 딱딱할 수 있는데 저자는 앞에서 언급한 김 전도사와 이 목사라는 가상적인 인물을 내세워 대화 형식으로 자신의 입장을 개진하고 있다. 대화체를 사용해 쉬운 말투로 글을 쓰려고 노력한 흔적이 곳곳에 보이지만, 실은 본서는 기독교 세계관적 목회와 관련된 깊은 이야기, 진지한 교회관, 근본적인 기독교 세계관의 구조를 담고 있다. 그래서 저자는 필요할 때는 자신의 생각을 표현하기 위해 새로운 용어를 만드는 것도 주저하지 않는다. 주권선교사, 상황화신학작업, 주말교회기독교학교, 야학셀 등. 하지만 저자는 독자들이 이러한 개념을 혼란스러워 할 것을 감안하여 각 장 첫 부분에 잘 정리된 도표를 제시한다.

저자는 자신의 생각을 전달하기 위해 새롭고 다양한 용어들과 여러 도표 등을 동원하면서도 기독교 세계관적인 교회가 되려면 근본적으로 하나님 나라에 대한 목회자와 성도의 열정과 헌신이 있어야 함을 강조한다. 그리고 이 열정과 헌신의 결단은 교육과 함께 예배를 통해 불러일으켜지는데, 예배를 통해 그 열정과 헌신의 마음이 무너지면 기독교 세계관적인 교회도 무너진다고 말한다. 기독교 세계관적인 목회도 결국 그리스도인의 삶의 중심이자 목회의 기초인 예배에서 출발한다는 원론적인 진리를 재확인하고 있는 것이다.

필자는 기독교 세계관에 관한 많은 서적을 읽어 봤지만 본서만큼 기독교 세계관적인 목회에 대해 깊이 있으면서도 실제적인 가이드를 보지 못했다. 이는 그만큼 저자가 기독교 세계관적인 목회를 염두에 두고 오랫동안 많이 고민했다는 말이기도 하다. 그러므로 기독교 세계관적인 목회를 생각하고 있는 사람이라면 신학생이건, 교회 개척을 준비하고 있는 목회자이건, 이미 목회 현장에 들어서 있는 목회자이건 본서를 꼭 읽어 보기를 권한다. 그리고 목회자뿐만 아니라 새로운 교회에 관심 있는 모든 성도들도 읽기를 권한다. 새로운 목회, 혹은 새로운 교회의 패러다임을 갖게 될 수 있으리라고 확신한다.

2014. 10.

양승훈

(밴쿠버기독교세계관대학원 원장, 쥬빌리채플 담임)

머리말

기독교 세계관은 아브라함 카이퍼(Abraham Kuyper)와 같은 개혁주의 신학자들에 의해 주창되고 발전되어 오다가, 한국에서 1980년경부터 본격적으로 확산된 운동이라고 할 수 있다. 기독교 세계관 운동은 성경의 큰 구조인 '창조-타락-구속'의 시각으로 세상을 바라본다. 그리고 성과 속으로 세상과 교회를 분리하는 이원론이 아니라 세상을 구속해야 할 대상으로 바라보고 하나님 나라로 개혁해 나가야 할 곳으로 본다.

많은 신자들이 이런 기독교 세계관에 동의하고 '신앙과 학문', '기독교학교 운동' 또는 '기독교윤리 실천' 등의 영역을 통해 기독교 세계관 운동을 전개해 왔다. 그러나 기독교 세계관 운동이 정작 교회와 연관돼서 전개된 적은 별로 없었다.

필자는 기독교 세계관 운동은 교회가 그 운동의 중심이 되어야 한다고 생각한다. 왜냐하면 기독교 세계관 운동을 해야 할 성도가 모인 곳이 교회이기 때문이다. 그리고 교회가 변하지 않는 한 기독교 세계관의 확산은 어렵기 때문이다. 신앙이 교회에 머물지 않고 모든 영역에서 나타나 타락한 세상을 하나님 나라로 바꾸어야 한다는 기독교 세계관적인 목표는 교회를 통해 이루어지는 것이 효율적이다.

한국 교회는 짧은 역사 속에서 많은 성장을 이루었다. 믿지 않는 자들에게 복음을 전해 그들을 그리스도인으로 성장시켰다. 이제는 교회 안의 양육된 그리스도인들이 세상을 향해 나아갈 때가 되었다. 이러한 때에 기독교 세계관적인 시각과 목표는 더욱 절실히 필요하다.

성경은 각 성도를 향해 그리스도의 일꾼이고 하나님의 군사라고 부르며 하나님 나라를 위한 사역을 말한다. 첫째 사역은 복음을 전하는 것이고, 둘째 사역은 세상을 하나님 나라로 만들어 가는 것이다. 이제 한국 교회는 복음 전도에서 한 걸음 더 나아가, 각자가 자신의 은사와 소명을 따라 자신의 삶의 자리에서 하나님 나라를 확장해 가는 사역을 할 수 있도록 돕고 지원하는 시스템을 갖추어야 한다.

한국 교회가 이런 하나님 나라의 소명과 사명을 말하지 않는 것은 아니라고 생각한다. 그러나 문제는 교인들이 이런 하나님 나라 일꾼의 소명을 감당할 수 있도록 지원하는 교회 시스템이 없고, 그에 대한 충분한 논의가 없다는 점이다. 별 재주가 없는 사람이 이런 거창한 제목의 책을 쓰게 된 것도 바로 이런 이유에서이다.

이 책은 두 가지 의도로 쓰였다. 첫째는 기독교 세계관적인 시각을 따라 각 그리스도인이 하나님 나라 사역의 주체가 되어 자신에게 주어진 소명을 이루는 사역자가 되어야 함을 말하기 위해서다.

둘째는 기독교 세계관적인 목적에 초점을 맞춘 교회가 있다면 어떤 교회일지를 함께 생각해 보고자 함이다.

이 책에서 그려진 기독교 세계관적인 교회가 결코 완전한 모델이 될수 없고, 여러 가지로 허술하고 모순된 점이 많을 수 있다. 또한 이러한 교회 모습보다 더 기독교 세계관적인 구조와 프로그램을 가진 교회가 있을 것은 자명하다. 그럼에도 불구하고 이 책을 쓰고 출간한 것은 이런 논의를 본격적으로 하면서 기독교 세계관적인 교회 운동을 시작하고 싶은 간절한 마음 때문이다.

많은 사람이 만인제사장을 말하고 또 평신도의 위상과 역할에 대해 생각하곤 한다. 그러나 그것이 교회 안에서의 만인제사장이 되고 교회 안에서의 위상과 역할이 주장될 때, 교회는 여러 문제에 봉착하게 된다. 왜냐하면 만인제사장은 교회 안에서의 제사장이 아니고 세상에서의 제사장을 말하기 때문이다. 그리스도인들이 역할을 하고 드러나야 할 곳은 교회보다는 세상이어야 한다.

한국 교회는 아직 이렇게 세상 속에서 제사장으로 역할을 감당하며 하나님 나라의 사역을 하는 교인을 돕고 지원하는 시스템이 부족하다. 그런 선언과 구호는 있을지 모르나 세상 속의 사역자들을 양육하고 도우며 지원하는 구조와 실제적이고 구체적인 프로그램이 없다. 이 땅과 이 시대에 이런 구조와 프로그램을 지닌 교회가 필요하다. 이 책이 세상 속에서 하나님 나라를 이루어 가는 교인을 양육하고 도우며 지원하는 기독교 세계관적인 교회를 만들어 가는 데 기여할 수 있기를 간절히 바란다.

책의 내용은 대부분 상상 속에서 그려본 교회이다. 그러나 앞으로 계속 이런 연구가 진행되고 발전되기를 기대한다. 그리고 실제 이런 교회가 생겨나서 기독교 세계관적인 교회의 모델을 보여 주고 온전한 방법을 제시할 수 있기를 기대한다.(앞으로 연구되는 정보는 기독교 세계관적인 교회 연구회〈www.clm.or.kr/cwc〉를 통해 제공받을 수 있다.)

목차

1장

김 전도사의 방황

전철이 지하를 벗어나 지상으로 올라왔다. 그리고 바로 전철이 하늘을 향해 올라갈 때쯤, 김 전도사는 얼굴에 비취는 햇살 때문에 선잠에서 놀란 듯 깨어났다.

김 전도사는 현재 무직 상태이다. 그는 신학대학원을 졸업한 뒤 3년간 전임 전도사로 사역했고, 이제 목사 안수를 앞두고 있었다. 그러나 그에게 심각한 회의가 찾아왔다. 목사 안수를 받아야 할지 말아야 할지 고민하게 된 것이다.

김 전도사가 부교역자로 섬기던 교회를 사임하고 또 목사 안수를 받지 않기로 했다는 소식은, 주변 사람에게 적잖은 충격을 주었다. 그 소식을 듣고 그의 신학교 동기 친구들이 만나자고 해서 김 전도사는 지금 그곳으로 가고 있는 중이다.

만날 장소는 신학대학원 졸업 후 바로 서울 외곽 지역에 교회를 개척한 동기 목사의 교회였다. 지하철에서 내려 마을버스를 타야 갈 수 있는 조그마한 상가 교회였다. 김 전도사가 그 교회에 도착했을 때 동기 세 명은 이미 와 있었다. 모임 장소를 제공한 박 목사는 교회를 개척해서 단독 목회를 하고 있었기 때문에 다른 동기들보다 일찍 목사가 되었다. 오 전도사와 최 전도사는 교회에서 부교역자로 사역하고 있었고, 곧 목사 안수를 앞두고 있었다.

이들은 김 전도사가 모임 장소로 들어왔을 때 그의 모습이나 표정이 너무 평범해서 오히려 좀 놀랐다. 교회를 사임하고 목사 안수를 받지 않겠다고 하는 충격적인 행동을 한 사람치고는 무척 평안해 보였기 때문이다.

친한 사이긴 하지만 뭔가 조심스럽게 물어봐야 할 사정이 있을 거라 생각해서 정작 묻고 싶은 것은 묻지 못하고 날씨와 건강에 대한 얘기를 주고받으며 김 전도사의 상태를 살폈다. 그리고 김 전도사가 별 급박한 일을 당하거나 신상에 큰 문제가 없다는 것을 확인하고 난 뒤에야 박 목사가 단도직입적으로 물었다.

"아니 김 전도사, 도대체 왜 목사 안수를 안 받겠다는 거야? 무슨 문제라도 있어?"

"어? 제가 언제 목사 안수를 안 받는다고 했나요? 목사 안수 받는 것을 잠시 보류하겠다는 거지 안 받겠다고 한 것은 아니에요. 아직은 목사 안수를 받아야 할지에 대한 확신이 없어서 이번 연도에는 안 받겠다고 한 거예요."

박 목사는 김 전도사나 다른 동기보다 10살 정도 나이가 많았다. 직장생활을 하다가 뒤늦게 신학교를 갔기 때문이다. 오 전도사가 이어서 말했다.

"아니 그러면 다음 해에 목사 안수를 받겠다는 거야?"

"뭐 그럴 수도 있고 더 늦어질 수도 있고 아니면 안 받을 수도 있겠지. 여기 모인 사람들이 왜 내가 목사 안수를 안 받는지 궁금해하는 것 같은데, 간단히 말하면 목사에 대한 내 생각을 정리할 필요가 있어서야."

최 전도사가 급하게 끼어들며 말했다.

"아니, 목사에 대한 생각은 신학교 입학할 때부터 생각한 거 아냐? 우리가 신학교에 다니면서 교회와 목회, 목사에 대해 많은 얘기를 나눴잖아. 그런데 갑자기 무슨 생각을 더해야 한다는 거야?"

오 전도사가 이어서 말했다.

"그래, 신학교 때부터 우리가 하고 싶은 목회와 어떤 목사가 되어야겠다는 생각을 서로 많이 얘기했었잖아. 그리고 김 전도사 나름대로 좋은 교회가 어떤 곳이고 어떤 목사가 좋은 목사인지 많이 말했던 것 같은데…."

"아마 뭔가 크게 생각이 바뀌었거나 또 특별히 생각해야 할 문제가 생겼나 보군. 김 전도사의 얘기를 좀 들어봐야 할 것 같아." 박 목사는 차분하게 김 전도사가 계속 말할 수 있도록 도와주었다. 김 전도사는 커피를 한 모금 들이키고 얘기를 다시 시작했다.

"처음 신학을 해야 하겠다고 생각했을 때나 신학교를 다닐 때에도 목사나 목회 그리고 교회에 대해 많은 생각을 했고 또 나름대로 분명한 생각이 있었던 것은 사실이야. 그때는 교회의 비윤리적인 문제나 무속적이고 유교적 권위주의에 찌든 모습 그리고 목회자상에 대한 비판과 그것을 극복하는 깨끗하고 민주적인 교회에 관심이 많았던 것 같아.

그런데 신학교를 졸업하고 목회 현장에 가서 바라보니 좀 더 다른 것이 보이더군. 여전히 권위적인 목회자의 문제도 있고 무속적이고 유교적 권위주의의 문제도 있지만, 그보다 더 큰 문제를 발견했다고 할까? 내가 새롭게 느낀 문제는 나에게는 상당히 치명적인 것이었어.

실제로 교회에서 사역하면서 목회자가 부딪히는 문제들은 그 입장에서 보면 이해가 되기도 했어. 교회의 여러 온전하지 못한 부분도 그 상황을 자세히 알게 되면서 이해할 수 있었고…. 그래서 전에 고민하던 교회나 목회자의 문제는 오히려 나아질 수 있다는 가능성을 보았어.

그런데 내가 목회자로서의 길을 가는 데 회의를 갖게 된 것은 일반 성도의 문제였어. 일반 성도의 문제가 결국 교회의 문제이고 목회자의 문제이겠지만, 일반 성도의 문제를 보면서 어떻게 이것을 해결해야 할지 답을 찾지 않고서는 계속 목회의 길을 갈 수 없겠다는 생각을 하게 되었지."

"일반 성도의 문제라? 평신도 문제라는 것인데 일반 성도 문제 때문에 목사가 될 수 없겠다는 생각을 했다고?" 오 전도사가 뭔가 이해하기 어렵다는 듯이 혼잣말을 했다.

"그래, 내가 말을 좀 복잡하게 하고 있는 것 같은데 결국은 일반 성도 문제가 목회의 길을 중단하게 했다고 말할 수 있을 것 같아. 사실은 특별한 것도 아니야. 그런데 이 문제는 생각해 볼수록 심각한 것이고 해결하지 않으면 안 되는 절대적인 것으로 나에게 점점 강하게 인식되었어.

내가 이런 생각을 처음 하게 된 이유는 '일반 성도는 왜 성장하지 않는가? 하는 질문을 하면서부터지. 물론 성도들은 성장하고 있어. 그래, 이건 틀림없는 사실이야. 왜냐하면 하나님이 각 성도를 성화시키기 때문이지. 또 실제로도 초신자의 신앙이 성장해서 더 깊은 신앙을 가진 교회 중직자가 되는 경우도 있고….

그러나 "내가 성장하지 않는다."라고 말하는 것은 그런 뜻이 아니야. 믿음이 없는 자들이 믿음을 갖고 하나님에 대해 더 많이 알아가는 것까지는 쉽게 볼 수 있는데, 믿음을 갖고 나서 예수님의 제자로 성장하는 경우는 많지 않다는 거지. 특히 세상에서 하나님 나라를 확장하는 하나님 나라의 일꾼으로 성장하지 않는다는 거야."

최 전도사가 김 전도사의 말을 끊고 끼어들었다.

"아니, 교회마다 제자훈련을 하고 있고 또 제자훈련의 성과를 내는 교회들도 많은데 무슨 소리야?"

"그래, 제자훈련 등의 프로그램이 있지. 그리고 그런 프로그램을 통해 신앙적인 성장과 성숙이 일어난다는 것도 인정해. 그러나 내가 중요하게 생각하는 것은, 성도들이 교회에서 더 훈련된 성도로서 봉사할 수 있느냐가 아니라 세상에서 하나님 나라를 확장하는 그리스도인으로 성장하느냐는 거지. 여기서 말하는 하나님 나라의 확장이라는 것은 믿지 않는 사람을 믿게 하는 것을 넘어서 세상을 하나님의 법과 통치가 이루어지는 곳으로 바꾸는 것을 의미해." 김 전도사는 의자를 끌어당겨 앉으며 열정적인 태도로 말했다.

"내가 이 부분에 대해 좀 더 자세히 말해 볼게. 나는 이것이 한국 교회의, 아니 현재 모든 교회의 가장 큰 문제라고 생각해. 모두 아는 얘기겠지만 이 세상은 '창조-타락-구속'이라는 구도로 전개되고 있어. 예수님께서 오신 후에는 아담에서 시작된, 왜곡되고 잘못된 세상을 '구속'하는 과정으로 이 세상이 전개되고 있는 것이지. 복음전도로 인해 죽어야 할 사람들이 구원받는 것과 동시에 이 세상이 하나님의 질서와 법을 회복하는 것이 하나님 나라의 확장이라고 할 수 있어. 우리 성도들에게는 하나님 나라의 일꾼으로 믿지 않는 사람에게 복음을 전하는 것뿐만 아니라 하나님의 모든 법을 가르쳐 지키게 해야 할 사명이 있다는 거지. 그런데 현 교회는 세상을 하나님 나라로 개혁하고 변화시키는 일꾼을 만들어내고 있지 않다는 거야. 나는 어느 순간 교회의 모습을 보면서 신앙생활이 10년이 되고 20년이 되어도, 또 집사가 되고 권사가 되고 장로가 되어도 그런 하나님 나라의 일꾼이 생겨나지 않는다는 것을 발견했어. 그리고 더 큰 문제는 교회에 하나님 나라의 일꾼으로 성장하게 하는 양육과정이 없다는 거야.

이것이 지금 내가 회의를 느끼고 방황하는 근본적인 원인이야. 내 관심과 생각이 이쪽으로 집중되면서 현 교회의 문제가 아주 심각하다는 것을 깨달았고, 이것을 바꿀 수 있을지 오랫동안 고민해 왔어. 현 교회는 믿지 않는 자들에게 복음을 전하고 또 그들을 교회를 위해 일할 수 있는 교회 일꾼으로 양육하기는 하지만, 세상을 변화시키는 하나님 나라의 확장을 위한 일꾼으로는 양성하지 못하고 있다는 것이 내 생각이야.

오 전도사가 말했다.

"'창조-타락-구속'으로 세상을 보는 것, 신학교 다닐 때 기독교 세계관

리포밍 처치

수업 시간에 배웠던 거군. 그리고 우리 교단이 개혁주의 신앙을 표방하는 것처럼 세상과 사회를 등지지 않으면서 그 속에서 빛과 소금의 역할을 하는 성도를 양성하는 것은 우리가 항상 지향하는 것이라고 할 수 있어. 그런데 자네는 그런 부분이 전혀 교회 안에서 언급되지 않는 것처럼 말하니 좀 당황스럽군.

"오 전도사 말이 맞아. 내가 말하고 있는 것, 또 내가 고민하고 있는 것은 전혀 새로운 것도 아니고 교회 안에서 설교나 성경 공부 등을 통해 많이 언급되고 있는 내용이야. 그런데 문제는 '실제로 하나님 나라를 만들어 가는 일꾼을 양성하고 있는가?' 하는 것이지. 내가 답답한 부분은, 많은 사람이 잘 알고 있고 또 때때로 설교 등으로 선포되고 있는데 왜 삶에서는 그런 일들이 일어나지 않느냐는 거야. 물론 전혀 없다는 말은 아니고 일부에서는 하나님 나라의 일꾼으로 역할을 하는 사람들이 있다는 것은 인정해. 하지만 교회가 그런 사람들을 의도적으로 양성해 내는 것이 아니라 어쩌다가 생겨나는 것 같다는 것이 내 생각이야. 내가 목회를 한다면 '하나님 나라를 확장하는 일꾼을 양성해 내고 그들을 지원해서 세상 속에서의 역할을 잘 감당하도록 도울 수 있는 목회'를 하고 싶어."

김 전도사의 말을 가만히 듣고 있던 박 목사가 말했다.

"그래! 그런 목회를 한번 해 보지 왜 교회를 사임하고 목사 안수를 받지 않겠다는 거야? 그리고 나는 그런 정도의 문제 때문에 자네가 목사 안수를 거부했다는 것이 조금 놀랍게 느껴지네."

"예, 그렇게 생각할 수 있다고 생각해요. 그런데 이것은 저에게 굉장히 중요한 문제예요. 이 문제를 생각할수록 이것이 결코 작은 문제가 아니라는 생각을 하게 되었지요. 목사 안수를 받아서 이런 목회를 해 보라는 것도 좋은 말씀이긴 한데, 저는 이런 목회에 대해 어느 정도 알아야 시작할 수 있지 않나 하는 생각이 들었어요. 제가 이제까지 교회생활을 하면서 또 교역자로 사역하면서 느낀 것은 현 교회에서는 그 답을 찾을 수 없다는 것이었어요."

최 전도사는 김 전도사의 말을 끊고 말했다.

"아니, 교회가 '세상에서 하나님 나라를 확장하는 일꾼을 잘 만들어 내지 못하고 있다'는 것은 어느 정도 인정할 수 있어. 그런데 내가 이해하기 힘든 것은 박 목사님 말처럼 그게 그렇게 중요하냐는 거야? 평범하게 목회하면서 그런 부분을 더 강조하고 힘쓰면 이루어 갈 수 있는 문제 아니야?"

"최 전도사가 말한 것도 내가 생각해 봤어. 그러나 그렇게 할 수 없다는 게 내 나름대로의 결론이야. 그것에 대해서는 조금 후에 말하기로 하고, '이 문제가 그렇게 중요한 문제였는가?' 하는 질문에 대해 먼저 좀 말하고 싶어. 이것은 내가 한국 교회에 대해 지니고 있는 문제의식과도 연관되어 있는데, 내가 생각한 것은 크게 3가지야. 그것 때문에 이것이 나에게 더 중요하고 절실한 것이 되었어. 좀 길어질 수 있겠지만 한번 말해 볼게.

첫째는 '**수동적인 교인**'이야. 이것은 사실 내가 신학을 시작하기 전부터 지녔던 질문이고 문제였어. '소위 말하는 평신도는 소위 말하는 성직자 즉 목회자를 도와서 하나님의 일을 하는 사람인가?' 하는 문제야. 하나님은 각 사람을 부르셨고(소명), 각 사람을 통해 이루시고자 하는 일(사명)이 있다고 배웠어. 그런데 과연 하나님은 '선교사나 목회자가 아닌 사람들에게 어떤 소명을 주셨고 어떤 사명을 주시는가?' 하는 거야. 목회자나 선교사는 하나님의 일을 하고 일반 평신도는 그들을 후원하고 돕는 소명과 사명이 있다고 생각하는 것은 옳지 않다는 것을 쉽게 알 수 있어. 하나님은 각 사람이 하나님의 일을 하기를 원하시며, 그것을 위해 각 사람을 부르셨다는 것은 틀림없는 사실이야.

그런데 실상은 일반 성도들의 삶에서 하나님이 주신 소명과 사명을 따라 살아가는 모습을 찾기 어려워. 내가 볼 때 다수의 성도들은 주일에 예배를 드리고 헌금하는 것이 하나님을 위해 하는 일의 전부인 경우가 많아. 좀 더 교회생활에 열심이 있는 경우에는 찬양단, 식당 봉사, 주차 안내, 예배 준비 등의 일을 하고, 또 그중에는 주일학교 교사를 하거나 노방 전도, 구제 활동 등을 하기도 하지. 물론 이런 일들도 하나님 앞에서는 귀한 사역이고 중요한 일이긴 하지만, 내가 볼 때 이런 일들은 자신의 일부를 드리는 것이지 하나님께 자신의 삶을 드리는 사역이 아니라는 거야. 일반 성도가 직장생활을 하면서 목회자나 선교사 같은 풀타임 사역자와 같이 사역할 수는 없지만, 문제는 하나님의 일을 하는 자세와 근본 마음가짐 자체가 다른 것은 옳지 않다고 생각해. 물론 그중에는 정말 소명의식과 사명감으로 하는 분들도 있지만 대체로 그렇지 않다는 거야.

한국 교회의 교인을 분석해 보면, 주일에 예배와 헌금을 드리는 것 외에 하나님 나라를 위한 사역을 하는 사람은 지극히 적어. 이것은 한국 교회가 대형 교회로 교인이 몰리면서 더 심화되는 현상인 것 같아. 하나님은 그들을 주일만, 아니 주일의 일부만 하나님께 드리도록 부르시지 않으셨어. 그들의 전 삶을 드리도록 부르셨고, 그들의 삶에 사명을 주셨다고 생각해. 그런데 일반 성도의 삶은 개선되지 않고 삶 전부를 드리는 방향으로 나아갈 기미가 전혀 보이지 않아. 더 심각한 것은 성도들을 이런 모습으로 교육할 시스템 자체가 교회에 없다는 거야.

두 번째 문제는, '**목회자와 교인들의 충돌, 비정상적인 역할 구조 그리고 그로 인한 목회자와 교인 소명의 순수성 상실**'이야. 이는 앞의 내용과 연결되는데, 이런 문제는 신앙을 갖고 또 신앙적 열심이 생겨서 하는 일들이 대부분 교회 일에 국한되거나 교회를 위한 일에 한정되면서 생겨나는 거야.

하나님의 일을 더 열심히 해야겠다고 생각한 사람이 하는 일은 앞에서 말한 것처럼 교회 안에서의 봉사이거나 프로그램에 참여해서 하는 일이 대부분이야. 목회자도 성도들을 그런 쪽으로 유도하지. 이렇게 하는 것이 수동적인 교인을 적극적인 교인으로 만들어 가는 것이라고 생각할지 모르지만, 내 생각에는 이것은 뭔가 미흡하고 문제가 있는 것 같아.

평신도의 사명을 교회 안에서 찾으려고 할 때, 자신의 생활과 하나님의 일이 조화되는 것이 아니라 부조화가 생기고 괴리감을 느끼는 경우가 많은 것 같아. 교회에서 봉사하는 것으로 자신의 사명을 다했다고 생각하고 안주하는 것도 문제고, 자신의 소명을 교회 안에서의 봉사로 생각하는 것도 문제가 많은 것 같아. 어떤 사람이 교회에서 주차 봉사

리포밍 처치

로 또는 식당 봉사로 사역하면서 그것이 내가 하나님께로부터 받은 소명이라고 말하거나 그렇게 봉사하는 것으로 하나님께 대한 사명을 다하고 있다고 생각하는 것도 옳지 않아. 결국 교회 봉사와 그 외의 삶은 분리되어서 따로 돌아가게 되지. 어떤 사람의 경우는 교회에서 살다시피 하면서 교회의 잡다한 일을 하는 사람이 있는데, 이 역시 삶과 사역이 괴리되어 가정에 큰 문제를 일으키고 또 교회에 큰 문제를 가져올 수 있어.

평신도의 역할을 강조하는 사람들 중에는 교회 안에서 목회자처럼 평신도의 위상이 높아지고 역할이 많아지는 것을 생각하는 경우가 있는데, 이것도 아주 잘못된 거라고 생각해. 평신도가 목회자와 그 역할을 공유하는 것이 평신도가 더 많이 사역하는 거라고 여기는 것은 평신도와 목회자를 다 망치는 일이야. 평신도 교회라고 표방하면서 평신도가 설교하고 평신도가 목회하는 교회도 있더라고…. 그런데 그게 무슨 의미가 있어. 평신도가 설교하고 목회 일을 하면 그 사람이 목회자이고 목사가 되는 거 아냐? 나는 굳이 신학교를 다니지 않고 목사 안수를 받지 않은 사람이 설교하고 목회한다는 것이 무슨 자랑이고 어떤 의미가 있는 것인지 모르겠어. 목회자가 결국 평신도 중에서 설교와 목회 일을 잘하도록 교육받고 훈련받은 사람이잖아. 그런데 다시 평신도가 설교하고 목회하겠다는 것은 정말 이상한 발상인 것 같아. 이렇게 평신도와 목사가 교회 안에서 서로 더 많은 일을 하고 더 많은 역할을 하겠다고 싸우는 것은 정말 어처구니가 없는 일이라고 생각해.

내가 좀 흥분해서 말을 좀 심하게 한 것 같은데, 결국 내 말은 교회 안에서 평신도의 열심과 사명이 발휘될 때 오히려 문제가 많이 생긴다는 거고, 이것이 또한 한국 교회를 힘들게 하고 어렵게 하는 문제가 된다는 거야. 한국 교회 안에 이런 역할과 관련된 갈등이 많고 이것이 교회를 힘들게 하는 중요한 문제라고 생각해.

셋째는 '**이원론적인 신앙관, 세상에서 역할을 잃은 교회**'의 문제야. 마지막 문제 역시 앞에서 말한 것과 연결되는데, 한국 교회와 교인이 수동적인 신앙생활을 하고 교회 안에서 갈등하고 있는 사이에 교회 밖에서 그리스도인의 역할과 위상을 잃어버린 것은 아주 심각한 문제야.

한국에서는 개신교가 유독 욕을 많이 먹고 있는데, 물론 다른 여러 요인들이 있겠지만 중요한 것은 세상과 사회에 대한 역할을 다하지 못하고 있는 것과 또 세상과의 관계를 제대로 맺고 있지 못한 것이 그 중요한 이유 중에 하나라고 생각해.

앞에서 언급한 것처럼 신앙과 삶이 괴리되는 현상이 결국 사회와 신앙 또는 사회와 교회의 괴리로 나타난다고 할 수 있어. 기독교인은 자신의 신앙이 세상에서 어떻게 발현되고 또 어떤 역할을 해야 하는지 모르는 것 같아. 즉 세상과 소통하는 법을 모르고 있는 것 같아. 그래서 세상과 부딪힐 때마다 문제들이 생겨나는 거야. 그래서 세상에서도 이상한 사람들로 취급받고, 또 위선적인 사람으로 인식되는 경향이 있어.

진정한 신앙인은 세상 속에서 소금의 역할을 하고 빛을 발해야 하는데 교회 안에서만 신앙생활을 하는 것이 이런 문제를 만들어 내는 것 같아. 세상 속에서 사역하고 신앙을 세상 안에서 발휘하는 것이 이런 문제들을 해결할 수 있는 중요한 방법이지.

내 생각에는 이런 문제가 영적인 것과 세속적인 것을 나누어 생각하는 이원론적 신앙관 때문에 나온 거 같아. 교회에서 하는 활동과 전도, 선교 같은 일만 하나님의 일이고, 그 외의 일은 세속적인 일이라고 생각하는 거지. 그러니까 세상은 마치 하나님과 관계없는 곳이라 여기고, 하나님의 창조물이며 구속의 대상이라는 생각을 하지 않는 거야. 이런 잘못된 이원론적 신앙관이 한국 교회에 팽배해 있는 거 같아.

이런 이원론의 영향으로 신앙이 세상으로 나아가지 못하고 교회 안에서만 머물러 있어. 그래서 세상에서 아무런 영향력을 끼치지 못하고 결국 세상에서 아주 이상한 모습으로 나타나고 있는 것이지.

또 고인 물이 썩듯이 그 신앙은 타락하고 세속화되었어. 그 결과 기독교가 세상에서 조롱거리가 되고 고립된 교회의 모습이 되었다고 생각해."

오 전도사가 말했다.

"지엽적인 얘기지만, 자네 말처럼 교회와 성도들이 세상을 변화시키려 하고 하나님 나라를 확장하려는 일들을 많이 하면 세상으로부터 더 큰 저항과 반대에 휩싸이지 않을까?"

"맞는 말이야. 세상에서 하나님 나라의 확장을 위해 신앙인으로서 역할을 하려고 하면 틀림없이 더 큰 저항과 갈등이 생길 수 있을 거야. 그러나 그것은 현재 당하는 조롱과는 전혀 다른 양상이 될 거야. 더 큰 핍박이 있을 수 있지만, 우리 스스로 부끄러워하는 조롱과 핍박은 아닐 거야. 그리고 하나님 나라를 세상 속에 확장하려는 일에 핍박은 있겠지만 보람 있는 일이고 결국 세상을 위한 일이 될 것이기 때문에 당당할 수 있을 거라고 생각해.

　다시 돌아가서, 내 생각에는 앞에서 말한 이런 문제들이 모두 '세상을 변화시키는 하나님 나라의 일꾼'을 교회가 만들어 내지 못하는 데서 기인한다는 거야. 또 교회가 '세상에서 하나님 나라를 확장하는 일꾼'을 만들어 낸다면 이 모든 문제가 해결될 수 있을 거라고 생각해. 그런데 이런 일을 교회가 해 내지 못하고 있다는 것이고 또 현 교회의 구조로는 앞으로도 불가능하다는 생각이야."

　박 목사가 말했다.

　"말하는 것을 들으니, 김 전도사가 한국 교회의 문제와 하나님 나라의 확장에 대해 많이 생각한 거 같군. 그런데 교회가 하나님 나라의 일꾼을 만들어 내지 못할 거라는 의견에 좀 더 설명이 필요한 것 같아. 왜 한국 교회에서 그런 소망을 찾을 수 없는지 그 얘기도 듣고 싶군."

　"뭐 꼭 안 된다는 것이 아니라 제 머리로는 적당한 방법이 생각나지 않는다는 것이 정확한 표현이에요. 또 한국 교회는 세상을 변화시키는 하나님 나라의 일꾼을 만들어 내지 못한다는 의견에 정확하고 거창한 논거가 있는 것은 아니에요. 제가 경험한 현 교회의 체제와 구조로는 안 될 거 같다는 생각을 개인적으로 한 거죠. 제가 볼 때 한국 교회는 목회자나 일반 성도 모두 세상을 변화시킬 사역자가 되거나 그런 사역자를 양성할 의지가 없는 것 같아요. 목회자는 교회 성장에 대해서만 관심이 있는 거 같고, 일반 성도는 세상에서 그리스도인으로서의 역할을 감당하고 세상을 변화시키는 사역을 해야겠다는 열정과 헌신이 없는 거 같아요. 세상을 변화시키는 일이 너무 힘든 부분이기 때문이겠죠. 하루하

　　　　　　　　　　　　　　　　　리포밍 처치

루 살아가는 게 버거워 교회에서 위로받고 격려받고 싶은데 어떻게 세상과 맞서 싸우는 것을 생각할 수 있겠어요? 그리고 목회자도 이런 상황에서 그런 것을 도전하고 이끌어 갈 분위기가 전혀 되지 않는 거 같고요."

최 전도사가 말했다.

"김 전도사가 지금 말한 것처럼, 하나님 나라를 확장하는 일꾼을 양성하는 것은 참 좋은 일이지만 현실을 생각해 보면 쉽지 않은 것처럼 보여. 예를 들어 교회에서 직장인을 대상으로 '직장 속에서 하나님의 공의와 사랑이 실현되도록 일하십시오.'라고 설교 등을 통해 선언적으로 말할 수는 있지만, 실제로 그런 일을 하는 사람을 만들어 내는 것은 불가능해. 일단은 김 전도사가 말한 것처럼 그런 것을 요구할 환경이 아니야. 설사 그런 의지와 헌신된 마음이 있다고 할지라도 교회가 어떻게 도와줄 수 있겠어. 목회자는 세상 속의 직장을 잘 알지도 못하고 전문성도 없는데…. 그리고 교회에서 복음을 전하고 또 성경을 가르치며 교인들이 교회에서 얻고자 하는 위로와 은혜를 주는 것도 힘든데 '너무 어려운 것을 바라는 것 같다'는 생각이 드는군."

"그래, 맞는 말이야. 그런데 그것이 힘들다지만 내 생각에는 꼭 이루어져야 할 문제라는 생각이 들어. 특히 나에게는 더 중요하고…. 왜냐하면 내가 이 문제를 고민하면서 점점 더 이 문제에 관심이 생겼고, 하나님께서 나에게 주신 소명이라는 생각이 들어. 즉 해외선교나 복음전도보다는 믿음을 지닌 성도들을 하나님 나라의 일꾼으로 만드는 것이 내 소명이라는 생각을 하게 되었어. 이런 내가 이 문제에 대한 답을 찾지 못한 채 목회를 하는 것은 뭔가 맞지 않는 일이라고 생각해."

박 목사가 차분한 목소리로 말했다.

"김 전도사의 말을 듣고 보니 목사 안수를 미루고자 하는 마음을 충분히 알 수 있을 것 같아. 그리고 하나님 나라에 대한 열심과 열정이 그런 생각을 하게 했다는 점에서 김 전도사의 결정에 안심이 되고, 어느 정도 지지하고 싶은 마음이 들어. 그러나 내가 한 가지 말하고 싶은 것은, 현 교회가 비록 문제가 있고 또 하나님 나라의 일꾼을 잘 양성하지 못하는 구조를 갖고 있다 하더라도 현 교회의 모습을 부정하거나 무시해서는 안 된다는 거야. 이런 교회의 체계 속에서 성도의 성숙과 성장이 있어 왔고, 또 하나님 나라의 일꾼이 양성되고 있으니까. 물론 자네가 기대하는 만큼은 아니겠지만 어쩌면 현 교회의 모습은 여러 사람의 생각이 어우러지고 또 깎이고 다듬어진 모습이라 할 수 있다는 거야. 내가 기존 교회와 다르게 해 보려는 생각으로 교회를 개척해 여러 시도를 하면서 느낀 것은, 기존 교회가 하고 있는 여러 시스템이나 형태가 나름대로 다 그럴 만한 이유가 있다는 거야. 그래서 나는 새로운 것을 시도할 때 현재 교회가 전통적으로 해 오고 있는 것을 쉽게 부정하고 새로 시작하기보다는, 기존의 것을 굉장히 의미 있는 자료로 생각하고 그 토대 위에서 새로운 것을 조금씩 시도해 보려 하고 있어. 내가 뭘 말하려는지 알겠지?"

"네, 맞는 말씀이라고 생각해요. 저도 현 교회의 모습을 완전히 부정하거나 제가 생각하는 교회의 모습과 다른 점이 있다고 해서 잘못된 교회라고 생각하지 않아요. 단지 저는 저에게 하나님 나라의 일꾼을 잘 양

리포밍 처치

성해야 하는 소명이 있다고 생각하고 그것을 찾아보고 싶은 거예요. 하
나님은 시대와 환경에 따라 교회의 모습을 변화시키고 발전시키신다는
생각이 들어요. 이제까지 현재와 같은 교회가 이 시대에 필요했다면 앞
으로는 좀 더 다른 모습의 교회도 등장해야 하지 않을까 하는 생각이 들
어요. 그리고 제가 그런 일에 일조할 수 있으면 좋겠고요."

　그곳에 모인 사람들은 처음에 걱정하던 것과 달리, 김 전도사가 목회
에 대한 열정이 식어서가 아니라 더 큰 열정 때문에 목사 안수를 미룬다
는 사실과 김 전도사의 고민이 더 좋은 목회자로 나아가는 과정이라 생
각하고 그의 새로운 도전과 여정을 축복해 주었다. 그들은 새로운 길을
찾고자 떠나는 김 전도사의 앞길에 하나님이 함께하시길 기도하고 즐거
운 마음으로 헤어졌다.

토론을 위한 질문

1. 한국 교회의 가장 큰 문제는 무엇이라고 생각하십니까? 그 문제로 인해 어떤 부정적인 모습이 나타나고 있습니까?

　　..
　　..
　　..

2. 현재의 한국 교회 교인은 어떤 사역을 하고 있습니까? 일반 성도가 하나 님 나라 사역의 주체가 되지 못하고 있다는 의견에 대해 어떻게 생각하십 니까? 일반 성도의 소명은 무엇이라고 생각합니까?

　　..
　　..
　　..

3. 교회는 거룩한 곳이고 세상은 속된 곳이라는 생각과 교회 일만 하나님의 사역이라고 생각하는 이원론에 대해 어떻게 생각하십니까? 교회와 개인 의 삶에서 나타나는 이원론적인 생각과 행태가 있다면 어떤 것을 지적할 수 있습니까?

　　..
　　..
　　..

　　　　　　　　　　　　　　　　　　　　　　　　　리포밍 처치

2장

기독교 세계관적인 교회의 특징

김 전도사는 동기들과 헤어지고 나서 다시 전철을 탔다. 석양이 아름답게 물든 창밖을 내다보다가 눈이 번쩍 뜨이는 교회 간판을 보았다. 그 간판에는 '소빛교회'라는 이름과 함께 '기독교 세계관적인 교회'라는 문구가 쓰여 있었다. 김 전도사는 뭔가에 홀린 듯이 전철에서 내려 그 교회로 갔다. 규모는 크지 않았지만 고풍스러운 분위기가 나는 아름다운 교회였다. 김 전도사는 교회로 들어가 입구에 놓여 있는 주보를 살펴보았다. 주보의 앞면에 기록된 예배순서 등은 보통 교회의 것과 크게 다른 점이 없었지만, 뒷면 소식란에는 생소한 명칭의 기관과 각 기관의 활동 소식이 기록되어 있었다.

　　김 전도사가 주보를 보고 있는데 어떤 중년의 남자가 인사를 하면서 다가왔다. "안녕하세요? 저는 여기 소빛교회의 '이 목사'입니다. 제가 뭘 도와드리면 될까요?"

　　김 전도사는 인사를 하며 자신을 소개했다. "안녕하세요? 저는 김 전

한국 교회의 문제와 대안으로서의 기독교 세계관적인 교회

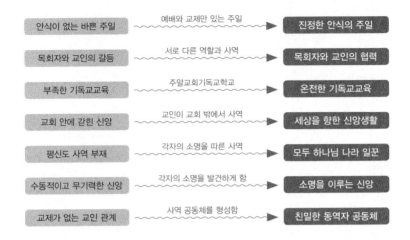

문제	과정	대안
안식이 없는 바쁜 주일	예배와 교제만 있는 주일	진정한 안식의 주일
목회자와 교인의 갈등	서로 다른 역할과 사역	목회자와 교인의 협력
부족한 기독교교육	주말교회기독교학교	온전한 기독교교육
교회 안에 갇힌 신앙	교인이 교회 밖에서 사역	세상을 향한 신앙생활
평신도 사역 부재	각자의 소명을 따른 사역	모두 하나님 나라 일꾼
수동적이고 무기력한 신앙	각자의 소명을 발견하게 함	소명을 이루는 신앙
교제가 없는 교인 관계	사역 공동체를 형성함	친밀한 동역자 공동체

도사라고 합니다. 제가 기독교 세계관적인 교회에 대해 관심이 많아서 찾아왔습니다." 김 전도사는 동기들에게 말했던 것과 같이 자신의 현재 상황과 관심을 이 목사에게 간략하게 설명하고 이 교회가 표방하는 기독교 세계관적인 교회가 자신의 문제를 해결하는 데 도움이 될 거 같다고 했다. 이 목사는 김 전도사의 말을 주의 깊게 듣고서는 인자한 표정으로 대답했다.

"김 전도사님, 이렇게 만나서 참 반갑고 기쁘군요. 특히 제가 하던 고민을 똑같이 하고 있는 모습을 보니 더 반갑고 친근한 마음이 듭니다. 저희 교회나 제가 해 줄 수 있는 말이 많이 부족하겠지만 김 전도사님의 고민에 조금이나마 도움이 되면 좋겠습니다. 저희 교회에 대해 살펴보려면 한두 시간으로는 어려울 것 같은데, 이곳에 자주 방문하셔서 우리

리포밍 처치

교회에 대해 알아보시면 어떨까요? 제가 틈틈이 교회에 대해 설명도 해 드리고 질문에 답도 해 드리겠습니다."

김 전도사는 즉각 대답했다.

"예, 좋습니다. 저는 지금 섬기던 교회에서 얼마 전 사임했기 때문에 출석 교회가 없습니다. 제가 이 교회에 출석하면서 조금씩 배우고 알아 가면 될 것 같네요. 당장 이번 주일예배부터 참석하겠습니다." 김 전도 사는 이틀 뒤인 주일예배 시간에 다시 오겠다는 약속을 하고 교회를 떠 났다.

며칠 뒤, 주일예배에 참석한 김 전도사는 뒤쪽 자리에 앉았는데 예배 드리는 사람들이 모두 가족끼리 앉아 있는 것이 특이해 보였다. 보통 교 회들은 유초등부, 중고등부 예배로 나뉘고 어떤 교회들은 청년부도 따 로 예배를 드리는데, 이 교회는 모든 연령이 같이 모여서 예배를 드리고 있었다. 설교 전에 어린아이들은 다른 곳으로 보냈지만, 모든 연령이 그 리고 가족이 함께 예배하는 모습은 좋아 보였다. 하나님 앞에 모든 가족 이 나와 예배하는 것에서 부모님의 신앙이 자녀에게 전수되고 유전되는 듯한 인상을 받았다.

전체적인 예배의 분위기는 엄숙하고 진지한 느낌이었다. 어떤 면에 서 보면 좀 딱딱하고 지루하게 느껴질 수 있었다. 기도나 성경낭독, 설 교도 꽤 길었다. 그래서 교인들이 많이 힘들어할 수 있는 예배 형식이었 는데, 전 가족이 하나님 앞에 공손하게 나와 그야말로 경배드리는 것 같 았다. 즉 하나님께 진정으로 예배하기 위해 사람들이 불편한 것을 참고 인내하는 것을 당연하게 생각하는 듯한 교회 분위기였다.

설교와 찬양은 아주 뜨겁고 열정적이었다. 목사님의 설교는 성경중심적이었고 또 말씀을 실천하도록 아주 강력하게 설득하고 있었다. 설교가 아주 미려하거나 세련되었다고 말할 수는 없지만, 복음의 원색을 잘 살려 드러내고 있었다. 설교 주제와 강조점이 성경중심적이라서 말씀을 통해 힘과 능력이 나타났다. 설교 후에 이어지는 찬양 시간에는 모든 사람이 하나님의 말씀에서 받은 은혜를 온전히 표출했다.

다른 교회는 보통 예배 시작 전에 찬양팀이 나오는데 이 교회는 찬양팀 없이 엄숙하게 찬송가를 부르다가 설교가 끝나면 찬양팀이 나와 그 받은 말씀과 관련된 찬양을 했다. 김 전도사에게는 이것이 아주 좋게 느껴졌다.

김 전도사는 설교와 찬양에 큰 은혜를 받고 오랜만에 아주 좋은 예배를 드렸다고 생각했다. 예배 후에 사람들은 소그룹으로 모여서 음식을 먹으며 친교를 나누었다. 김 전도사가 어디로 가야 할지 우물쭈물하고 있을 때, 이 목사가 찾아왔다.

"김 전도사님, 오셨군요. 예배는 잘 드리셨나요?"

김 전도사는 목사님께 인사했다.

"예배와 설교를 통해 큰 은혜 받았습니다. 교회가 아주 좋아 보입니다. 교인들의 인상과 분위기도 아주 좋은 것 같고요. 예배도 무척 좋았습니다."

"그랬나요? 감사합니다. 김 전도사님을 위해 제가 나름대로 어떻게 우리 교회를 소개할 수 있을지 계획을 세워 보았습니다. 저와 먼저 몇 번의 만남을 통해 우리 교회의 목표와 지향점 등 이론적인 부분을 설명해 드리겠습니다. 그 후에는 우리 교회의 각 교육기관과 셀을 탐방하면서 실제 그것이 적용되는 모습을 직접 경험해 보면 좋을 것 같습니다. 괜찮으시다면, 오늘 점심 식사를 같이 하면서 얘기하면 어떨까요?"

김 전도사는 조금 놀란 표정을 지으며 말했다.

"목사님, 저는 이 교회에 대해 알고 배울 수만 있다면 정말 좋고 감사합니다만, 주일에는 목사님께서 바쁘지 않으세요? 주일에 저와 같이 보낼 시간이 있으신지요. 교회적으로도 많은 일이 있을 텐데 잘 이해가 되지 않네요."

"하하하, 염려하지 마세요. 나중에 다시 설명할 기회가 있겠지만 주일에 저희 교회는 예배와 교제 이외에 별다른 프로그램이 없어요. 저에게 주일 오후는 가장 한가한 시간에 속합니다. 오늘은 김 전도사님 외에 새로 오신 분과의 면담도 없어서 전혀 문제없습니다."

교회 지하에는 교인들이 간단한 점심을 먹을 수 있도록 샌드위치와 김밥을 포함한 여러 종류의 음식이 준비되어 있었다. 그곳에서 교인들은 점심을 먹거나 음식을 가지고 교회 안의 다른 모임 장소로 이동했다. 식탁에 앉아 점심을 먹으면서 보니까 식사를 마친 사람들은 각자 자신의 식기를 설거지하거나 식기세척기에 넣었다. 그러고 보니 점심 식사를 위해 봉사하는 분들은 아무도 없는 것 같았다. 김 전도사는 궁금한 마음에 목사님께 여쭤 보았다 .

"목사님, 점심을 위해 봉사하시는 분이 별로 없는 것 같네요?"

"예, 저희 교회의 주일 점심에 대해 잠시 말씀드릴게요. 저희 교회에서 점심을 드시는 분은 상당히 많습니다. 또한 다른 성도 집에 가서 식사하며 교제하시는 분도 꽤 있고요. 저희 교회는 주일에 성도가 함께 식사하고 교제하는 것을 중요하게 생각합니다. 그 시간을 통해 성도 간에 관심과 사랑이 형성되고 발전되기 때문이죠. 그런데 한 가지 중요한 것은 누군가는 식사 준비와 그 뒤처리 때문에 교제에서 소외되거나 부담을 느끼면 안 된다는 겁니다. 그래서 대부분 식사를 간단히 준비할 수 있는 음식 위주로 합니다. 음식 준비는 돌아가면서 하는데 각자 덜어먹거나 아니면 간단히 조리해서 먹을 수 있게 하고요. 그리고 저희 교회에서는 가급적 환경보호를 위해 일회용기를 사용하지 않습니다. 그 대신 각자 자신이 먹은 그릇은 쉽게 설거지할 수 있도록 세팅해 두었습니다. 매주 비슷하고 너무 간단한 음식을 먹는다고 불평하는 사람도 간혹 있지만 대체로 현 시스템에 만족해하는 거 같습니다."

간단한 식사를 마친 후 김 전도사는 이 목사와 함께 설거지를 한 후 각자의 차를 들고 1층 목회실로 갔다. 그곳에 앉아 차를 마시면서 이 목사는 대화를 시작했다.

"먼저 우리 교회의 목표 등을 말하기 전에 오늘 김 전도사님이 경험한 우리 교회의 예배와 주일에 대해 말씀해 주시면 어떨까요?" 이 목사의 말에 김 전도사는 반색을 하며 말했다.

"네, 그러면 정말 좋겠어요. 저도 오늘 예배를 드리면서 궁금한 것도 많고 여쭤 보고 싶은 것도 많았거든요."

"아! 그래요? 그러면 제가 계속 말하는 것보다 김 전도사님이 궁금한 것을 질문하고 대답하는 형식으로 이야기하는 것이 좋을 것 같군요. 뭘 제일 먼저 묻고 싶은가요?"

1. 주일생활

"예, 예배 형식에 대해서도 궁금한 것이 많은데 그전에 먼저 주일생활에 대해 여쭤 보고 싶어요. 아까 목사님께서 주일에 소빛교회에서는 교제와 안식 외에는 다른 프로그램이 없다고 하셨는데, 일반 교회와는 많이 다른 것 같아요. 일반 교회는 주일에 프로그램이 아주 많아서 주일이 더 바쁘다는 사람들도 있잖아요."

"김 전도사님이 말씀하신 것처럼, 우리 교회의 주일은 다른 교회와는 많이 다릅니다. 우리 교회가 가장 중시하는 주일생활은 '안식'입니다. 주일은 안식일이라는 의미가 있잖아요. 우리는 주일을 안식일로 정해 주신 하나님의 뜻을 잘 살려서 지키고자 노력합니다. 앞으로 계속해서 언급하겠지만, 우리 교회는 기독교 세계관적인 교회를 표방하고 있습니다. 기독교 세계관이란 결국 성경적인 세계관이고, 성경에서 말씀하는 원리와 뜻을 실제 삶에 적용하는 것이라고 할 수 있어요. 성경을 통해 하나님이 안식의 개념이 얼마나 중요하고 안식일을 얼마나 강조하셨는지를 생각할 때, 우리는 이 부분을 보다 철저히 지켜야겠다고 생각하게 된 것이죠. 주일생활에서 또 한 가지 중요한 것은 '예배'라고 할 수 있어요. 저희는 이 예배도 안식의 연장 차원에서 생각하고 있어요. 예배에서 하나님을 깊이 만나고 그 은혜를 통해 진정한 평안과 안식을 얻을 수 있다고 생각해요."

진지한 표정을 하며 듣고 있던 김 전도사는 다시 물었다.

"목사님, 주일이 예배와 안식의 의미가 있다는 것은 별로 새로운 것도 아닌 것 같은데, 소빛교회의 주일생활과 예배는 다른 교회와 많이 달라서 그런지 저에게 새롭게 느껴졌어요."

"모든 교회가 안식과 예배에 대해 비슷한 생각을 하고 있다고 생각해요. 그런데 대부분은 안식이 중요하다는 것을 알지만 제대로 실천하지 못하고 있는 것 같아요. 주일에 많은 사람이 모이니까 그 시간에 회의도 해야 하고, 교육도 해야 한다고 생각하는 거예요. 그러다 보니 정작 안식은 뒤로 밀리는 거지요. 안식이라는 추상적이고 눈에 잘 보이지 않는 것보다, 당장 급하고 중요하게 보이는 교회 일이 우선시되는 거지요. 그리고 교회 일이 일반 사회 일과는 다르다는 막연한 생각도 주일에 안식을 누리지 못하는 원인이라고 생각해요. 어쩌면 우리 교회와 다른 교회의 차이는, 교회 일을 일로 보느냐 아니냐 하는 것이라고 할 수 있어요. 우리 교회에서는 교회 일도 하나님이 안식일에 일하지 말고 쉬라는 의미에 포함되는 거라고 생각해요. 학생들에게 공부는 일이라고 할 수 있는데, 성경 공부도 공부고 일이라고 생각하는 거죠."

김 전도사가 고개를 갸웃거리며 다시 물었다.

"교회 일뿐 아니라 성경 공부도 일이라고 생각한다고요? 그래서 안식일인 주일에는 성경 공부를 하지 않는다고요? 이런 얘기는 처음 들어봤어요. 전에는 전혀 그렇게 생각해 본 적이 없는데…."

"예, 저희는 그렇게 생각해요. 하나님은 6일 동안 일하시고 제7일에

쉬셨어요. 우리도 이처럼 제7일에 안식하라고 명령하셨죠. 하나님은 6일 동안 세상 일과 세상 공부를 하고 7일에는 하나님의 일과 하나님에 대한 공부를 하라고 말씀하지 않으셨어요. 앞으로도 계속 이 부분이 언급되겠지만, 우리는 세상 일과 세상 공부가 따로 있고 하나님의 일과 하나님에 대한 공부가 따로 있다고 생각하지 않아요."

"예, 저도 그렇게 생각하지는 않아요. 그렇게 생각하는 것이 이원론이죠." 김 전도사가 공감을 표시했다.

"김 전도사님도 알고 계시듯이 우리가 세상에서 일하는 것도 다 하나님을 위한 일이고 교회 일도 하나님을 위한 일이에요. 세상 공부도 하나님이 만드신 것들을 공부하는 것이니까 결국 성경 공부처럼 하나님에 대해 알아가는 것이죠. 그러니까 주일에 안식을 실천하려고 하면 당연히 교회 일이나 성경 공부를 할 수 없는 거예요."

이 목사는 뭔가 갑자기 생각난 듯이 자세를 바로 하면서 말했다.

"그런데 한 가지 말해 두고 싶은 것은, 앞으로 우리 교회를 설명하면서 이런저런 교회의 원칙이나 방식을 말할 텐데 이런 것들이 절대 진리이고 불변의 성경적 진리라고 말하는 것은 아니라는 점이에요. 저희 나름대로 찾은 방식이고 원리인 것이지요. 소빛교회가 현재 옳다고 생각하는 방식이고 원칙이라고 생각하면 될 것 같아요. 지금 주일생활에 대해 말하고 있는데, 우리 교회의 주일생활이 절대적으로 성경적 진리라고 말하는 것이 아니라 우리 교회가 지금까지 성경을 통해 찾은 생활 원리라는 것입니다. 앞으로 더 성경적인 방법을 찾게 된다면 바뀔 수 있는 부분이죠. 다시 돌아가서, 이런 생각에 기초해 저희는 주일에 안식이 아닌 것들은 하지 않으려고 교회 일과 성경 공부 같은 것을 하지 않습니다."

"그렇다면 교회 일이나 성경 공부는 언제 하나요? 또한 주일에는 어떤 일을 하나요? 아니 일을 안 하시니까 하하하, 어떻게 시간을 보내시나요?

"최근 저희 교회에 한 가지 주일생활에 관해 이슈가 되었던 것은 찬양 연습이었어요. 주일에 성경 공부도 안 하니까 찬양 연습도 하지 말아야 한다는 생각이 있었지만, 저희는 찬양하는 것은 안식의 범주에 들어간다고 여겼지요. 그래서 찬양 연습은 하기로 하고 단지 그것이 너무 힘들어서 안식을 해치지 않게 하자는 결론을 내렸어요. 이와 같이 저희는 계속해서 어떻게 주일을 안식일로서 잘 지킬 수 있을지 고민하고 있어요. 현재까지 우리 교회의 주일생활은 '주일 오전에는 예배 그리고 오후에는 성도 간에 교제, 저녁에는 가족과 함께'라는 큰 원칙을 세워 놓고 있지요. 저희가 또 하나 중요하게 생각하는 것은, 우리 교회가 성경적인 삶의 방식이라고 세우는 원칙이 구약의 율법처럼 되어서는 안 된다는 거예요. 그래서 더 큰 원칙 아래 각자가 가장 안식을 잘 누릴 수 있는 방법을 찾아 생활하고 있어요.

그리고 성경 공부나 교회 회의나 일은 평일과 토요일에 하고 있어요. 특히 교회학교는 주일학교가 아니라 주말학교로 운영하고요. 토요일에 '주말교회기독교학교'라는 이름으로 모이는데 나중에 자세히 다시 설명할게요. 성인 성경 공부도 평일에 합니다. 그리고 교회 회의는 주로 소규모 회의의 경우 대부분 평일 저녁에 모이고요. 제직회나 공동의회 같은 큰 회의는 토요일이나 공휴일에 하지요. 우리 교회는 교인이 교회에서 많은 시간을 보내는 것보다는 세상에서 활동하는 것을 강조하는데, 실제로 보면 교회 안에서의 모임이 적은 편은 아니에요. 성도 간에 모임과 교제 없이는 세상에서 제대로 소금과 빛의 역할을 할 수 없다는 것을 저희가 경험적으로 알게 되었기 때문이죠. 그래서 평일에 자주 교회 안팎에서 교인들이 모이는 편이에요. 특히 주일은 교제하기에 아주 좋은 여건이 되기 때문에 대부분의 성도들은 주일에 서로 교제 시간을 많이 갖지요.

저는 교회가 공동체성을 지닐수록 더 힘 있게 세상을 이길 수 있다고 생각해요. 성도 간에 끈끈한 공동체의식이 있을 때 세상의 이질적인 세계관에 맞설 수 있는 거지요. 세상의 생각이 모든 사람의 생각인 것처럼 우리를 공격해 올 때, 교회 안에서 그와는 다른 기독교적인 생각을 지닌 동역자들이 있다는 것을 확인할 필요가 있는 거예요. 그것이 이루어질 때, 우리의 기독교적인 생각과 삶이 유지되고 또 힘을 얻어서 세상을 변화시킬 수 있는 것입니다. 풍성한 교제를 통해 우리는 혼자가 아니라 함께 세상을 변화시키고 있다는 것을 확인하고 힘을 얻을 수 있습니다. 세상 문화와 세상적인 가치관에 맞서 하나님 나라를 확장하는 사역을 감당하고자 하는 우리 교회의 성도 간의 유대감과 공동체성은 정말 중요합니다. 그래서 주일은 예배를 통해 우리가 하나님 안에서 하나임을 확인하고 교제를 통해 이 세상을 향해 함께 나아가는 동역자가 있음을 확인하는 시간이라고 할 수 있어요."

2. 예배

"목사님, 이제부터는 주일예배에 대해 여쭤 볼게요. 참, 그전에 확인하고 싶은 게 있는데 이 교회는 예배가 주일 오전예배 한 번밖에 없나요? 주일 저녁예배나 새벽기도 그리고 수요예배, 금요기도회는 주보에 안 나와 있는 것 같아서요.

"우리 교회의 예배 중에 공식적으로 모두가 함께 모이는 예배는 주일 오전예배뿐입니다. 그 외의 모든 기도회는 각자 선택적으로 참여하고 또 다양한 방법으로 모이고 있지요. 우리 교회도 다른 교회처럼 새벽기도를 할 수 있지만 각자 자신의 생활에 맞춰 집에서 하거나 직장에서 하기도 합니다. 교회에서는 매일 새벽에 기도회실을 개방해 두고 각자 기도할 수 있도록 하고요. 그러나 예배 형식으로 인도하지는 않아요. 또 여럿이 함께 기도하고 싶은 사람은 소그룹실에 모여 기도하기도 하지요. 그곳에서는 서로 기도 제목을 나누거나 성경 공부를 하기도 합니다. 수요일 저녁에는 현재 성경 강해를 하고 있어요. 이 시간도 예배 형식보다는 성경 공부 형태에 가깝다고 할 수 있는데, 성경을 배우고자 하는 성도들이 선택적으로 참석하고 있어요. 금요기도회도 새벽기도와 같이 예배실을 밤 시간에 개방해 두고 소그룹별로 모여 기도하거나 또는 특정한 기도 제목을 갖고 그 기도 제목과 관련 있는 사람들이 모여 기도하기도 해요. 최근에는 찬양을 좋아하는 분들을 위주로 목요찬양집회가 생겼습니다. 목요일 저녁에 아주 소규모로 모이기 시작했는데 점점 많은 사람들이 와서 얼마 전부터 교회 본당에서 하고 있어요.

그리고 연중행사로 특별새벽기도를 하는데, 이때는 전통적인 새벽기도회 모습으로 모든 교인이 다 모여 기도회를 합니다. 한 가지 덧붙이고 싶은 것은, 우리 교회는 가정에서 주 1회 이상 예배드리는 것을 요구합니다. 그것이 실제적으로 일반 교회의 전체 교인을 대상으로 하는 수요예배나 금요기도회를 대신합니다. 교회에서 모이는 주일 공예배 이후의 모임은 강요하지 않고 각자 필요에 따라 선택적으로 참여할 수 있도록 하고 있고요. 우리 교회는 공식적인 예배나 기도회가 많지 않고 또 구역예배도 없기 때문에 자주 안 모이는 것처럼 보일 수 있어요. 특히 주보를 보면 공식적으로 모이는 광고나 안내가 없기 때문에 그렇게 생각할 수 있지만, 실제로는 성도 간의 모임이 결코 적지 않아요. 이 부분은 나중에 또 말씀드릴게요."

"그러면 주일예배만 예배 형식으로 드리는 유일한 예배이군요. 주일예배 중에 목사님은 어떤 부분을 중요하게 생각하시는지 말씀해 주세요."

"지금 제가 예배라고 말하는 것은 좁은 의미에서의 주일 공예배를 말하는 거고요. 경우에 따라서는 가정예배와 소그룹으로 모여 하는 기도회도 예배라고 할 수 있지요. 그러나 교회의 모든 성도가 한자리에 모여서 하나님 앞에 엎드리는 공적 예배는 한 번이에요. 우리 교회의 주일예배는 모든 성도가 함께 하나님께 나와 같이 엎드린다는 의미를 갖고 있어요. 마치 설날에 모든 가족이 와서 할아버지, 할머니 앞에 세배하는 것과 같은 것이지요. 이것은 출애굽 당시에 모든 이스라엘 백성이 총회로 모여 하나님 말씀을 듣는 것과 같은 의미이기도 해요. 그래서 저희는 모든 성도가 같이 예배드리는 것을 중요하게 생각합니다. 또 하나는 하나님께 경배하기 위해 모이는 것을 예배의 중요한 가치로 여깁니다.

요즘의 예배들이 너무 구도자 예배 형식이나 예배자 중심으로 가는 것을 반대하는 의미도 있어요. 구도자 예배 등도 나름 의미가 있고 또 그런 것이 또 다른 필요에 따라 생겨난 것임을 인정하지만, 제가 생각하는 예배의 가장 중요한 가치는 하나님 중심의 예배예요. 즉 하나님을 높이고 찬양하기 위해 사람들의 불편과 어려움은 감수해야 한다는 것이지요."

"목사님의 말씀은 예배가 좀 딱딱하고 새신자들이 쉽게 다가가기 힘든 형식이라도 하나님께 온전한 예배를 드리려면 그렇게 해야 한다는 것이지요? 그래도 형식적인 예배보다는 사람들이 진심으로 참여하는 예배를 하나님이 더 좋아하시지 않을까요?"

"그런 이유로 예배가 점점 사람들이 좋아하는 형식으로 흘러가고 있다고 생각해요. 물론 사람들이 좋아하는 예배, 또 사람들이 진심으로 참여하는 예배를 하나님이 좋아하신다는 것 그리고 그것을 추구해야 한다는 것은 인정하지만, 그 우선순위에 있어서는 하나님이 먼저라는 것이지요. 그리고 제 경험으로는 하나님을 높이고 예배하기 위해 내가 힘든 것을 견디겠다는 마음이 예배자의 중요한 태도라고 생각해요. 어쩌면 하나님 중심의 예배와 예배자 중심의 예배를 같은 것이라고 할 수도 있지만, 우리 교회는 하나님 앞에 나와 경배하고 엎드리는 것을 더 강조한다는 것이지요."

"제가 예배에 참석해 본 느낌은 다른 교회에 비해 소빛교회 예배가 그렇게 어렵고 힘든 예배 형식은 아니었던 것 같아요."

"그렇게 느끼셨다면 다행입니다. 그러나 예배 시간이 좀 더 길고요. 또 모든 교인이 다 모이니까 아이들에게는 특히 좀 더 힘들 수도 있어요. 그리고 예배 앞부분에는 소위 좀 지루해 보이는 순서도 있지요. 어떤 분이 우리 교회의 예배를 참석해 보고 '소빛교회의 예배 앞부분은 아주 전통적인 예배 형식으로 하고 있고, 뒷부분은 현대식으로 한다.'라고 말한 적이 있어요. 그분이 정확하게 본 거죠."

"예, 저도 그렇게 느꼈어요. 설교하기 전까지는 아주 옛날식으로 예배 드린다고 생각했거든요."

"그렇게 볼 수도 있어요. 우리 교회의 예배는 설교 전과 설교 후가 많이 다릅니다. 제가 앞에서 말한 것처럼 우리 교회의 예배는 하나님을 경배하기 위해 사람들이 그 앞에 엎드리는 것을 중시한다고 했는데, 설교 전까지는 이것에 충실하고자 합니다. 찬양도 주로 하나님을 높이는 경배를 위주로 하고 헌금을 봉헌하는 순서나 성경봉독, 설교까지 온전히 하나님만 높이고 그분의 말씀 앞에 고개 숙이는 모습과 분위기로 가려고 노력하죠. 그래서 좀 딱딱해 보이기도 하지만 최대한 경건하고 엄숙하게 하려 합니다. 그러나 설교 후에는 하나님으로부터 받은 은혜에 대해 사람들이 반응하고 기뻐하며 그것을 표현하는 것에 초점을 두고 있어요. 그때에는 우리에게 임한 하나님의 은혜를 찬양하고 표현하는 시간이라고 할 수 있습니다. 어떻게 보면 사람에게 초점이 맞춰졌다고 할 수 있지요. 그래서 설교 후 찬양과 기도 시간은 현대 예배자들이 추구하는 구도자 중심의 예배와 비슷하게 보이고, 설교 전은 전통적으로 엄숙한 예배의 모습과 비슷하다고 할 수 있어요."

"목사님, 그런데 소빛교회는 설교 후에 찬양을 많이 하는 것 같은데 그렇게 하는 특별한 이유가 있나요? 저는 개인적으로 그 시간에 은혜를 많이 받았습니다."

"설교 후의 시간은 앞에서 말한 것처럼 설교를 통해 하나님의 말씀과 은혜를 받은 것에 대한 성도들의 반응이고 응답이라고 할 수 있는데, 저는 그 시간이 아주 중요하다고 봅니다. 예배가 하나님을 경배하는 것이기도 하지만 하나님과 깊은 교제를 갖는 시간인 것을 생각한다면 사람들이 하나님에 대한 사랑을 표현하고, 받은 은혜에 감사하며, 또 결단하는 시간이 충분히 있어야 한다고 생각해요. 그리고 제 생각에는 예배 앞부분에서 찬양팀과 함께 찬양하는 것보다는 설교 후에 하나님 말씀에 대한 반응과 헌신의 마음을 담아 찬양하는 것이 전체적인 예배 흐름에 좋은 것 같아요.

우리 교회의 예배는 주일 오전예배 한 번뿐이기 때문에 이 예배를 굉장히 중요하게 생각합니다. 예배를 통해 하나님의 은혜를 온전히 체험하고 뜨겁게 성령의 임재를 경험하는 것이 우리 교회에서 가장 기초이고 근본이 되는 부분입니다. 우리 교회가 기독교 세계관적인 교회로 여러 가지 세상을 향한 일을 하려고 하지만, 예배가 사실 그 일에 가장 우선되고 중심이 되어야 하죠. 이 예배를 통해 하나님의 말씀을 지적으로 깨닫고 또 감정적으로 고무되며 의지적으로 결단하는 것이 없다면, 그 이후의 모든 사역은 힘을 잃거나 형식적이 될 가능성이 높습니다. 그래서 모든 사역보다 예배가 가장 우선되고 또 가장 중요하게 생각되어야

　　　　　　　　　　　　　　　　　　　　　리포밍 처치

합니다. 사실 예배 순서나 형식은 우리 교회의 것이 꼭 좋다거나 특별히 더 성경적인 원리가 담겨 있다고 말할 수는 없어요. 그러나 지금 현재 우리 교회의 예배가 하나님을 가장 잘 예배할 수 있는 방식이고 하나님과 진정한 교통이 있는 예배의 모습이라고 생각합니다.

주일생활과 예배는 이 정도로 하고 본격적으로 우리 교회가 지향하는 기독교 세계관적인 교회에 대해 말씀드릴까요?"

"예, 좋아요. 목사님께서 전반적인 것들을 설명해 주시면 중간중간 제가 잘 모르는 것을 질문하는 형식으로 하면 좋을 것 같아요. 목사님께서는 처음 이 교회에 오시는 분들에게 이렇게 교회에 대한 안내와 설명을 하는 경우가 많으실 것 같아요. 그렇죠?"

"그렇긴 하지만 김 전도사님처럼 본격적으로 기독교 세계관적인 교회에 대해 배우고자 찾아온 경우는 많지 않기 때문에 지금처럼 말하는 경우는 드물어요. 아무튼 시작해 봅시다."

토론을 위한 질문

1. 주일활동이 너무 바빠서 주일에 안식이 없다는 지적에 대해 어떻게 생각하십니까? 반대로 주일에 예배만 참석하는 교인들이 많아지는 것에 대해 어떻게 생각하십니까? 이 문제를 어떻게 하면 극복할 수 있을까요?

   ....

   ....

2. 형식이 아니라 마음으로 참여할 수 있어야 한다는 취지로 예배 형식을 사람들이 편하게 느낄 수 있도록 간소화, 현대화하는 경향이 있습니다. 그에 반해 예배는 사람 중심이 아니라 하나님 중심이어야 한다고 주장하며 엄숙하고 경건한 예배를 강조하는 경향(보수적인 교회, 가톨릭 교회 등)도 있습니다. 이런 경향에 대해 어떻게 생각하십니까?

   ....

   ....

3. 주일에 예배와 교제만 있고 교회 일을 하지 않는 '소빛교회'의 모습을 살펴보았습니다. 이에 대해 어떻게 생각하십니까? 긍정적인 면과 부정적인 면 또 더 좋은 대안이 있다면 어떤 것이 있을까요?

   ....

   ....

리포밍 처치

3장

기독교 세계관적인 교회의 목표

"먼저 제가 우리 교회를 소개하는 안내서를 드릴 테니 이것을 참고하면서 얘기하죠." 이 목사가 교회 팸플릿과 소빛교회 교인 서약 등 새신자 교육용 유인물을 나눠 주었다. 김 전도사가 유인물을 손에 쥐고 무엇을 먼저 봐야 할지 고민하고 있을 때, 이 목사가 다시 말했다.

"한꺼번에 너무 많이 드렸군요. 나중에 자세히 읽어 보시고요. 지금은 전체적으로 설명하고 나중에 그 유인물을 보시면서 다시 질문하는 것이 좋을 거 같아요. 제가 가장 먼저 하고 싶은 말은 우리 교회가 사용하는 '기독교 세계관'이라는 용어에 관한 것이에요. 우리 교회가 기독교 세계관적인 교회를 표방하고 있는데 사실 김 전도사님도 아시겠지만 기독교 세계관이라는 용어가 굉장히 넓은 의미로 사용되기 때문에 적절한 규정을 하지 않으면 뭘 하려는 것인지 분명해지지 않아요."

"예, 맞아요. 저도 기독교 세계관이라는 용어를 목회나 교회에 사용하는 경우를 가끔 보았는데 제가 기대하는 것과는 별로 연관이 없는 것들

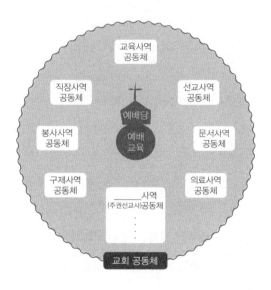

기독교 세계관적인 교회 ⚓

교육사역
공동체

직장사역
공동체

선교사역
공동체

예배당

봉사사역
공동체

예배
교육

문서사역
공동체

구제사역
공동체

의료사역
공동체

_____사역
(주권선교사)공동체
:
:
:

교회 공동체

을 보여 주는 경우가 있었어요."

1. '기독교 세계관'이란 용어

"기독교 세계관이라는 단어 자체가 굉장히 폭넓게 이해되고 사용되니까 그만큼 다른 기독교 세계관의 교회 모습이 가능하다고 생각해요. 서로 다르긴 하지만 틀린 것은 아니지요. 그러나 저희는 화란 개혁주의자들이 의도했던 내용을 따르고자 노력해요. 김 전도사님은 이미 기독교 세계관에 대해 공부를 많이 했으니까 제가 별로 해 드릴 말씀은 없을

리포밍 처치

것 같아요. 간단하게 우리 교회가 사용하는 기독교 세계관의 의미를 말씀드린다면, 제가 드린 교육용 책자에 있는 내용을 참고해 보시면 좋을 것 같아요." 이 목사가 찾아 준 페이지에는 다음과 같은 내용이 기록되어 있었다.

기독교 세계관이라는 말이 구체적인 의미를 지니게 된 것은 아브라함 카이퍼 등의 화란 개혁주의자들의 사상과 활동에 의해서이다. 그러나 현재는 그 의미가 다양해져서 기독교 세계관은 모든 기독교인이 지니는 세계관이라는 의미로 사용되기도 하고, 또는 선교적 의미에서 타문화의 세계관과 대비되는 의미로 사용되기도 한다.

그러나 소빛교회가 말하는 '기독교 세계관'이라는 말의 의미는 아브라함 카이퍼가 당시에 기독교 세계관이라는 말을 통해 말하고자 했던 의미에 충실하고자 한다. 즉, 세상의 물질주의와 과학주의적 세계관에 대항해서 그리스도인의 세계관으로 삶의 체계를 바꾸고 세상을 변화시키며 하나님 나라를 확장하려는 의미에서의 기독교 세계관이다.

이것은 성경적인 세계관이라고도 할 수 있는데, 그리스도인들이 세상을 바라볼 때 아담의 타락 후 왜곡되고 어그러진 세상을 하나님이 창조하신 사랑과 공의가 가득한 아름다운 세상으로 회복시켜야 할 대상으로 바라보는 것이다. 또 예수님의 지상명령대로 모든 족속으로 제자를 삼고 세상의 모든 영역에서 예수님이 분부한 모든 것을 가르치고 행해야 할 대상으로 바라보는 것이다. 결국 이것은 하나님 나라의 확장이라는 성경의 가장 핵심적인 내용과도 같다.

그리스도인이 세상을 바라보는 시각(세계관)은 그리스도인의 사명과 연결될 수밖에 없다. 그리스도인에게 세상의 모든 영역은 하나님의 말씀으로 구속되어야 할 영역이고, 그리스도의 가르침으로 모든 영역이 개혁될 때 하나님 나라가 확장되는 것이다. 이것이 그리스도인의 소명이고 그리스도인이 세상을 바라보고 접근하는 자세라고 할 수 있다.

따라서 교회는 그리스도인을 만드는 일과 함께 그리스도인으로서 이 세상을 바라보고, 이 세상에서 자신의 소명을 따라 하나님 나라를 확장하는 사람으로 양육하고 훈련하는 일을 해야 한다. 이런 교회의 소명에 충실한 교회를 기독교 세계관적인 교회라 할 수 있고 또 그것을 잘 이끌어 내는 것을 기독교 세계관적인 목회라고 할 수 있다.

김 전도사는 이 목사가 찾아 준 기독교 세계관이라는 용어에 대한 설명을 유심히 보고 고개를 끄덕이며 말했다.

"목사님, 제가 생각하는 기독교 세계관의 의미도 이와 비슷한 것 같아요. 제가 다닌 신학교도 개혁주의 전통에 기반하고 있고 또 제가 관심을 갖고 읽던 책들에서도 비슷한 설명을 하고 있는 것 같네요. 소빛교회가 추구하는 기독교 세계관적인 교회에 대한 설명을 읽으니까 제 생각이 더 명료해지는 것 같습니다. 그리고 기독교 세계관의 이런 의미는 하나님 나라의 확장이라는 용어와 많이 유사하다는 생각이 들어요."

리포밍 처치

"김 전도사님이 생각하는 기독교 세계관이라는 의미와 저희가 생각하는 것이 비슷하다니 다행입니다. 이 부분에서 서로 차이가 나면 함께 대화하기가 좀 힘들죠. 그리고 제가 지금 말하고 있는 기독교 세계관의 의미가 결국 성경에 근거한 것이기 때문에 하나님 나라의 확장이나 개혁주의 신학과 같은 얘기를 하는 것은 어쩌면 너무 당연합니다. 단지 우리 소빛교회가 기독교 세계관이라는 용어를 통해 특정 부분을 강조하고 무게를 두고 있다는 것이 중요하다고 생각해요. 우리 교회가 기독교 세계관이라는 타이틀을 걸고 하려는 일과 목표는 각 성도가 하나님 나라에 대한 소명의식을 갖고 세상에서 하나님 나라의 확장을 위한 삶을 살 수 있게 하는 거라고 요약할 수 있어요. 그런 강조점을 근거로 우리 교회가 생각하는 교인과 교회 그리고 세상을 바라보는 시각 등 우리가 중요하게 여기는 것들이 있지요."

이 목사는 김 전도사에게 교인과 교회에 대한 설명이 있는 부분을 보여 주면서 얘기를 계속했다.

"교인에 대해서는 나중에 다시 언급하겠지만 먼저 간단히 말씀드리자면, 우리 교회는 교인을 '구속받은 사람'으로 생각합니다. 그리고 '구속사역을 해야 할 사람'으로 여기지요. 이것은 다른 일반 교회와도 비슷합니다. 그런데 조금 다른 것은 구속의 범위라고 할 수 있어요. 우리 교회도 영혼 구원을 가장 우선으로 봅니다. 그런데 그 구속을 더 확장해서 세상을 하나님 나라로 개혁하는 것까지를 구속의 범위로 생각해요. 그래서 우리 교인은 영혼을 구하는 사역자를 넘어서 세상의 모든 영역을 구속하는 사역자로 생각합니다. 그리고 교인에 대한 이런 인식은 교회에 대한 의미도 새롭게 규정하게 되지요. 교회 역시 영혼을 구원하고 영혼을 구원할 사역자를 양성하는 것에서 나아가, 세상을 구속하고 세상을 하나님 나라로 만들어 가는 사역자를 양성하며 그들을 돕는 교회의 의미와 목표를 지니게 되는 것이지요."

소빛교회의 목적과 지향

본 교회는 복음 전파와 하나님 나라의 확장을 목적으로 한다. 그리고 하나님 나라가 각 성도의 삶에서 실현되는 것과, 각 성도가 하나님 나라의 확장을 위한 일꾼으로 세워지는 것을 목표로 한다.

1) 신앙과 삶의 일치를 지향

교회와 세상의 삶이 이원화되거나 괴리되지 않고 성경말씀과 신앙이 실제 생활과 삶에서 그대로 적용되고 나타나는 것을 지향한다. 이를 위해 교인들이 세상적인 세계관을 극복하고 신앙과 삶이 일치되도록 온전한 기독교적인 삶과 생활을 돕고 지원하는 교회를 지향한다.

2) 평등한 교회를 지향

모든 교인은 하나님 앞에서 평등하며 교인은 지위와 신분, 성별, 장애에 구분이 있을 수 없다. 직분과 은사는 존중하되 전임 사역자와

일반 성도는 신분적인 차별이 없다. 목회자를 포함한 모든 성도는 하나님 나라를 위해 부름받은 동일한 사역자로 생각하며, 교회 안에서의 사역이나 교회 밖에서의 사역을 동일하게 인정하고 귀하게 여기는 교회를 지향한다.

3) 공동체성을 지향

예배를 통해 하나님과 하나 됨을 추구함과 동시에 성도 간에 하나 됨을 추구한다. 나아가 지역공동체와 함께하며 섬기는 교회를 지향한다. 이렇게 함으로써 성령충만한 예배를 구현하고 성도가 서로 친밀하게 교통하기 위한 소그룹 공동체를 적극 지원한다.

4) 하나님 나라의 확장을 지향

각 교인이 하나님 나라를 위해 받은 각자의 소명을 분명히 인식하고 세상에서 소금과 빛으로 하나님 나라 일꾼의 역할을 감당할 수 있도록 교회가 교인의 생활을 지원하고 지도한다. 또 나아가 기독교 세계관적 교회의 모델을 개발·발전시켜 다른 교회에 선한 영향을 주는 것을 지향한다.

이 목사는 교회 정관의 일부분을 보여 주며 말했다.

"교회의 목적과 목표를 신학적으로 더 거창하게 설명할 수 있겠지만, 우리 교회가 지향하는 것을 집약적으로 말한다면 우리 교회는 이 시대의 교회가 잘하지 못하고 있는 부분을 찾아서 보완하고 개선하려는 목적이 있어요. 그것이 바로 '세상에서 하나님 나라를 확장하는 교인을 양성하고 후원하는 교회'라고 말할 수 있지요."

"목사님, 그런데 지금 보여 주신 정관 부분을 보면서 한 가지 의문이 생겼어요. 세상에서 하나님 나라를 확장하는 목표보다 '신앙과 삶의 일치, 평등한 교회, 공동체성'이라는 부분이 더 앞서 나오고 많이 강조되는 것 같아요."

"하나님 나라의 확장을 위한 목표를 구체적으로 적시하는 것은 너무 광범위해서 어려움이 있기도 하고요. 또 실제로 하나님 나라를 확장하는 교회와 교인이 되기 위해서는 건전한 교회와 교인 그리고 공동체성이라는 기초가 튼튼해야 한다고 생각합니다. 건전한 신앙과 생활이 있어야 하나님 나라를 확장하는 일꾼이 될 수 있지요. 소속된 교회가 건전하고 바른 모범이 되지 않으면 세상을 향해 일할 기반을 잃어버리는 것이라고 생각해요. 공동체성은 세상 문화 속에서 흔들리지 않고 세상을 변화시켜 나갈 수 있는 힘이에요. 이런 기반이 없다면 하나님 나라의 확장이 아주 힘들어지고 불가능해집니다. 그래서 우리 교회는 교인의 생활과 교회 공동체의 튼튼한 기반과 힘을 만드는 데 심혈을 기울이고 있어요. 어떻게 보면 우리 교회가 강조하는 것이 개인의 건전한 신앙과 좋은 교회를 만들겠다는 일반 교회와 차이가 없다고 볼 수도 있겠지만, 사실 그런 기초 없이 하나님 나라를 확장하는 교회와 교인은 있을 수 없는 것이지요. 다음 글을 보시면 이해하는 데 좀 더 도움이 될 것 같습니다."

2. 샬롬목회

이 목사는 다시 교회 안내 유인물에서 한 부분을 찾아 보여 주었다.

샬롬목회

샬롬목회는 전통적인 기독교 목회 방법을 벗어나지 않으면서 참된 그리스도인다운 삶의 회복과 기독교 세계관적 목표를 실현하는 목회 방법이라고 할 수 있습니다. 샬롬은 평강을 의미하는데 '하나님과의 평강, 자신과의 평강, 이웃과의 평강'을 추구하는 것입니다. 이것을 이루기 위해서 다음 3가지 부분으로 목회적인 노력을 합니다.

1. 하나님과의 샬롬을 위해서
- 예배와 설교에서 하나님의 사랑과 풍성한 은혜를 느끼도록 함
- 지속적인 개인 경건생활(기도, 말씀, 찬양의 생활화)로 하나님과의 교제가 온전하도록 함

2. 자신과의 샬롬을 위해서
- 예배와 설교를 통해 하나님의 자녀로서의 특권과 위상을 인식하게 함
- 소그룹 모임을 통해 교회 공동체 안에서 고민과 문제가 나눠지고 돌봄이 있게 함

---

3. 이웃과의 샬롬을 위해서

- 교회 밖에서 그리스도인다운 생활 태도를 강조함으로 다른 이웃
  과의 좋은 관계 형성
- 평강이 없는 이웃들을 위해 봉사하고 돕기(구제, 친구가 되어 주
  기, 문제해결 등)
- 넓은 의미의 이웃인 직장과 사회 그리고 하나님이 만드신 자연
  환경에도 하나님 나라가 이루어지도록 하여 세상의 샬롬을 위해
  노력함

김 전도사가 유인물을 유심히 읽고 있는데 이 목사가 부연 설명을 해 주었다.

"지금 보고 있는 것은 우리 교회에 처음 오신 분에게 나눠 드리는 교회 소개 내용 중 일부입니다. 정관에 있는 내용보다 좀 더 쉽게 적혀 있어서 이해하기가 쉽습니다. 기독교 세계관에 대한 지식이 많지 않은 분들에게 기독교 세계관적인 교회가 어떤 것인지를 가능한 쉽게 풀어 보려고 노력한 것입니다. 많은 사람이 '기독교 세계관'이란 말을 들으면 굉장히 어렵게 느끼는 경향이 있습니다. 기독교 세계관이라는 단어부터가 딱딱하고 사변적인 느낌을 주기 때문이죠. 그리고 기독교 세계관을 실천하는 것은 더 어려운 문제라고 생각합니다. 그러나 샬롬이라는 말로 이것을 풀어내면 아주 친숙하고 자연스럽게 기독교 세계관을 담아낼 수 있습니다. 물론 샬롬으로 설명하는 것에 한계가 있을 수 있지만 초신자들이나 기독교 세계관에 대한 사전지식이 없는 기존 신앙인들에게 쉽게

접촉점을 만들고 기독교 세계관적인 목표로 이끌어 가는 데 아주 좋은 디딤돌이 될 수 있다고 생각합니다."

"목사님, 제가 평소에 '기독교 세계관의 접촉점을 어떻게 만들 것인가?'에 관심이 많았는데, '샬롬목회'에 대해 좀 더 자세히 설명해 주세요".

하나님과의 샬롬, 이것은 하나님과의 좋은 관계를 갖는 것을 의미합니다. 이것은 신앙의 기본이고 기독교 세계관의 기본이기도 합니다. 일반적으로 대부분의 목회자가 성도를 위해 하는 일이라고 할 수 있습니다. 설교와 성경 공부를 통해 결국 성도가 하나님께 더 가까이 나아가게 하려는 것이 목회의 기본입니다. 전혀 특별할 것이 없지만 이 부분이 사실 가장 기본이 되고 중요한 것이라고 생각합니다. 하나님과의 샬롬을 이루는 사람이 결국 기독교 세계관적인 신앙으로 나아갈 수 있고, 하나님과의 샬롬으로 이끄는 목회를 해야지만 기독교 세계관적인 목회가 가능하다고 생각합니다. 우리 교회가 일반 교회와 다른 부분이 많고 또 그러기 위해 노력하지만 어떤 면에서는 이렇게 비슷한 부분이 있는 것은 당연한 것 같습니다. 오히려 비슷한 부분이 많은 것에 대해 안도하고 만족해하고 있어요. 왜냐하면 다른 교회처럼 성경을 해석하고 교회를 이끌어 가고 있다는 생각이 들어서요.

나 자신과의 샬롬, 이것 역시 기존 목회에서 중요하게 실천되고 있는 것입니다. 하나님과의 관계가 샬롬이 되면 자연히 자신에게도 샬롬이 됩니다. 하나님이 우리에게 원하시는 것도 개인적인 샬롬입니다. 하나님과의 관계가 샬롬이 되고 하나님의 사랑받는 자로서의 자의식이 생길 때, 그의 마음에는 참된 평안(샬롬)이 생깁니다.

하나님은 각 사람이 기쁨을 누리며 살기를 원하십니다. 그리고 참된 평안과 평화가 그의 삶에 있기를 바라십니다. 하나님은 각 사람들의 샬롬을 위해 예수님을 보내셨고, 예수님은 십자가의 대속 사건으로 우리를 구속하셨습니다. 말씀을 통해 지혜를 주시고 진리의 길로 인도하시는 것도 우리에게 샬롬을 주시기 위한 것이라고 생각해요.

그래서 참된 신앙을 지닌 사람은 자신과의 샬롬을 누리는 사람이고 기쁨이 넘치는 삶을 사는 사람이라고 할 수 있어요. 이것은 설교를 통해 또 목회를 통해 강조되는데 각 개인이 자신의 존재에 대해 미움과 부인이 아니라 자신을 인정하고 높이며 스스로를 기쁨의 존재로 받아들이도록 합니다. 이는 하나님께서 원하시는 일이며, 아주 중요한 일이라고 생각합니다. 이런 자신과의 샬롬은 기독교 세계관적인 삶의 기초가 됩니다. 왜냐하면 이런 기초에서 자신 밖의 이웃을 향한 관심과 돌봄의 힘이 생길 수 있기 때문입니다.

우리 교회는 사실 성도에게 요구하는 것이 많습니다. 또한 하나님 나라를 확장하는 사역도 굉장히 힘든 일이지요. 그러나 우리가 하나님 나라의 확장 못지않게 중요하게 생각하는 것은, 나 자신과의 샬롬입니다. 교회 사역이 너무 힘들어서 자신의 샬롬이 깨지고 기쁨이 사라진다면 결국 그런 상태로는 하나님 나라의 일을 할 수 없기 때문이죠.

이웃과의 샬롬, 샬롬의 완성은 이웃과의 샬롬에서 이루어진다고 할 수 있습니다. 앞에서 말한 하나님과의 샬롬과 나 자신과의 샬롬은 결국 이웃과의 샬롬에서 열매 맺는다고 할 수 있지요. 하나님은 이웃 사랑을 하나님을 사랑하는 것과 같다고 하시며, 이것이 가장 큰 계명이라고 말씀하셨습니다. 하나님과 이룬 샬롬 그리고 그로 인해 얻어진 나 자신과의 샬롬은 이웃과의 샬롬을 이루게 합니다.

샬롬목회의 특징은 이 샬롬이라는 큰 틀과 방향을 이웃에게 향하게 하는 것이라고 할 수 있습니다. 이웃과의 샬롬은 '이웃사람들의 샬롬', '이웃사람들과의 관계의 샬롬'을 의미합니다. 또 '이웃한 동식물과 자연환경과의 샬롬', '이웃해서 더불어 살아가고 있는 세상과의 샬롬'을 이루는 데까지 샬롬의 범위와 의미를 확장해서 생각합니다. 이것은 기독교 세계관과 하나님 나라의 신학에서 말하고자 하는 것과 연결되고 동일한 목표에 도달하게 합니다. 우리의 신앙이 하나님에 대한 섬김 및 자신의 구원과 평안을 넘어서 이웃과 세상을 향해 나아가게 됩니다. 신앙의 범위가 샬롬이라는 개념을 통해 세상으로 확장되는 것이지요. 세상에 샬롬을 주는 것이 중요한 신앙 행위로 인식되고 받아들여지게 됩니다.

신기한 것은, 이웃과의 샬롬이 이루어질 때 하나님 그리고 자신과의 샬롬이 온전해진다는 점입니다. 하나님과의 샬롬, 자신과의 샬롬 그리고 이웃과의 샬롬은 서로 깊숙이 연결되어 있고 떼려야 뗄 수 없는 인과 관계로 서로 영향을 주기 때문에 하나가 잘못되면 다른 하나가 온전할 수 없습니다. 그래서 이 모든 것이 함께 이루어져야 하는 것이라고 생각합니다. 샬롬의 범위를 넓혀 가는 것이 힘든 것 같지만 결국은 그렇게 되는 것이 온전한 샬롬을 이루어 가는 것이죠.

샬롬으로 기독교 세계관을 풀어 가는 것의 장점은 샬롬을 매개로 신앙을 하나님과 나의 관계에서 이웃과 세상과의 관계로 확장해 나갈 수 있다는 것입니다. 실제로 샬롬이라는 관점에서 보면 이웃과 세상의 샬롬이 나 자신에게 얼마나 큰 영향을 주는지 그리고 나 자신의 샬롬이 하나님과의 샬롬의 관계에 얼마나 큰 영향을 주는지를 알 수 있습니다. 그래서 우리의 신앙생활이 교회 안에서만이 아니라 이웃과 세상을 향해 나아가게 만들지요.

자, 그럼 오늘은 이만하죠. 다음 주에는 수요일 저녁에 만나는 것이 어떨까요?"

리포밍 처치

토론을 위한 질문

1. 기독교 세계관이라는 용어를 어떻게 이해하고 있는지 서로 나눠 봅시다. 기독교 세계관의 가장 좋은 정의는 무엇일까요? "기독교 세계관 운동을 하나님 나라 확장 운동"이라는 의미로 사용하는 것에 대해 어떻게 생각합니까?

2. 소빛교회는 "복음 전파와 하나님 나라의 확장을 목적으로 한다. 그리고 하나님 나라가 각 성도의 삶에서 실현되는 것과, 각 성도가 하나님 나라의 확장을 위한 일꾼으로 세워지는 것을 목표로 한다."는 것을 기독교 세계관적인 교회의 목표로 삼았습니다. 기독교 세계관을 지향하는 교회 목표는 어떤 것이어야 한다고 생각합니까? 소빛교회의 목표와 지향을 개선하고 보완한다면 어떤 것을 들 수 있을까요?

3. 이 목사는 기독교 세계관적인 교회를 위해서는 '하나님, 자신, 이웃과의 샬롬'의 관계가 필요하고 그것을 이루어 가는 것이라고 했습니다. 기독교 세계관적인 교회를 이루는 데 필요한 것에는 어떤 것이 있을까요?

4장

기독교 세계관적인 교회의 교인

수요일 오후, 김 전도사는 다시 이 목사의 목회실을 찾았다. 이 목사는 김 전도사에게 차를 권하며 얘기를 시작했다.

　　"이 시간에는 교인에 대해 말씀드리려고 합니다. 우리 교회가 목표하는 이상적인 교인상을 한 문장으로 말한다면 '철저히 헌신된, 전인적인 하나님 나라의 일꾼'이라고 할 수 있습니다. 철저한 헌신이 있어야 전인적인 신앙이 실현될 수 있다고 생각하는 거지요. 전인적이라는 것은 자신의 내면과 외면을 아울러 삶의 전 영역에서 하나님의 말씀을 실현하고 하나님 나라를 확장하는 것을 의미합니다.

　　우리 교회는 각 교인의 '소명'을 아주 중요하게 생각합니다. 또한 각 교인이 자신의 소명을 이루는 삶을 살도록 권면합니다. 하나님께서 목회자나 선교사뿐 아니라 모든 사람에게 소명을 주셨다는 것을 믿고 고백합니다. 그래서 모든 사람이 하나님이 주신 소명을 발견하고 그 소명을 이루는 삶을 살도록 노력합니다. 각자의 삶의 자리와 직장을 통해 소

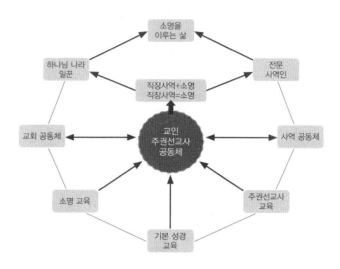

기독교 세계관적인 교인

명을 이루어 가는 삶을 살아가는 것이지요."

김 전도사는 잘 듣고 있다는 의미에서 한마디 끼어들었다.

"직업소명을 말씀하시는 거죠?"

1. 직업소명

"예, 직업소명이라고도 할 수 있지요. 마침 직업소명이라는 말씀을 잘 하셨습니다. 직업소명에 대해 말하고 싶은 것이 많아요. 그리고 직업소명에 대해 설명하고 나면 우리 교회에서 강조하는 소명을 더 잘 설명할

리포밍 처치

수 있을 것 같군요. 저는 직업소명이란 말을 사용하는 데 굉장히 조심스러운 부분이 있습니다. 왜냐하면 직업소명이 많이 언급되긴 하는데 직업소명이라는 말이 오히려 소명을 희미하게 만드는 요소가 되기 때문이에요."

"직업소명이라는 말이 오히려 소명을 희미하게 만든다고요?" 김 전도사는 갑자기 이해할 수 없다는 표정을 지으며 자세를 고쳐 앉았다. 이목사는 말을 계속했다

"직업소명을 말할 때 '각자의 직업을 통해 하나님이 주신 소명을 이루는 것'이라고 이해하는 경우가 많은데, 이럴 경우 오해의 소지가 있어요. 왜냐하면 자신의 직업 자체가 곧 하나님께서 주신 소명이라고 생각하기 때문이죠. 나아가 자신이 하고 있는 일만 열심히 하면 하나님의 소명을 이루는 것으로 이해될 수 있기 때문이죠. 그래서 직업이 있는 사람은 모두 소명을 이루고 있는 사람이 되는 거지요. 하지만 이런 생각을 통해서는 하나님 나라가 확장되지 않을 뿐 아니라 오히려 하나님의 일을 열심히 할 수 있는 여지마저도 차단시킬 수 있어요. 그리고 이런 생각은 안일하고 게으른 신앙인에게 하나님의 일을 열심히 하지 않아도 되게 만드는 핑곗거리를 줄 수도 있고요. 우리 교회에서는 직업소명을 말할 때, '직업이 소명이다.'라고 말하지 않아요. 오히려 '직업이 소명이 되게 해야 한다.'라고 말하지요.

"그것이 어떻게 다르지요? 제가 평소에 관심이 많았던 부분에 관한 말씀인 것 같아요." 김 전도사는 이 목사의 말에 깊은 관심을 표하며 자세히 설명해 줄 것을 부탁했다.

"우리는 '직업소명'을 직업 자체가 소명이라고 주장하거나, 직업 자체가 신성시되어 직업을 갖고 있는 것 자체로 소명을 이루고 있다는 식으로 말하거나, 직업과 소명을 기계적으로 연결하는 것을 반대해요. 이것은 성경적인 소명에 대한 오해와 자신의 진정한 소명을 외면하게 할 수 있기 때문이죠. 그리고 더 나아가 직장생활 속에서 감당해야 할 그리스도인의 사명을 간과할 수 있고, 기독교 세계관 운동에서 이루고자 하는 각 영역을 하나님의 것으로 만들어야 한다는 소명의식을 흐리게 할 수 있어요. 따라서 직업소명은 직업이 아니라 소명과 사역이 강조되어야 하고, 소명과 사역에 초점을 맞춰 말해야 해요. 사역의 관점으로 직업을 바라보고, 하나님 나라 확장의 관점에서 직장일을 생각하는 것이죠. 그리고 직업 자체가 아니라 '직업을 통해 어떤 일을 하고 어떤 결과물을 만들어 내는가?'로 소명을 말할 수 있어야 합니다. 그렇게 될 때 성경이 말하는 진정한 의미의 직업소명을 이루어 낼 수 있을 것이라고 생각해요. '직업이 소명이 되게 해야 한다.'라는 것과 '직업이 소명이다.'라는 것은 분명 다른 의미입니다. 직업이 소명이 되도록 노력하지 않는 직업인에게 소명을 이루고 있다고 말할 수 없다고 생각해요. 직업에 소명이 있는 것은 그가 그 직업을 통해 성직을 하는 것과 같은 것(더 이상의 것)을 만들어 낼 때 의미가 있고 또 그렇게 해석되어야 한다고 생각해요."

"목사님께서는 직업소명설을 반대하시는 것은 아니지요? 기독교 세계관을 실현하고자 하는 교회에서 직업소명설에 대한 비판적인 말씀을 듣게 되어 조금 놀랐어요."

"전혀 아닙니다. 우리 교회가 세상의 직업소명을 부인하거나 또는 교역자의 소명만 중요하다고 여기거나 혹은 이것이 일반소명보다 더 중요하다고 말하는 것은 아니에요. 제가 말하는 것은 종교개혁 시대의 직업소명설이 나오기 전으로 돌아가자는 것이 아니라, 지금보다 한걸음 앞으로 나아가자는 것입니다. 이제까지 교회 안에 머무르던 신앙을 세상속으로 확장하는 역할을 직업소명설과 기독교 세계관이 했다면, 이제는 단순히 세상 속으로 나아가는 것에 머물지 말고 부르심과 소명에 대한 철저한 확신과 헌신된 태도로 세상을 향해 나아가자는 것이지요.

리차드 미들톤과 브라이안 왈쉬가 쓴 책 『그리스도인의 비전』(IVP, 1996) 120쪽에 이런 표현이 나옵니다. "문제는, 기독교 공동체에 의사, 농부, 사업가 혹은 음악가가 부족하다는 것이 아니다. 문제는, 기독교적인 의사, 농부, 사업가, 음악가가 부족하다는 것이다."라고 말했는데 우리 교회는 이처럼 기독교적인 의사와 농부, 사업가 등을 만들겠다는 것이지요. 사실 소명이나 직업소명설에 대해서는 할 말이 많고 또 좀 더 세밀하게 설명해야 할 부분이 있는데 지금 다 얘기할 수는 없을 것 같아요. 다음에 기회가 되면 하기로 하고 제가 드린 유인물 중에 '교인 서약'을 한번 보시겠어요? 우리 교회의 교인이 되기 위해서는 교인 서약에 서명해야 합니다. 교인 서약은 우리 교회의 정관에 있는 신앙고백과 교회의 목표와 지향에 동의하는 것입니다. 그리고 우리는 성도들에게 라이프스타일 동의를 요구합니다."

이 목사는 '라이프스타일 동의' 부분을 찾아 김 전도사에게 보여 주었다.

2. 교인 서약

교인 서약: 라이프스타일 동의

아래의 라이프스타일을 정해서 지키고자 하는 것은 삶을 규제하거나 새로운 율법을 만드는 것이 아니라 그리스도인다운 삶을 살도록 돕기 위한 것이다. 이런 작은 부분의 실천을 통해 그리스도인의 삶을 회복하고 소금과 빛의 역할을 감당할 수 있게 한다.

1) 경건 생활

최소 하루 3번 기도시간(기상, 취침 그리고 QT), 하루 1번 이상 성경 읽기(Q.T), 최소 주 2회 교회모임 출석(주일 외 1일), 연 1회 이상 금식(개인별 작정 및 교회력에 따른 고난주간 금식)을 한다.

2) 안식

- 하나님의 안식에 대한 명령에 순종하는 의미로 하루를 온전히 안식하며 지낸다. 만약 주일에 안식하지 못했을 경우 다른 날 보충하는 것을 원칙으로 한다.
- 안식의 의미를 살리기 위해 주일에는 예배, 찬양, 교제를 나누는 일 등에 전념한다. 성경 공부, 회의, 기타 활동 등은 평일에 하는 것을 원칙으로 한다.

리포밍 처치

3) 청빈 생활

- 교회는 내적으로는 청빈하되 이웃에 대해서는 부요한 것을 지향한다.
- 돈이 많으나 적으나 검소한 생활을 원칙으로 하고, 위화감을 줄 정도의 화려한 생활을 지양하며 나눔의 생활을 한다.
- 교회는 검소하고 청빈하게 운영하며 그 관리는 투명해야 한다.

4) 미디어의 건전한 이용

- 원칙적으로 좋은 미디어를 선별적으로 사용해야 한다. 그렇게 하기 위해 미디어를 필요에 따라 주도적으로 이용해야 하고, 비판적인 시각으로 미디어를 분별해야 한다.
- 교회적으로 좋은 미디어를 추천하고, 신앙과 경건 생활에 유해한 미디어를 경고한다.

5) 이웃에 대한 친절과 공의

- 이웃과 동료에게 먼저 다가가 인사와 칭찬 등의 친절을 베푼다.
- 모든 일과 인간관계에 있어 정직과 공의를 지향한다.
- 약자에게 관심을 갖고 그들을 돌본다.
- 교인 간에 험담을 금한다.

6) 나눔과 구제

- 개인적으로 구제 계획을 갖고 실천한다.

- 생활 속에서 만나는 약자와 고통 중에 있는 자들을 돕는다.
- 교회적인 나눔과 구제 활동에 적극 참여한다.

7) 가정생활

- 아무리 중요한 일과 사역이라도 가정을 해치지 않도록 한다.
- 가족 간의 온전한 관계형성을 위해 최대한 노력한다.

8) 기독교교육의 실천

- 기독교 홈스쿨, 기독교학교, 주말교회기독교학교 등으로 기독교 교육을 하는 것을 의무로 한다.
- 세상적인 성공과 부를 위한 교육이 아니라 하나님 나라의 인재를 양육하고 교육하기 위해 노력한다.

9) 친환경 생활

- 하나님께서 주신 환경을 사명감을 갖고 보호하고 관리한다.
- 친환경제품 사용을 권장하고 기독교적인 환경운동에 동참한다.

10) 능동적인 정치 참여

- 모든 선거에 적극 참여하고, 하나님의 공의와 사랑을 이 땅에 실현하는 정책에 동참하여 하나님의 뜻이 이루어지도록 노력한다.
- 지역사회의 사회 문제와 문화 활동 등에 적극적으로 참여하고, 필요한 경우에는 정치적인 입장을 표현한다.

김 전도사가 교인 서약을 보고 나서 질문했다.

"목사님, 이것은 교인들이 정식 교인으로 등록할 때 하는 서약인가요? 그렇다면 혹시 이 서약에 서명하는 것을 부담스러워 하는 사람은 없나요?

"우리 교회에 처음 오신 분들은 신앙의 정도에 따라 초신자 반에서 성경 공부 과정을 거쳐 학습과 세례를 받은 뒤에 정식 교인이 됩니다. 기존에 세례받은 신자인 경우에는 교인 교육 프로그램에 참여한 후 일정한 과정을 거쳐 정회원이 됩니다. 따라서 이러한 과정을 통해 교인 서약 등을 충분히 교육합니다. 이렇게 하면 대부분 교인 서약의 취지 등과 같은 우리 교회에 대한 이해가 생기기 때문에 특별히 서약을 거부하지는 않습니다. 교인 서약이 마치 새로운 율법이나 굴레인 것처럼 보일 수 있지만, 사실은 이런 생활 규칙과 원리가 우리의 삶을 조화롭고 풍성하게 합니다. 또한 이것이 결국 우리가 이루려고 하는 하나님 나라를 확장하는 삶으로 이어지게 한다고 믿습니다.

우리 교회에서는 결코 이 서약을 율법처럼 강요하거나 이것을 지키지 못할 경우에는 죄의식을 느끼도록 정죄하지 않아요. 전체적인 삶의 규범을 제시하는 것이지요. 우리 교회가 이런 구체적인 라이프스타일을 정한 이유는 구체적인 생활 규범이 있을 때, 생활이 좀 더 질서 있고 균형 잡힌 그리스도인의 삶을 살 수 있기 때문입니다."

이 목사의 말을 들으면서 유인물을 보고 있던 김 전도사는 놀란 듯이 갑자기 질문했다.

"어! 목사님, 그런데 이 교인 서약 밑에 새신자 교육이 있고 그 밑에

'주권선교사 교육 프로그램'이 있는데 이것은 뭔가요? '주권선교사'라는 말은 처음 들어보는데요."

"주권선교사라는 말은 우리 교회에서 만든 단어예요. '주권선교사 교육'은 우리 교회의 가장 핵심적인 교육 과정이라고 할 수 있지요. 그리고 일정한 교육 과정이 있지만 이것으로 끝나는 것이 아니라 지속적인 교육이 이루어지고 있어요. 이를 설명하려면 주권선교사라는 말을 사용한 시기부터 시작해서 좀 긴 설명이 필요할 거 같은데 제가 예전에 쓴 글을 보면 이해하는 데 도움이 될 것 같습니다."

이 목사는 주권선교사에 관한 유인물을 찾아 김 전도사에게 보여 주었다.

3. 주권선교사

'주권선교사'라는 호칭

기독교인에 대한 호칭이 없다

세상살이에서 중요한 것으로는 여러 가지가 있지만 그중에 '호칭'도 아주 중요한 것이다.

김춘수의 "꽃"이라는 시 중에 이런 구절이 있다.

내가 그의 이름을 불러 주기 전에는 / 그는 다만 /

하나의 몸짓에 지나지 않았다.

내가 그의 이름을 불러 주었을 때 / 그는 나에게로 와서 /

꽃이 되었다.

우리에게 '어떻게 불리는가?' 하는 문제는 한 사람의 정체성과도 관련이 있고 또 그의 삶과 장래와도 연관된 일일 수 있다.

어떤 사람이 '선생님'이라고 불리는 순간부터 그는 선생님으로서의 삶의 태도를 지니게 되고 또 선생님으로서의 일을 하게 된다. 그가 선생님이 되었기 때문에 선생님이라고 불리는 것이기도 하지만 '선생님'이라고 불리기 때문에 선생님다워지는 부분도 분명히 있는 것이다.

어떤 경찰이 근무가 없는 날에 사복을 입고 집앞을 산책하고 있을 때, 누군가가 교통법규를 위반하거나 기초질서 위반사범을 보았다면 아무도 그를 경찰이라고 생각하지 않고 경찰로 불러 주지 않기 때문에 그는 경찰로서의 역할을 하지 않을 가능성이 크다. 그러나 그가 경찰 제복을 입고 있고 누군가 그를 경찰이라고 부르며 신고했다면 그는 분명히 경찰로서의 역할을 할 것이다.

이와 같이 '우리가 어떻게 불리는가?' 하는 문제는 아주 중요한데, 우리 그리스도인에게는 그의 역할에 맞는 호칭이 없다. 즉 그리스도인에 대한 역할과 할 일을 규정하는 호칭이 없는 것이다.

물론 이런 호칭을 가진 사람도 있고 또 교회 안에서의 역할을 담고 있는 호칭은 존재한다. 즉 집사나 장로 또는 목사, 전도사 등의 호칭은 있다. 그러나 그 외의 사람들에게는 호칭이 없다. 또 그 호칭들은 교회 밖에서는 별다른 기대나 역할을 담고 있지 않다.

많은 사람이 기독교를 비판하면서 교회가 자신들의 교회 건물을 짓는 일에만 열심이고 사회를 위해서는 하는 일이 없다고 말한다. 그 비판이 정당한 것인지는 모르겠지만 기독교인에 대한 사회에서의 역할을 담고 있는 호칭이 없다는 것이 그 중요한 원인일 수 있겠다는 생각이다.

그렇다면 생각해 보아야 할 것은, '과연 기독교인들에게는 교회 안에서만 할 일이 있고 또 그리스도인은 교회에서만 역할을 하는 사람인가?' 하는 것이다. 다양한 신앙의 모습과 전통이 있기 때문에 단정적으로 말하지는 못하지만 대부분의 기독교인은 교회 안에서만 아니라 교회 밖에서도 기독교인의 할 일과 역할이 있음을 인정할 것이다.

또 많은 기독교인은 기독교인이 교회 밖에서 전도하는 일 또는 구제하는 일 외에도 자신이 처한 곳에서 기독교인의 역할이 있다는 것을 인정한다. 그럼에도 불구하고 그런 기독교인의 역할에 대한 호칭이 없다는 것은 심각한 문제다.

선교사라는 명칭

교회에서 사용하는 호칭 중에 '선교사'라는 호칭은 교회 밖에서의 활동을 생각하게 한다. 왜냐하면 해외선교사의 경우 파송된 나라에 교회가 생기기 전에 하는 사역이 선교사의 역할이고, 또 그 나라의 교육이나 사회 사업 등의 교회 밖의 일을 하는 것이 선교사의 모습이기 때문이다.

선교사는 선교사라고 불리는 순간(그것이 파송 예배를 통해서이건 또는 특별한 교육을 수료하고 받게 되는 것이건) 자신의 선교지에서 선교를 위한 열정과 선교사로서의 삶의 모습으로 선교사로서의 역할을 하며 선교사로서 살아간다.

평신도 선교사들도 그들이 선교사로 불린다면, 목회자 선교사와 다름없이 선교사로서의 분명한 정체성을 갖고 그의 선교 사역을 위해 헌신하게 되는 경우가 많다.

우리 그리스도인에게 이런 선교사와 같은 호칭이 필요하다. 그들에게 특별한 사명을 느끼게 하고 그들의 정체성을 분명히 각성하게 하는 명칭이 있어야 하는 것이다. 우리 기독교인 각자가 해야 할 일과 역할을 담은 호칭으로 불릴 때 우리 그리스도인의 삶과 세상에서의 역할이 달라질 것이다.

주권

주권은 '국가주권'의 의미로 사용하는 말이다. 이는 사회에 대한 국가의 정치적인 지배권을 말하는데 우리나라 독립군이 일본으로부터 주권을 되찾아 오기 위해 노력한 것과 같이 이 세상의 주권이 하나님께로 회복되게 한다는 의미이다.

성경은 우리 그리스도인을 향해 하나님의 군사, 하나님의 일꾼으로 부른다. 그것은 다르게 표현하면 하나님 나라를 위해 (세상을 지배하려는 사탄의 세력과) 싸우고, 아담의 범죄 이후로 타락하고 파괴된 하나님 나라를 건설(재건)하는 일꾼이라는 역할을 담은 호칭이라고 할 수 있다.

그리스도인의 주된 사명은 예수님을 모르는 세상 사람에게 복음을 전하는 것이다. 이와 함께 예수님께서 가르친 모든 것을 세상 사람들이 지키게 해야 할 사명이 그리스도인에게 주어져 있다(마 28:19-20). 이것은 하나님의 법이 이 땅에 실현되게 하는 것이다. 주 기도문을 통해 우리가 계속 기도하고 있듯이 이 땅에 하나님 나라가 이루어지게 하는 것이 우리 그리스도인이 세상에서 해야 할 일이다.

우리 그리스도인은 분명히 세상에서의 역할이 있고 할 일이 있다. 교회 안에서뿐만 아니라 교회 밖에서 구체적인 하나님의 일꾼으로 또 하나님 나라 군사로서의 역할과 사역이 있는 사람들이다.

어떤 사람은 학교라는 영역에서 하나님의 뜻과 진리가 전파되도록 일하고 싸워야 하는 임무가 있다. 또 어떤 사람은 방송국에서 하나님이 원하시는 사랑과 공의의 방송을 만들기 위해 힘써야 한다. 또 어떤 사람은 하나님의 공의와 사랑의 법이 나타나도록 직장 속에서 일하고 싸워야 하는 사람도 있다. 또 어떤 사람은 농사일 가운데 하나님의 창조물을 가꾸며 건강하게 만드는 사역을 해야 한다.

모든 그리스도인은 하나님으로부터 부여받은 소명이 있다. 그들 각자의 영역에서 또 그들이 살고 있는 곳에서 그곳이 하나님 나라가 되게 해야 한다. 또 그들의 영역에서 하나님의 주권을 회복해야 할 하나님 나라의 군사로서 할 일이 있는 것이다.

주권선교사

그런데 이들에게 아무도 그들이 해야 할 역할에 맞는 호칭을 불러주고 있지 않다. 그래서 그들은 마땅히 하나님 나라를 위해 맡은바

할 일과 역할이 있음에도 불구하고, 전혀 그렇지 않은 삶을 살아가고 있는지 모른다.

우리는 하나님 나라를 위해 지금 자신의 자리에서 일하고 있는 모든 하나님 나라의 일꾼과 군사들을 '주권선교사'라는 호칭으로 부르는 일이 필요하다.

하나님 나라는 믿는 사람들만으로는 이루어지지 않는다. 그곳에는 하나님의 법과 통치가 있어야 한다. 믿지 않는 사람들에게 복음을 전하는 것이 하나님 나라의 확장을 위해 중요한 일이듯이, 이 땅에 하나님의 공의와 사랑의 법이 실천되게 하는 일 역시 중요한 일이고 하나님의 군사 및 일꾼으로서 해야 할 일임에 틀림없다.

그렇다면 우리가 먼 곳에 나가서 복음을 전하는 사역을 하는 사람을 선교사로 부르듯이, 이 땅에서 하나님의 주권이 성취되고 나타나게 하기 위해 일하고자 하는 사람들에게 선교사와 같은 호칭을 불러 주고 그들을 인정해 줌으로써 그들이 그 일들을 온전히 해 나갈 수 있게 해야 할 것이다.

그래서 나는 하나님 나라를 위해 각자의 영역에서 하나님 나라가 확장되고 하나님의 뜻이 실현되도록 살고자 하는 자들에게 '주권선교사'라고 부르는 운동이 전개되기를 바란다.

그리스도인은 하나님의 주권이 이 땅에 실현되게 하기 위해 세상에 파송된 사역자들이다. 이들을 향해 그들의 역할을 규정하는 호칭으로 불러 주지 않았기에 그들은 아무것도 아닌 것처럼 되었는지 모른다.

'주권선교사'로 불림으로써 우리가 세상 가운데서 분명한 역할을 인식하고, 선교사와 같이 이 땅이 하나님의 주권이 실현되는 나라가 되도록 하나님 나라를 확장하는 일들을 전개할 수 있기를 바란다.

"목사님, 잘 읽었습니다. 주권선교사라는 말이 정말 좋은 것 같은데요. 선교사라는 명칭을 갖게 되면 자연히 성과 속을 구별하는 이원론에서부터 자유로워지는 효과도 있을 것 같아요. 그리고 뭔가 세상에서 선교사로 살아가야 한다는 목표 의식도 생기고요. 그런데 주권선교사는 어떤 훈련 과정을 거쳐야만 될 수 있나요?"

"예, 그런 효과를 생각하고 만든 용어지요. 그리고 주권선교사 교육은 기본적으로 특정한 성경 공부 프로그램과 교인 서약에 관한 공부 또 기독교 세계관에 관한 공부, 영역별 훈련 등으로 구성되어 있어요. 이 교육 과정을 거치면 주권선교사로 임명되는데 자세한 것은 다음에 말씀드릴 교육 영역에서 설명할게요. 그럼 오늘은 이만 할까요?"

토론을 위한 질문

1. 지금 당신의 직업에 소명의식이 있습니까? 직업소명설이 진정한 소명을 외면하게 할 수 있다는 지적에 대해 어떻게 생각하십니까? 직업소명설을 제대로 이해하고 적용하려면 어떻게 해야 할까요?

2. 소빛교회는 교인 서약을 통해 신앙생활의 규범을 제시하고 있습니다. 이런 규범과 교인 서약의 긍정적인 면과 부정적인 면에는 어떤 것이 있을까요? 교인생활 규정을 만든다면 어떤 것들을 추가하거나 수정해야 할까요?

3. '주권선교사'라는 명칭에 대해 어떻게 생각하시나요? 더 좋은 호칭이 있다면 어떤 것이 있을까요? 이런 호칭이 주는 긍정적인 면과 부정적인 면을 나눠 봅시다.

5장

기독교 세계관적인 교회의 교육

김 전도사는 약속한 시간에 다시 이 목사를 찾아왔다.

"지난주에는 '교인'에 대해 말씀드렸는데, 이번 주에는 '교육'에 대해 알아보도록 할게요. 저희 교회교육은 크게 교회학교 교육과 성인 교육으로 나눠져 있어요. 먼저 제가 저희 교회의 교육 전반과 성인 교육에 대해 말씀드리고, 그 후에 교회학교에 대해 말씀드릴게요. 우리 교회의 교회학교는 토요일마다 열리는데 그때 참관해 보고 담당자에게 직접 설명을 듣는 것이 좋을 것 같네요."

이 목사는 다시 교육에 관한 유인물과 책자를 주면서 얘기를 시작했다.

"다른 교회도 마찬가지겠지만, 우리 교회는 교육을 굉장히 중요하게 생각합니다. 기독교 세계관적인 교회의 승패와 질이 교육에 달려 있기 때문이죠. 교육이 제대로 이루어지지 않으면 기독교 세계관적인 교회라는 것도 구호에 불과하게 되고 결국 제대로 될 수 없어요. 사실 교육이

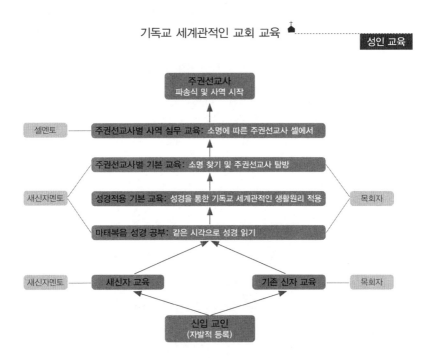

기독교 세계관적인 교회 교육

성인 교육

라는 것이 굉장히 넓은 개념이어서 모든 교회 영역이 교육과 연관되어 있어요. 그런데 구체적인 교육을 한정해서 말씀드리자면, 앞에서 말한 것처럼 대학교 이전 학생과 유아를 대상으로 하는 교회학교 교육이 있고, 성년을 대상으로 하는 성인 교육이 있습니다. 이는 우리 교회 기존 성도를 대상으로 하는 성경 대학, 기독교세계관 대학 등의 교육 프로그램과 새신자나 새로 우리 교회에 온 기존 신자를 대상으로 하는 교육으로 나눌 수 있어요. 성경 대학 등은 다른 교회와 비슷하니까 따로 말씀 드리지 않고요. 우리 교회의 정회원이 되는 즉, 주권선교사가 되기까지의 교육 과정에 대해 말씀드릴게요. 먼저 예수님을 처음 믿기 시작하거

리포밍 처치

나 아직 믿음이 없는 자들을 대상으로 하는 새신자 교육에 대해 설명할
게요."

1. 새신자 교육

김 전도사가 갑자기 끼어들며 말했다. "예, 저에게는 참 기대가 되는
부분입니다. 여기 소빛교회에 와서 여러 생각을 하게 되는데 이렇게 높
은 목표와 가치를 지닌 교회에 처음 신앙을 가진 사람들이 어떻게 적응
할 수 있을지 또한 과연 새신자들이 이 교회에 잘 정착할 수 있을지에
대해 의문이 들었거든요. 새신자가 기독교 세계관을 이해하고 동의하는
것은 힘든 일이 아닐까 생각했어요."

"새신자에게 우리 교회가 추구하는 기독교 세계관적인 삶의 모습을
가르치는 것은 굉장히 어려운 일처럼 보입니다. 실제로 어려운 일이기
도 하고요. 그러나 또 다른 면에서 보면 신앙생활과 교회에 대해 전혀
모르는 분들은 오히려 새로운 그리스도인의 삶을 잘 받아들일 수 있는
장점도 있어요. 처음부터 신앙생활은 교회에서뿐만 아니라 삶의 전 영
역에서 이루어진다는 것을 보기 때문이죠. 또한 다른 교인을 통해 헌신
적인 삶을 보고 배우기 때문에 당연히 신앙생활은 그러해야 한다고 받
아들이게 되지요. 마치 백지에 그림을 그리는 것이 뭔가로 그려진 종이
에 다른 그림을 그리는 것보다 쉬운 이치라고 할 수 있어요. 우리 교회
의 새신자 교육은 일반 교회와 특별히 다르지 않아요. '믿음', '구원'과 같

은 기초신앙 교육과 전반적인 성경 교육을 합니다. 이 교육은 담당목회자와 같이 하고요. 또한 새신자가 오면 그 사람을 위해 기존 신자 중에 멘토를 한 명 지정해 줍니다. 이 멘토가 새신자의 모든 부분을 돌봐 주고 상담해 줍니다. 또 신앙적인 조언을 해 주면서 제대로 자라나도록 돕습니다. 멘토는 평소에도 새신자와 긴밀한 교제와 연락을 하면서 형제자매처럼 친밀한 관계를 형성합니다. 그리고 새신자의 신앙적인 성숙 상태를 살펴서 필요한 교육 과정으로 인도하고, 또 적절한 교회 활동으로 유도하면서 새신자가 성숙한 성도가 될 때까지 지속적으로 돌보게 됩니다.

"그런데 이런 멘토는 누가 하나요? 시간과 정성이 굉장히 많이 필요한 일일 것 같은데요."

"그렇습니다. 이 멘토의 역할은 쉽지 않습니다. 그리고 이 일은 특별한 은사가 있어야 할 수 있는 일이기도 합니다. 우리 교회로서도 이 멘토의 역할을 아주 중요한 사역으로 보고 있기 때문에 이런 역할을 감당할 수 있는 분들을 귀하게 생각합니다. 나중에 좀 더 말씀드릴 기회가 있겠지만 멘토를 하시는 분들은 이 멘토의 역할을 자신의 소명이라고 생각하는 주권선교사로서 이 부분에 전적으로 헌신하는 사람들입니다. 우리 교회는 기본적으로 교회 안에서 일반 성도가 소명을 찾고 일하는 것을 지양합니다. 멘토는 어떻게 보면 목회 영역에 해당하고 교회 안의 사역이라고 할 수 있지만, 우리는 멘토의 사역 지점을 세상과 교회의 중간으로 생각했습니다. 멘토는 하나님을 모르고 세속적인 세계관 속에 살며 또 그런 영향에 물들어 있는 영혼을 하나님의 사람과 기독교 세계관적인 사람으로 변화시키고 양육하는 막중한 책임을 맡은 분들입니다. 이분들이 제대로 역할을 해 주어야 우리 교회가 건전하게 발전하고 새로운 피를 공급받게 되는 것이지요. 그리고 세상과 기독교 세계관을 연결하는 작업은 교회 안에서 주로 생활하는 목회자보다는 세상과 교회를 다 잘 아는 일반 성도가 더 좋은 멘토가 될 수 있다고 생각합니다.

우리 교회의 한 가지 원칙은 새신자를 아주 소중하게 여기고 대접하지만, 준비되지 않은 자는 받아들이거나 세우지 않는다는 것입니다. 즉 확실한 믿음이 없는 사람에게 세례를 주거나 또 신앙적으로 충분히 준비되지 않은 사람에게 직분을 주는 일을 하지 않겠다는 것입니다. 그래서 다른 교회에 비해 교회적으로 새신자에게 딱딱하게 보이는 부분이 있을 수 있는데, 멘토는 이런 것들을 잘 설명해 주고 좀 길어질 수 있는 새신자 교육 과정을 잘 마칠 수 있게 도와주며 중재하는 역할을 하게 됩니다.

우리 교회는 새신자 과정에서도 좀 부담이 되는 교회생활을 요구합니다. 어느 정도의 수준에 이르렀다고 생각하면 교육의 강도를 높입니다. 즉 교육받는 시간도 평일에 하고 장소도 교회로 합니다. 그리고 숙제도 많이 내 주고요. 이렇게 하는 이유는 우리 교회가 추구하는 바와 같이, 그리스도인은 하나님께 뭔가를 받을 것이 있는 사람이 아니라 하나님의 일꾼이고 하나님을 위해 헌신해야 하는 사람인 것을 처음부터 강조하고자 하는 것이지요."

"하지만 목사님, 막중한 부담을 주면 새신자가 못 버티고 교회를 떠날 수도 있을 것 같은데요. 다른 교회는 교인들에게 최대한 부담을 느끼지 않게 해서 교회를 떠나지 않도록 하는데, 이 교회는 좀 반대로 하는 듯한 느낌이네요."

"예, 그렇게 보일 수도 있어요. 그런데 우리는 교회 문턱을 낮추어서 누구든지 교회에 오게 하는 것에는 동의하지만, 기독교 신앙생활을 너무 쉽게 생각하지 않게 해야 한다는 생각이 있어요. 즉, 처음부터 너무 쉽고 편한 신앙생활에 익숙해지도록 하기보다는 좀 더 철저하게 헌신된 신앙인으로 살아가도록 인도해야겠다는 생각이지요. 또 우리 교회가 추구하는 것이 교인의 숫자를 많이 늘리는 것이 아니라 하나님 나라를 확장하는 일꾼을 양성하는 것이니까 이런 방식으로 강하게 교육하는 것이 맞다고 생각해요. 그러나 한 가지 말씀드리고 싶은 것은 이러한 교육을 앞뒤 보지 않고 무작정 강하게 밀어붙인다기보다는, 멘토가 새신자의 상태를 잘 살펴서 그들이 무리 없이 따라올 수 있도록 노력하고 있다는 거예요.

우리 교회에는 새신자가 그리 많지는 않지만 꾸준하게 늘고 있고요. 또 신앙의 성숙이 성공적으로 이루어지고 있는 새신자들도 꽤 있습니다.

2. 기존 신자 재교육

이어서 이미 신앙이 있는 사람들을 위한 재교육 과정에 대해서도 말씀드릴게요. 우리 교회는 새신자보다는 기존 신자가 찾아오는 경우가 많습니다. 우리 교회가 좀 특별한 것을 한다니까 신선하다고 생각해서인지 꽤 많은 숫자의 성도들이 찾아옵니다. 이분들은 처음 교회에 와서 예배만 참석하는 경우가 많은데, 우리는 그런 분들을 거절하거나 막지 않습니다. 오히려 환영하고 또 그렇게 예배드리는 것을 돕습니다. 또한 그런 분들에게 교회 등록을 강요하지도 않습니다."

"목사님의 말씀은 그분들이 와서 예배드리는 것은 환영하지만 등록을 요구하지는 않는다고요? 좀 특이한 것 같습니다."

"어떤 교회는 교회수평이동 문제를 생각해서 전입성도를 받지 않고 새신자만 받는 경우가 있는데, 우리는 다른 교회에서 오시는 분들을 기본적으로 환영합니다. 하나님 나라를 확장하는 신앙인으로 나아가려고 하는 것을 지지하고 돕는 것이 우리 교회의 목적이기 때문입니다. 그러나 우리가 그들에게 우리 교회에 등록하라고 적극적으로 독려하지 않는 이유는, 그 출발이 자발적이어야 한다고 생각하기 때문입니다. 우리 교회가 목적하는 하나님 나라를 확장시키는 일꾼으로서의 신앙생활은 굉장한 헌신과 많은 노력이 필요합니다. 따라서 이런 일은 누군가가 떠받들거나 떠밀어서는 할 수 없다고 생각해요. 그분들이 우리 교회 예배에 참석하면서 우리가 추구하는 것을 알아가고, 또 교회 안내서나 설교 등을 통해 우리 교인의 삶이 어떠한지를 알아가면서, 자발적으로 이런 신앙생활에 동참하고 싶은 마음이 들기를 기다리는 것이지요. 예배만 드리고 가는 단계에 있는 성도들에게 우리 교회는 아무런 간섭을 하지 않습니다. 그 대신 새 교인 등록 부스를 만들어 두고 그곳에 자발적으로 찾아와서 문의하거나 등록할 수 있게 합니다. 그리고 등록하는 순간부터 우리 교회 기존 신자 교육 프로그램을 받게 합니다. 이분들이 우리 교회에 등록하면 먼저 목회자와 인사하고 상담을 통해 교육 과정을 결정합니다. 신앙의 정도에 따라 초신자 교육의 전부나 일부를 하는 경우가 있고, 때로는 그 부분은 생략하는 경우도 있습니다. 기존 신자 재교육 프로그램에 참여하면 자연스럽게 교회 일원으로 정착하는데, 이들이 교회 안에서 자리를 잡을 때까지는 교역자가 대부분 이들을 안내하고 담당합니다."

"기존 신자를 평신도 멘토가 아니라 교역자가 안내하는 특별한 이유라도 있나요?"

"일단 우리는 교회 안에서 교육이나 예배 등의 일은 기본적으로 교역자가 한다는 원칙이 있습니다. 그리고 교역자와 새 교인이 교제하는 것이 필요하기도 하고요. 또 교역자가 교육을 담당하기 때문에 자연히 이들을 인도하고 안내하는 역할을 하게 됩니다. 이들은 이미 믿음이 있는 자들이기 때문에, 일반 멘토보다는 교역자가 돌보는 것이 더 좋다고 생각해요.

그럼, 이제부터는 우리 교회의 성인 교육 프로그램에 대해 말씀드릴게요"

이 목사는 몇 가지 책과 유인물을 김 전도사에게 주며 다시 말을 시작했다.

"새신자 교육을 끝낸 사람들과 기존 신자 재교육을 받는 사람들은 기초적인 기독교 세계관 교육을 받습니다. 창조-타락-구속, 이원론, 하나님 나라 등의 주제로 공부하게 됩니다.

리포밍 처치

이 기초적인 기독교 세계관 교육에서는 아주 간단한 개념만 알려 줍니다. 왜냐하면 기독교 세계관을 깊이 공부하는 것은 어떤 사람들에게는 아주 어려운 일일 수 있고, 이후에 이어지는 교육 과정을 통해서도 자연스럽게 이해의 폭을 넓힐 수 있기 때문입니다.

이 과정 후에 다음의 3가지(마태복음 성경 공부, 성경적용 기본 교육, 주권 선교사 기본 교육) 교육 과정을 끝내면 우리 교회의 정회원이 되고, 주권 선교사가 될 자격이 주어집니다.

3, 마태복음 성경 공부

마태복음 성경 공부는 성경을 하나님 나라의 관점에서 볼 수 있게 도와주는 훈련입니다. 이 시간은 하나님이 각 사람에게 하나님 나라를 확장하도록 소명을 주셨다는 것을 깨닫게 줍니다. 이 성경 공부를 통해 자연스럽게 우리 교회가 추구하는 신앙과 신학이 어떠한지, 또 성경을 어떤 시각으로 봐야 하는지를 배우게 됩니다. 이런 공부가 중요한 것은 우리 교회의 교인이 되려고 할 때 그 사람의 신앙적인 색깔이나 성경을 보는 시각이 같아야 하는데, 이 공부가 그런 일치를 이루려는 노력이기 때문입니다. 즉 성경이 철저히 그 말씀대로 살아야 할 분명한 하나님의 말씀이라는 것을 배우게 되고 또 내가 하나님 나라의 일꾼으로 삶에 집중하고 헌신해야 한다는 것을 알게 되기 때문입니다."

이 목사가 다음으로 넘어가려고 다른 유인물을 찾기 시작하자 김 전도사가 다급히 질문했다.

"목사님! 마태복음 성경 공부를 하는 목적은 알겠는데, 그 내용과 방법 등에 대해서 좀 더 말씀해 주시면 좋겠어요."

"저희 교재를 한 권 드릴 테니 나중에 이것을 읽어 보시면 이해가 더 잘될 거예요. 마태복음 성경 공부의 특징을 간단히 말씀드리면, 구체적인 성경 내용을 배우기보다는 성경 전반을 통해 하나님이 나에게 무엇을 말씀하시며 어떻게 반응하기를 원하시는지에 관해 질문하고 답하는 시간입니다.

우리 교회가 고백하는 신앙은, 성경의 저자는 여러 명의 선지자와 사도로 구성되어 있지만 실제 저자는 성령님이라는 것입니다. 성령님께서는 (선지자나 사도들로 하여금 그런 글을 쓰도록 감동하시고 섭리하심으로) 성경의 모든 구성을 계획하고 기록하게 하셨습니다. 그래서 우리는 성경을 통해 하나님의 음성을 듣고 그분의 뜻을 알 수 있습니다. 이 성경 공부에서는 구체적이고 세세한 성경적 지식보다는 '조금 큰 단위의 단락과 장의 전체 주제는 무엇인가?'를 살펴보는 훈련을 합니다. 그리고 그 말씀에서 '성령님께서는 우리에게 무엇을 심어 주시려고 하는가?', '그 단락이나 장의 말씀이 나에게 어떤 의미가 있는가?'를 살펴봅니다. 그 후에 구체적으로 '나는 성령님의 메시지에 어떻게 응답할 것인가?' 하는 질문과 대답을 통해 성경말씀을 생활에 구체적으로 적용하는 훈련을 합니다. 결국 이런 과정을 통해 하나님 나라의 확장 임무를 내가 어떻게 실제 삶 속에서 행해야 하는지를 배우고 훈련하게 됩니다.

김 전도사님, 이 부분은 이 정도로 하고 다음으로 넘어갈까요?"

4. 성경적용 기본 교육

이 목사는 다른 유인물을 찾아 주면서 다시 말을 시작했다.

"다음에 설명드릴 것은 '성경적용 기본 교육'입니다. 이것은 성경을 통해 기독교 세계관적인 삶과 생활의 원리를 찾아보고 적용하는 훈련입니다. 기본적으로 우리 교회가 추구하는 것은 성경말씀을 실제 삶에 적용하고 실천하는 것인데요. 성경을 적용하고 실천하는 것은 평생 공부하고 훈련해야 하는 것이기 때문에 이때 공부하는 것 외에도 우리 교회에서 하는 교육이 대부분 성경을 적용한 실천에 관한 공부라고 할 수 있습니다. 그래서 이 교육을 통해 성경을 읽고 적용하는 법을 배우게 됩니다. 또한 이와 더불어 기독교 세계관에 관한 기본적인 교육을 합니다. 즉 신앙이 교회 안에 머물거나 또는 개인적으로 기복신앙에 머물러서는 안 된다는 것과 전인적인 삶의 전반에서 신앙이 나타나야 한다는 것을 가르치는 것이죠.

다시 말하지만 이 성경 공부는 말씀을 실제 삶에 적용하는 것에 초점을 두고 있습니다. 그래서 '성경적용 기본 교육'은 예수님께서 분부한 것을 지키며 사는 것이 무엇인지에 대해 구체적으로 생각해 보고, 그 부분의 실제적인 성장을 도모하고자 만들어졌습니다. 한국 교회는 이미 다양한 교재를 통해 성경 공부가 많이 이루어지고 있습니다. 그러나 성경말씀을 우리 삶에 구체적으로 적용하는 훈련은 부족했던 것 같습니다. 이제는 성경을 지식으로만 공부할 것이 아니라 구체적인 삶의 현장에서 실천하는 훈련이 필요합니다.

이 교육을 통해 주로 삶에서 나타나야 할 그리스도인의 모습에 대해 배우게 됩니다. 주권선교사 교육은 그다음에 이어지는데 그때는 주로 외적인 부분을 다루게 되고, 이 시간은 자신의 내면과 개인적인 삶의 모습을 그리스도인답게 형성하고 다듬어 가는 훈련을 합니다. 그래서 '전인적인 신앙 · 가정 · 이웃 · 안식 · 돈 · 교육 · 환경 · 미디어 · 정치 · 철저한 헌신'이라는 주제 아래 성경말씀을 적용하고 삶 속에 실현하는 것을 교육합니다.

이 목사가 다른 유인물을 찾으려고 하자 김 전도사는 다음으로 넘어가려는 줄 알고 다급하게 말했다.

"목사님! 각 주제에 대해 조금 더 설명해 주시면 좋겠어요. 물론 제가 나중에 교재를 읽어 보면 알겠지만, 먼저 목사님의 설명을 들으면 전체적인 흐름을 잘 알 수 있을 거 같아서요."

따라가기 힘들다는 표정을 짓고 있는 김 전도사를 보면서 이 목사는 미소를 지으며 말을 이어갔다.

"설명이 너무 길어질 것 같아 넘어가려고 했는데, 사실 이 부분은 우리 교회에서 아주 중요한 부분입니다. 시간이 들더라도 제가 이것에 대해 좀 더 자세히 말씀드리는 것이 좋겠군요."

제일 먼저 '전인적인 신앙'에 대해 공부하는데, 여기서는 하나님 나라에 대해 배우고 또 우리 삶의 전 영역에서 그리스도인의 소명과 사명이 있다는 것을 알게 됩니다. 즉 우리 그리스도인에게 교회에서 하는 전도나 봉사 외에도 다양한 부분에 소명이 있고 삶의 각 영역에서 그리스도인이 해야 할 일이 있음을 깨닫습니다. 이것은 앞으로 배우게 될 모든 부분의 기초가 되는데 신앙을 교회를 넘어 모든 영역으로 확장하고 삶의 모든 부분에서 성경적인 삶을 살도록 유도하는 것입니다.

본론적으로 가장 먼저 다루는 주제는 '가정'입니다. 신앙생활뿐만 아니라 사람에게 가장 기본이 되고 중요한 것은 가정이라 할 수 있습니다. 그래서 가장 먼저 가정에 대한 그리스도인의 자세나 태도를 배웁니다. 여기서는 신앙생활과 가정생활이 나뉠 수 있는 것이 아니라 서로 긴밀히 연관되어 있으며, 결혼과 가정생활이 우리 사명을 이루는 데 기초가 되는 중요한 요소임을 강조합니다. 그리고 이렇게 중요한 가정 사역을 실제로 어떻게 하면 잘할 수 있는지 고민해 보고 온전한 가정을 이루려고 노력하는 삶을 살도록 가르칩니다.

다음 장의 주제는 '이웃'인데, 가정에 이어 우리의 사랑을 '이웃'으로 좀 더 넓힙니다. 이 과정에서는 '이웃'에 대해 그리스도인으로서 어떤 태도를 지녀야 하는지를 배우게 됩니다. 성경에서 가장 중요하게 가르치는 것이 '하나님 사랑'과 '이웃 사랑'입니다. 그리고 이 둘은 같은 것이라고 말씀합니다. 그런데 하나님 사랑에 해당하는 예배 등의 경건생활은 꼭 해야 한다고 생각하지만, 이웃을 돌아보고 사랑하는 것은 꼭 해야만 하는 것으로 생각하기보다는, 여유가 있을 때 하면 되는 것쯤으로 여기는 경향이 있습니다. 여기에서는 하나님 사랑이 우리 신앙에서 '선택'이 아니라 '필수'인 것처럼, 이웃 사랑도 우리 신앙에서 '필수'임을 상기시키고 이웃 사랑을 잘 실천하는 방법을 연구하는 시간을 갖습니다. 그래서 좋은 이웃이 되고 좋은 친구가 되는 법과 또 장애인과 도움이 필요한 이웃을 어떻게 도울 수 있는지에 대해 구체적인 것을 생각하게 합니다.

다음은 '안식'이라는 주제로 공부하게 되는데요. 안식은 성경에서 굉장히 중요합니다. 우리 교회에서도 안식을 아주 중요하게 생각하는데요. 안식의 개념은 천국의 영원한 안식과도 연관되어 있습니다. 하나님이 안식을 강조하시는 것은 우리에게 영원한 안식을 기억하며 살 것을 말씀하시고자 하는 의미도 있을 것입니다. 이 과정에서는 안식과 안식일(주일)이 그리스도인에게 얼마나 중요한지를 다시 한 번 생각해 보고, 또 그 안식과 참된 쉼을 어떻게 이루어 가야 할지 그리고 바쁜 교회생활 속에서 안식을 어떻게 이루어 갈 수 있을지를 생각해 봅니다.

다음은 '돈'에 대해 배웁니다. 현재 이 세상을 지배하고 있는 가장 큰 힘은 돈입니다. 모든 사람이 돈을 따라 움직이고 세상이 돈의 힘에 의해 움직이는 것 같아 보입니다. 모든 세상 사람이 돈을 따라 살아가는 이때에, 우리는 돈이 아니라 하나님을 따라 살아가는 것을 훈련해야 합니다. 이 과정은 돈이 아니라 하나님 중심으로 살아가는 것에 대해 생각해 보는 시간입니다. 그래서 '돈을 섬기는가? 아니면, 하나님을 섬기는가?' 하는 문제에 대해 도전해 보고, '하나님의 소명과 직업' 그리고 '경제적 직업과 사역적 직업'이라는 주제로 고민해 보면서 그 답을 찾아 봅니다.

이런 학습을 통해 기독교 신앙이 우리 삶의 모든 영역과 무관하지 않고 삶의 기준과 체계가 된다는 것을 배우게 됩니다. 그다음 과정인 '교육'에서도 신앙 또는 기독교 진리 안에서 교육을 생각하는 훈련을 합니다. 그래서 신앙인으로서의 교육, 신앙적인 교육, 신앙적인 학문을 고민하게 합니다. 현재, 학교와 학문 세계의 비기독교적인 요소를 찾아보고

리포밍 처치

어떻게 하면 기독교적인 교육과 육아를 할 수 있을지에 대해 생각해 봅니다. 이 시간을 통해 우리 교회의 주말교회기독교학교에 대한 이해와 필요성을 배우게 됩니다.

또 '환경'에 대해서도 배우게 됩니다. 환경은 그리스도인에게는 아주 특별한 문제입니다. 왜냐하면 이 땅은 하나님이 만드신 귀한 창조물이고, 하나님은 우리에게 자연을 잘 다스리라고 명령하셨기 때문입니다. 우리는 하나님으로부터 자연에 대해서도 청지기 역할을 부여받았는데, 그에 대해 특별한 사명 의식이 없는 경우가 많습니다. 우리 교회가 하나님 나라를 확장하는 사역을 하겠다고 할 때, 환경을 보호하고 이 땅을 아름답게 만들어 가는 일은 하나님 나라의 확장과 회복의 사역이라고 생각합니다. 그리고 이 시간을 통해 하나님께서 주신 자연환경을 어떻게 잘 다스리고 회복하며 보호해야 할지 구체적인 고민과 연구를 하게 됩니다.

또 '미디어'에 대해서도 배우게 됩니다. TV뿐만 아니라 현대에는 많은 미디어 매체에 의해 우리의 영혼이 휘둘리고 있습니다. 의식하든지 의식하지 못하든지 우리의 영혼은 미디어에서 쏟아지는 세속적인 가치관과 철학 그리고 이방신앙에 의해 영향을 받고 때로는 혼란과 혼탁함으로 유도됩니다. 또한 미디어의 영향력은 이 세상을 이끌어 가는 중요한 축이 되고 있습니다. 미디어를 잘못 사용하면 신앙생활에 치명적인 해악을 끼치고, 하나님 나라를 확장하는 삶에서 멀어질 수밖에 없습니다. 그리고 세상을 회복하고 구속하기 위해 미디어의 영역을 변화시키고 건강하게 만드는 것은 아주 중요한 문제입니다. 따라서 본 과정을 통해 그리스도인이 구체적으로 미디어를 어떻게 보고 다루어야 하는지, 또 미디어 영역에 대한 하나님 나라 확장의 사명은 무엇인지를 생각해 봅니다.

다음 과정은 '정치'입니다. 사실 교회에서 정치에 대해 말하는 것은 금기시될 만큼 조심스럽습니다. 우리 교회에서도 특별한 정당을 지지하거나 특정한 정치적 입장을 옹호하는 발언이나 행위는 금지됩니다. 자칫하면 교회 안에서 성도 간의 갈등을 부추길 수 있기 때문이죠. 그러나 정치 역시 하나님 나라의 확장이라는 관점에서 볼 때 결코 무시할 수 없는 중요한 영역이기에 다루지 않을 수는 없습니다. 이 과정에서는 우리가 그리스도인으로서 정치에 관심을 갖고 적극적으로 참여해야 한다는 것을 배우고, 또 정치적 문제에 있어서 성경적인 입장이 무엇인지 알아보며, 올바른 정치·사회적인 태도에 대해 고민하고 생각하는 시간을 갖습니다. 전반적으로 강조되는 것은 지역 문제나 또는 국가적인 정치 등에 적극적으로 참여해야 한다는 것과, 또 어떤 특정한 정파나 사상에 편향성을 갖고 좌지우지되기보다는 성경적으로 생각하고 하나님 나라의 관점에서 정치나 사회를 바라보는 시각을 가져야 한다는 것입니다.

마지막 과정은 '철저한 헌신'에 대한 것입니다. 철저한 헌신에 대해 공부한다고 해서 당장 우리 삶에서의 헌신이 일어나는 것은 아니지만, 이 모든 영역에 대한 배움이 철저한 헌신이 없으면 불가능하기 때문에 이를 인식하도록 하기 위해 이 교육을 합니다. 예수님은 제자들을 부르실 때 그들의 모든 것을 버리고 자신을 따르라고 하셨습니다. 즉 예수님을 따르고자 하는 사람은 십자가의 길을 걸어야 할 것을 말씀하신 것입니다. 자신의 것을 모두 소유한 채 편안히 예수님을 따를 수는 없다는 것 것입니다. 이러한 헌신이 확실하지 않으면, 이제까지 배운 모든 것은 지적인 유희나 공허한 구호에 불과할 수 있습니다. 그래서 이 과정뿐 아니라 교회적으로도 철저한 헌신의 태도를 지속적으로 강조합니다."

김 전도사는 이 목사의 말이 끝나자마자 질문했다.

"목사님, 아주 좋은 과정이라고 생각합니다. 그런데 '철저한 헌신'이 없으면 이 배움이 공허하다고 말씀하셨는데, 배움이 실제 삶의 변화로 연결되는 것은 쉽지 않겠다는 생각이 들어요."

"어떤 과정을 수료하거나 뭔가를 배운다고 해서 실제 삶에 그것이 꼭 적용되지 않고 또 앎과 삶에 심한 괴리가 있는 것은 분명한 사실입니다. 우리 교회 성도들도 이 과정을 마쳤다고 해서 갑자기 온전한 그리스도인의 생활을 할 거라고는 생각하지 않아요. 이는 결국 반복되는 교회생활과 평생의 성화 과정을 통해 이루어질 것입니다. 그래도 우리는 가능하면 이런 학습이 지적인 영역에서만이 아니라 실제 삶에 적용되도록 여러 가지 노력을 하고 있어요."

이 목사는 다른 유인물을 보여 주며 다시 말을 이어갔다.

"우리 교회는 공부할 때 몇 가지 특별한 것을 합니다. 일단 교재 구성이 성경적용과 생활적용 그리고 '상황화신학작업'(우리 교회에서 이름붙인)으로 되어 있는데, 이처럼 구체적인 사항과 실제적인 생활에 적용해 보는 작업을 많이 합니다. 그리고 각 영역과 사항에 대해 개인 실천사항을 정하고 그것을 점검하는 시간을 갖습니다. 좀 전에 드린 유인물 중에 '성경적 생활 방식 실천을 위한 선서'라고 있지요?"

이 목사는 다시 한 번 그 유인물을 찾아 김 전도사에게 보여 주었다.

성경적 생활 방식 실천을 위한 선서

우리는 세상이 하나님의 뜻과 달리 많은 부분에서 잘못된 가치와 세계관으로 물들어 있음을 인식하며 그것과 맞서 싸우려 합니다. 그리고 우리가 믿는 하나님의 말씀을 실천함으로써 우리의 믿음을 보이도록 노력하려고 합니다. 우리는 매일 하나님 나라의 백성으로 살아가기 위해 공동체 안에서 함께 힘을 합하여 도움을 주고받으며 다음 사항을 실천할 것을 선서합니다.

1. 우리는 하나님 나라의 확장을 위해 삶의 모든 영역을 드리는 전인적인 신앙인이 되겠습니다.
2. 우리는 하나님이 주신 아름다운 가정을 위해 가족 구성원을 깊이 사랑하며 섬기겠습니다.
3. 우리는 이웃을 돌보며 사회적 약자와 가난한 자들을 위해 나눔과 구제를 실천하겠습니다.
4. 우리는 하나님을 더 잘 섬기기 위한 조화로운 삶을 위해 온전한 안식을 이루겠습니다.
5. 우리는 낮은 자리에 임하신 예수님을 본받아 물질주의를 극복하고 검소한 생활을 하겠습니다.
6. 우리는 자녀들과 자라나는 세대를 그리스도의 제자로 교육하겠

습니다.

7. 우리는 하나님이 다스리라고 명령하신 자연환경을 잘 다스리고 보호하겠습니다.

8. 우리는 세상적인 세계관으로 물든 미디어를 분별하여 절제하고 개선하겠습니다.

9. 우리는 하나님의 공의와 사랑을 위해 우리 주변의 정치·사회 문제에 적극 참여하겠습니다.

10. 우리는 하나님 나라의 확장을 위해 날마다 십자가를 지며 철저히 헌신하겠습니다.

"이것은 주권선교사 셀 모임에서도 하는 것인데, 이 선서를 매번 모임때마다 함께합니다. 그리고 '생활실천 사례 발표' 시간을 갖습니다. 이 시간에는 특별히 간증할 것이 있는 사람이나 돌아가면서 지난 시간에 결심했던 내용을 실제 생활에서 어떻게 적용했는지 또는 어떻게 실패했는지를 특정한 형식에 따라 발표합니다. 또 특별히 발표하지 않는 사람도 '실천사항 점검표'에 따라 한 주간 실천하기로 한 사항을 얼마나 잘 지켰는지 또 앞으로 어떻게 개선하고 노력할지에 대해 기록하면서 이를 더 잘 적용하고 생활화할 수 있도록 독려합니다. 사실 이런 것으로 온전한 그리스도인의 삶이 금방 나타나는 것은 아니지만 결국 성령님이 우리 삶 전체를 통해 이루어 가실 것입니다. 그리고 실제 삶의 변화는 굉장히 더디고 힘들다는 것을 알지만, 우리 교회는 최대한으로 온전한 그리스도인의 삶을 살도록 서로 격려하며 노력하고 있습니다."

이 목사는 다시 새로운 유인물을 뒤적이며 말을 계속했다.

5. 주권선교사 기본 교육

"다음으로 말씀드릴 것은 주권선교사 교육인데요. '성경적용 기본 교육'은 주권선교사가 되기 위해 자신의 내면을 돌아보고 훈련하는 시간이라고 한다면, 주권선교사 교육은 본격적으로 세상을 변화시키는 사역자로 어떻게 행동할 것인가를 배우고 고민하는 시간이라고 할 수 있습니다.

주권선교사 교육은 '1단계 기본 교육'과 '2단계 특성화 교육'으로 나누어집니다. 1단계 기본 교육은 모든 사람이 함께 받는 교육이고, 2단계 특성화 교육은 각 사람의 소명과 삶의 상황에 따라 자신이 앞으로 하나님 나라의 발전을 위해 일할 분야를 염두해 두고 받는 교육입니다. 그 중간에는 우리 교회의 각 주권선교사 셀들을 탐방하고 견학하는 시간이 있습니다. 기본 교육과 셀 탐방을 통해 주권선교사에 대해 이해하게 되고, 자신이 앞으로 사역할 영역을 발견하며, 주권선교사 사역을 정하게 됩니다.

1단계 교육에서는 소명과 직업에 대해 배우게 됩니다. 성경에서는 소명에 대해 어떻게 말하고 있는지를 알려 주고, 자기에게 주신 하나님의 부르심을 생각해 보게 합니다. 그리고 직업소명에 대해 또 성경적으로 직업과 생업을 어떻게 생각해야 하는지에 대해 공부합니다. 이런 공부를 하는 이유는 주권선교사가 되기 위해 자신의 소명에 대한 확신이 필요하기 때문입니다. 소명을 따라 살다 보면 어렵고 힘든 일이 많은데 그때마다 믿음이 흔들리지 않고 소명을 따라 살 수 있는 힘을 얻기 위함입니다. 그래서 이 과정에서는 성경에 나타난 소명을 아주 깊이 있게 공부하면서 소명에 대한 분명한 이해와 확신을 심어 주려고 합니다. 또한 '직업이 소명이 될 수 있다는 것', '단순히 직업이 소명이 아닐 수 있다는 것', 더 나아가 '직업 외에 소명이 될 수 있는 삶의 영역이 많이 있다는 것'을 배우게 됩니다. 그 외에 소명의 다양한 양상에 대해서도 알게 됩니다."

가만히 듣고 있던 김 전도사가 다급하게 이 목사의 말을 자르며 질문했다.

"목사님! 잠깐만요. 말씀하시는데 죄송합니다만 좀 여쭤 봐야 할 거 같아서요. '직업이 소명이 될 수 있다'는 것은 직업소명설을 말씀하시는 거죠? 그런데 직업이 소명이 아닐 수도 있고 또 직업 외에 소명이 있다고 말씀하셨는데 그 부분이 잘 이해되지 않습니다. 좀 설명을 해 주셔야 제가 따라갈 수 있을 거 같은데요."

"역시 김 전도사님은 직업소명에 관심이 많군요. 앞에서 교인에 대해 말씀할 때 잠깐 언급했지요. 사실 소명과 직업소명 등에 대해 생각할 것이 굉장히 많아요. 그리고 다양한 측면에서 말할 수 있을 것 같네요. 제가 소명에 관한 학문적이거나 전문적인 설명을 해 드릴 수는 없지만, 우리 교회가 나름대로 정리하고 적용하는 범위 안에서 말씀드릴게요.

6. 사역적 직업과 생업적 직업

우리 교회는 각 사람의 직업에 소명이 있다는 것을 믿고 인정합니다. 그래서 (나중에 나오겠지만) 직업별 주권선교사 셀이 존재합니다. 그것은 우리 교회가 '각 직업에서 소명을 발견하고 그곳에서 자신의 소명을 이루는 것'을 인정하고 지원한다는 것을 의미합니다. 하지만 우리 교회는 직업이 자동으로 소명이 된다고 생각하지는 않습니다. 앞에서 말씀드렸지만 우리 교회는 '직업이 소명이 되게 해야 한다'라고 생각하지 '직업 자체가 자동으로 소명이 되고 직업 활동을 하는 것이 기계적으로 소명을 이루는 것이다'라고 생각하지는 않습니다. 그래서 직업을 가진 사람들 중에 직업에서 소명을 발견하도록 노력하고 또 소명을 이루어야 할 사람이 있지만, 직업에 따라 또는 개인적인 상황에 따라 직업에서 소명을 발견하지 못하거나 직업 외에 다른 곳에서 소명을 찾고 소명을 이루어 가야 할 사람도 있다는 것을 인정하는 것입니다. 또 우리가 생각할 것은 직업이 없는 사람들도 있다는 것입니다. 그런 사람들에게도 (그들에게 직업은 없지만) 소명은 있다고 생각합니다.

좀 더 쉽게 설명하면, 우리 교회에는 직업을 가진 사람 중에 직장과 관련해서 주권선교사가 되는 경우가 있지만, 직장과 관련 없는 주권선교사 영역에서 일하는 사람도 있다는 점입니다. 이는 직업별 주권선교사 외에도 많은 주권선교사 영역이 있다는 것을 의미하는 것이지요. 나중에 주권선교사 영역을 탐방하고 견학하시면서 자연스럽게 알게 되겠지만, 우리 교회는 다양한 소명을 인정하고 지원하고 있습니다. 그리고 직업에 대해서도 여러 유형이 있을 수 있다는 인식을 하고 있어요. 즉 모든 직업이 소명적인 직업이 아닐 수 있다는 것이지요. 우리 교회는 탐 사인이 『하나님 나라를 이루는 제자도』(1989, 두란노)에서 말한 '사역적 직업'과 '생업적 직업'을 모두 인정합니다."

"사역적 직업과 생업적 직업이라고요?"

김 전도사가 혼잣말처럼 자신이 처음 들어본 말을 따라했다.

"예, 맞아요. 사역적 직업과 생업적 직업이 완전히 분리되는 것은 아 니지만 우리는 이것을 나눠서 생각할 필요가 있어요. 즉 직업과 직장이 그 자체로 소명이고 사역이 되는 경우와 직업과 직장에서 소명을 발견 하지 못하고 만족할 만큼의 사역을 발견하지 못하는 경우가 있다는 거 지요. 그래서 지나치게 직업소명설에 매여 자신의 직장에서만 소명을 발견하려 하고 그 안에 갇혀 오히려 소명과 사역을 제대로 못하게 되는 경우를 피하려는 것입니다. 소명과 사역을 굳이 자신이 현재 하고 있는 직업에 한정하고 제한할 필요는 없어요. 성경이 그것을 요구하고 있지 도 않고요.

이 과정의 후반부에서는 자신의 소명을 발견하기 위한 여러 시도를 하게 됩니다. 또 그와 함께 자신이 가진 직업을 통해 어떻게 자신의 소 명을 실현하고 사역할 수 있을지에 대해 생각해 보고, 그 방법을 찾아보 게 됩니다. 물론 이 과정은 일률적으로 함께하는 부분도 있지만, 각 개 인이 다른 방식으로 접근합니다. 소명이나 직업의 문제는 연령에 따라 그 문제의 양상이 많이 달라집니다. 그리고 각자가 처한 상황에 따라서 도 그 문제에 접근하고 해결하는 방식이 달라질 수밖에 없지요. 하지만 이 과정을 통해 각 사람에게 맞는 확실한 소명을 찾아 주거나, 직장에서 또는 직장 밖에서 소명을 어떻게 이룰지 분명한 방향을 제시해 준다고 확실하게 말할 수는 없습니다. 그러나 이 과정을 통해 이 문제를 깊이 고민하고 연구해 봄으로써, 또 여러 주권선교사 과정을 경험하고 실제 상황에 적용해 감으로써 자신의 소명과 해야 할 사역의 방향 및 방법을 만들어 가는 데 도움을 주고자 하는 것이지요."

"목사님, 그러면 이 과정을 하면서 직업에 대해 목사님과 상담하는 사람이 많겠군요?"

"그렇지요. 직장은 아주 중요한 문제이고 또 몇 번 강의를 듣고 생각한다고 쉽게 결론 내릴 수 있는 문제가 아니기 때문에 상담을 요청하는 경우가 많아요. 그리고 대부분의 경우, 꽤 오랜 시간 고민하게 되지요. 제가 상담했던 실제 예를 하나 소개할게요. 이를 듣고 나면 이 과정에서 어떤 고민을 하고 또 어떻게 상담받고 인도받는지 좀 더 쉽게 이해하실 수 있을 것 같아요.

저희 교회에 새로 오셔서 주권선교사 교육을 받았던 집사님과의 상담 내용인데 편의상 A 집사라고 할게요.

A 집사는 PCB(PRINTED CIRCUIT BOARD, 인쇄 회로 기판) 회사에서 화학용액 관리를 하는 일을 하는 분입니다. 그는 매일 출근해서 인쇄회로 부분만 남기고 동판을 녹이는 화학 약품에 부족한 것은 없는지 또는 보충해야 할 것은 없는지를 체크하는 일을 합니다. 그런데 A 집사는 직업소명에 대한 강의를 들으면서 자신이 아무 생각 없이 하고 있던 직장

리포밍 처치

일이 자신의 소명일 수 있고 또 그것이 하나님의 사역일 수 있다는 것을 깨닫게 되었습니다.

이것은 그의 삶과 신앙에 있어서 아주 중요한 일이었습니다. 왜냐하면 그는 늘 자신이 그리스도인으로서 하나님의 일을 하는 것이 너무 없다는 죄책감 같은 것이 있었기 때문이지요. 이전에는 하나님의 일을 하기 위해 교회 일을 더 많이 해야 한다거나 전도를 해야 한다는 압박감이 있었는데, 이제는 자신의 직장일이 하나님의 일이고 소명일 수 있다는 것을 깨달았습니다. 그것은 그에게 너무 기쁜 소식이었습니다.

그러나 A 집사는 이런 직업소명에 대한 새로운 인식이 생겼음에도 불구하고 시간이 지날수록 신앙과 직장생활에 만족할 수 없었습니다. 왜냐하면 여전히 자신이 하나님을 위한 충분한 사역을 하지 못하고 있다는 생각을 떨쳐 버릴 수 없었고, 자신이 하나님으로부터 받은 소명을 온전히 이루고 있다는 인식을 하지 못했기 때문이지요.

의사나 교사와 같은 직업은 가난한 사람에게 봉사 차원에서 의술을 펼친다든지 양심적이고 정확한 진료를 한다든지, 학생들에게 하나님의 진리와 사랑을 가르치며 목회자와 같이 자신의 소명을 이루는 일을 할 수 있을 텐데, 자신은 사람이 아니라 화학 약품만 상대하고 또 자신이 생산하는 제품이 어떤 것인지도 잘 알지 못하는 상황에서 자신의 작업 결과물이 하나님께 드려지는 일이라고 생각하기도 어려웠기 때문입니다. 그는 자신의 회사에서 생산되는 제품 중 좋지 못한 오락 게임기에 들어가는 PCB가 있다는 사실을 알게 되었고, 또 도박장 게임기 PCB도 자신의 회사에서 생산한다는 얘기를 들었습니다.

A 집사는 자신이 하고 있는 작업을 하나님의 사역과 연결 지을 수 없었고, 결국 그는 직업소명을 직장에서 적용하지 못해 다시 소명에 대한 회의가 들었습니다. 또 일터에서 그리스도인으로 어떻게 일하고 생활해야 하는지 그리고 삶과 신앙을 어떻게 조화시켜야 하는지에 대한 혼란과 갈등 속에서 고민하게 되었지요.

A 집사는 이런 고민으로 상담을 요청해 왔습니다. 그리고 저는 그 문제에 대해 두 가지 측면에서 조언해 주었습니다.

저는 A 집사가 소명을 직장 안에서만 찾겠다는 생각을 바꿀 필요가 있고, 또 직업소명을 생각할 때에도 직장 안의 다양한 영역 중에서 자신의 작업에만 국한하여 생각하는 것에서 벗어나 넓은 시각을 가질 필요가 있다고 했습니다.

조언의 내용을 요약하면 다음과 같습니다.

> 첫째, 현대의 직업은 정말 다양하고 직업이라고 불리는 것들의 형태 또한 굉장히 다양하다. 직업의 사전적인 의미는 "생계를 유지하기 위하여 자신의 적성과 능력에 따라 일정 기간 동안 계속하여 종사하는 일"이지만 노동하지 않거나 적성과 관련 없이 하는 직업도 있다. 또 직업이 단순히 돈을 버는 것 또는 생계를 유지하기 위한 일이라고 규정한다면, 직업소명을 말할 때 직업의 영역이라는 것은 정말 다양하고 그 격차가 너무 크다. 이런 것을 생각할 때 직업소명을 모든 직업에 대입하려는 것 자체가 무리가 있다고 할 수 있다. 또 직업소명을 어떻게 규정하든지 직업소명설이 목적하는 바를 이루기 어려운

직업이 있을 수 있다는 것을 생각할 필요가 있다.

물론 A 집사의 경우와 같이 단순한 작업이거나 현대의 극도로 분화된 작업 현장이라고 할지라도 그 직업에서 소명을 발견할 수 없다고 단정할 수는 없다. 어떤 사람은 그런 직업이나 작업에서도 하나님의 귀한 소명을 발견하고 그 일을 사명으로 할 수 있는 사람도 있을 것이기 때문이다. 그러나 어떤 사람에게는 그런 작업과 직업을 통해 아무런 소명의식이 생기지 않을 수 있다. 따라서 그런 사람에게는 그것이 소명이 아닐 수 있다는 것을 인정할 필요가 있다.

직업소명설이, 모든 사람이 자신이 하는 일이 하나님이 주신 유일한 소명이라는 것을 말하지는 않는다. 그렇게 말한다면 직업을 가지지 못하는 사람은 소명이 없다는 말이 되기 때문이다. 성경은 그 어디에서도 직업이 없는 사람은 소명이 없다고 말하지 않았다. 소명은 직업의 영역 외에도 충분히 있을 수 있다. 많은 사람이 직장에서 많은 시간을 보내기 때문에 그 직장에서의 일이 하나님의 일이고 소명을 이루는 일이 되면 좋겠다는 것이지, 모든 직장일이 소명이고 소명이어야 하는 것은 아니다. 어떤 사람의 경우는 직장에 소명이 없을 수 있고, 또 어떤 사람의 경우는 소명이 없는 직업에 종사할 수도 있다. 어떤 사람의 경우는 소명과 관계없이 그야말로 생계를 이어가기 위해 종사하는 직장도 있을 수 있는 것이다.

억지로 직업과 소명을 끼워 맞추려고 하거나 '직업=소명'의 등식을 만들려고 하면 오히려 혼란과 부작용이 생길 수 있다는 것을 생각할 필요가 있다. A 집사가 자신의 직업에서 소명을 발견하지 못하고 소명에 대한 인식과 의식을 가질 수 없다면, 그에게 다른 소명이 있을 수 있다는 것을 생각해 볼 수 있다. 극단적으로 그에게 목회자나 선교사의 소명이 있을 수 있다. 또는 그가 생업으로 하는 직장일 이외의 시간과 영역에서 하는 봉사나 전도 또는 취미활동 영역에서 그의 소명이 있을 수 있다. 너무 직장 안에서만 소명을 찾으려고 하는 것은 그에게 있을 수 있는 참된 소명을 찾지 못하게 하는 것이 될 수 있다.

따라서 A 집사는 자신의 직장에서 소명을 발견하도록 더 노력해 볼 것과 함께, 자신에게 다른 직업 소명이 있는지 또는 직장 외의 시간과 영역에서 소명이 있는 것이 아닌지를 부지런히 찾아볼 필요가 있다.

둘째는, A 집사가 생각하는 직업소명이 직장 안에서 자신하고 있는 작업에만 집중되고 있는 것을 바꿀 필요가 있다. 직장에는 많은 영역이 있다. 자신의 작업 외에도 노사 문제가 있고 또 작업 중에 만나는 동료와의 관계도 있다. 또 어떤 사람은 직장 안의 친목회에서 많은 역할을 하거나 직장의 분위기나 문화를 좋게 만들어 가는 역할을 하는 사람도 있다.

따라서 A 집사가 하는 작업 자체에서 특별한 소명이나 하나님의 사역을 발견할 수 없더라도 다른 직장생활 가운데 하나님 나라의 사역을 할 수 있고 그곳에서 소명을 발견할 수 있다. 어떤 의미에서 보면 직장의 작업 외의 영역에서 그리스도인의 역할이 많이 필요하고 그곳에 하나님의 많은 사역이 있다고 할 것이다. 왜냐하면 많은 사람

리포밍 처치

이 직장에서 일하고 있고 또 많은 시간을 보내고 있기 때문이다. 좋은 직장 문화를 만들어 가는 것, 사랑이 넘치는 직장을 만드는 데 기여하는 것 또 직장 속에서 만나는 많은 사람과 또 많은 시간을 통해 다른 사람을 위로하고 진리의 길로 인도하는 것이 중요한 사역이기 때문이다. 직장에서 다양한 영역이 있음을 바라보고, 작업이 아닌 다른 영역에서 하나님의 사역을 발견하여 그 일을 함으로 소명을 발견할 필요가 있다.

결국 정리하면, A 집사에게 현재 직장의 작업 안에서 그리고 작업 외의 생활에서 소명을 더 찾아볼 것과 동시에 직업을 바꾸거나 또는 직장을 다니면서 직장 밖에서 소명을 찾아볼 것을 권면했습니다."

"상담의 실제를 들으니 소빛교회에서 소명을 어떻게 해석하고 적용하는지 좀 더 잘 이해할 수 있을 것 같습니다. 그런데 그분은 결국 어떤 길을 선택했나요?"

"이분은 아직 고민 중이라고 했습니다. 이분이 처음 저를 찾아왔을 때에는 직장을 그만 두어야 할지 고민하고 있었는데, 아직 직장을 옮기거나 그만 두지는 않았습니다. 중년에 해당하는 나이에 직업을 바꾸는 것은 쉬운 일이 아닐 뿐더러 경제적인 책임도 큰데 그런 선택이 어렵지요. 저도 그렇게 하는 것을 권하고 싶지는 않았습니다. 일단 지금 직장에 신우회가 없기 때문에 직장에서 신우회를 만드는 일을 해 보기로 했지요. 그리고 그 모임에서 하나님 나라의 확장을 위해 할 수 있는 사역을 만드는 일을 해 보려고 합니다. 좋은 선택인 것 같아요. 그리고 그 외로 교회에 여러 주권선교사 셀들에 관심을 갖고 자신이 사역할 수 있는 곳을 찾아보기로 했어요.

그러면 주권선교사 셀에 대해 잠시 설명해 드릴게요. 나중에 주권선교 셀에 참여해서 직접 보고 듣게 되면, 보다 잘 이해하실 수 있을 거예요. 지금은 전반적인 것만 말씀드릴게요. 지금 현재까지 저희 교회에 구성된 주권선교사 셀 중에, 교육 영역으로는 교사 셀, 교회학교 셀, 야학 셀, 공동육아 셀이 있고요. 선교 영역으로는 해외선교 셀, 국내전도 셀, 멘토 셀, 문서선교 셀이 있습니다. 그리고 이웃 영역으로는 가정사역 셀, 구제 셀, 봉사 셀, 환경보호 셀이 있고 직장 영역으로는 직장사역 셀, 자영업 셀, 간병인 셀, 의료 셀, 기독교학문연구 셀, 목회 셀이 존재합니다.

우리 교회의 셀들은 아직 완전히 자리 잡은 셀들보다는 새롭게 만들어지거나 자리를 잡고 있는 과정에 있는 셀들이 많습니다. 그래서 현재도 계속 셀들이 만들어지기도 하고 또 재조직되기도 합니다. 그리고 셀이 커지거나 분화가 필요할 때는 그 안에서 셀을 나누기도 하고요. 또 가끔은 여러 셀들이 연합해서 모임을 하기도 합니다."

"목사님, 그럼 이 셀 모임 외에 구역모임 같은 것도 따로 있나요?"

김 전도사가 궁금한 표정을 지으며 갑자기 질문했다.

"우리 교회는 주권선교사 공동체 모임이 구역 모임을 대신합니다. 지역이나 연령으로 모이는 것이 필요할 수 있는데, 그것은 주일에 서로 교제하는 것으로 대신하고 있습니다. 공식적인 소그룹 모임은 주권선교사 셀입니다. 연령별이나 지역별 모임도 할 수 있으면 좋겠지만 중복되고,

또 그렇게 되면 교회 안에서 너무 많은 시간과 에너지를 쏟게 되어 우리 교회가 추구하는 것과 그 방향이 맞지 않게 됩니다.

그러나 청년대학부 모임은 따로 있어요. 물론 초·중·고등부도 있고요. 초·중·고등부는 주말교회학교로 모이고요. 청년대학부는 따로 모임을 하면서 '기독교학문 연구 셀'이라는 주권선교사 공동체를 형성하고 있습니다. 다른 교회의 청년대학부와 비슷한 활동을 하지만, 이곳에서는 각 학문 영역에서 어떻게 기독교적인 시각으로 공부해야 할지 같이 고민하고 생각합니다.

셀에 소속되면 그 안에서 교육과 교제와 돌봄이 이루어지고 또 무엇보다도 같이 사역하면서 많은 부분을 나누고 배우게 됩니다. 셀의 크기와 형태는 각 셀마다 다르다고 할 수 있는데요. 대체적인 셀의 구성을 말해 본다면, 셀은 자치적으로 운영됩니다. 전체적으로 교회의 치리와 관리를 받지만 자체적으로 셀의 임원을 구성하고 회계 관리와 모든 행사를 진행할 수 있습니다. 그리고 일정 정도 이상의 요건이 갖춰지면 자체적인 사업을 위한 헌금을 따로 할 수 있고 또 자치적으로 헌금을 집행할 수 있는 권한이 주어집니다.

"자체적인 사업을 위한 헌금이라고요?" 김 전도사가 놀란 듯이 되물었다.

"좀 낯설지요? 나중에 또 언급하겠지만, 우리 교회는 주권선교사들이 하나님의 일을 많이 하도록 최대한 돕고 지원합니다. 이제까지 일반적인 시각은, 평신도가 헌금하면 교회가 그것으로 하나님의 일을 하는 것이라고 생각합니다. 그러나 우리 교회는 각 성도가 일하고 사역하는 주체이기 때문에, 헌금이 각 성도의 사역을 돕는 데 쓰입니다. 그래서 각 주권선교사들이 그들의 사역을 위해 헌금한 것은 그 사역으로 공급되고 그곳에서 지출되는 것을 원칙으로 합니다. 그에 따라 생겨난 '자체적인 사업을 위한 헌금'이라는 것은, 일반 교회와 다른 독특한 우리 교회만의 헌금 형태라고 할 수 있는데 이는 두 가지로 나눌 수 있습니다. 하나는 각 셀의 필요에 따라 특별명목의 헌금을 하자고 상부기관에 건의할 수 있습니다. 그리고 그것이 받아들여지면 교회에서는 건축헌금과 같이 특별헌금 명목을 만들거나 일시적으로 특별헌금을 하는 주간을 갖습니다. 또 하나는 각 개인이 헌금할 때 특별한 셀이나 특별한 사업을 위해 헌금을 지정해서 하는 것입니다. 그렇게 지정된 헌금은 교회 전체 회계를 통해 각 셀로 전달됩니다. 이렇게 각 주권선교사 셀이 필요한 헌금을 모금하고 또 직접 운영하는 것이 효율적이라고 생각합니다."

"그러면 각 셀 자체에서 헌금을 하기도 하나요? 그리고 셀 자체에서 마음대로 헌금을 사용하면 좀 문제가 생길 수도 있을 것 같은데요."

"각 셀 자체에서 헌금을 하지는 못합니다. 모든 헌금은 주일예배 시간에 드려지고 또 교회 회계를 통해 모든 헌금이 입금되고 관리됩니다. 그래서 비록 각 셀에 결과적으로 헌금이 돌아간다고 할지라도 어떤 헌금이든지 교회에, 더 정확히 말하면 하나님 앞에 드려지는 헌금이 되도록 합니다. 그리고 그 헌금이 사용되는 것도 마치 누가 그 일에 얼마를 기부했기 때문에 더 많은 권한을 갖거나 발언권을 얻을 수 없도록 합니다. 헌금은 하나님께 드린 것이기에 하나님의 것이지 개인이 주장할 수 없다는 것이 우리 교회의 아주 중요한 원칙입니다. 따라서 모두가 이를 존중합니다. 그리고 각 셀에 헌금을 사용하는 자치권이 주어졌다고 해도 교회에서는 헌금에 관한 모든 것을 감사를 통해 문제가 없는지 점검합니다. 또 각 셀은 매달 회계 보고를 상부기관에 해야 합니다."

"네, 그런 장치들이 있군요. 그럼 주권선교사 모임은 어떻게 진행되나요?"

"모임의 진행이나 형태도 각 셀의 특성에 따라 다른데요. 몇 가지 공통적인 원칙은 모든 셀 모임은 평일에 한다는 것입니다. 주일에는 쉼의 교제만 할 수 있습니다. 셀 모임도 교제의 측면이 있지만 기본적으로 사역을 위한 모임이기 때문에 주일에는 모이지 않습니다. 우리 교회는 셀 모임을 통해 서로를 친밀하게 돌아보고 도우며 섬기는 가족과 같은 공동체를 이루고 있습니다. 셀 모임의 가장 큰 목적은 서로의 삶과 생활을 위해 그리고 각자의 사역과 공동의 사역을 위해 같이 기도하고 격려하는 것입니다. 그리고 이질적인 세상 속에서 그리스도인으로서 소금과 빛의 역할을 하고 세상을 변화시키는 하나님 나라의 일꾼으로 사역하도록 서로 돕는 공동체를 이루는 것입니다.

또한 어떤 셀이든지 그 안에 신입구성원의 성장을 책임지고 교육하며 양육하는 체계를 갖고 있습니다. 초신자에게 멘토가 있듯이 셀에도 셀의 새로운 구성원을 이끌어 주는 멘토가 있어서 그가 주권선교사로서 온전한 역할을 할 수 있도록 양육을 담당합니다. 그리고 그 모든 과정을 잘 이수한 자에게는 각 셀에서 추천받아 교인이 모두 보는 앞에서 주권선교사의 호칭을 수여하고, 각 사역지로 '주권선교사 파송식'을 합니다."

"목사님, 그러면 이분들은 교회에서 집사나 장로로 불리지 않고 주권선교사라고 불리게 되나요?"

"예, 그렇지요. 저희 교회도 장로와 집사가 있습니다. 그런데 성도들은 장로나 집사보다는 '주권선교사' 또는 '선교사'로 불리기를 원합니다. 또 교회 차원에서도 그렇게 부르도록 하고 있고요. 장로 또는 집사로서의 역할을 할 때에는 필요에 따라 장로나 집사로 부르기도 합니다. 그리고 사역을 하다가 다른 사역으로 바꾸는 경우가 종종 있는데, 그런 경우에는 파송식을 다시 하기도 합니다. 예를 들면 직장 선교 사역을 하다가 구제 사역으로 사역지를 바꾸면 다시 '구제 사역 주권선교사'로 파송을 받는 것이지요.

그리고 각 셀의 특징에 따라 다양한 형태를 보이는데, 이에 대한 자세한 설명은 나중에 셀을 직접 탐방하면서 알아보는 것이 좋을 듯합니다. 다음 주에는 주말교회기독교학교에 대해 말씀드리도록 할게요.

그런데 다음 주에는 토요일에 만나는 것이 어떨까요? 그날 주말교회기독교학교가 열리니까 직접 보시면 더 좋을 것 같아서요."

토론을 위한 질문

1. 기독교 세계관에 대해 어떻게 알게 되었나요? 기독교 세계관을 공부하는 데 좋은 책이 있다면 어떤 것이 있는지 서로의 경험과 읽은 책들을 소개하고 나눠 봅시다.

   ....

   ....

2. 기독교 세계관적인 교회에서 꼭 교육해야 할 과정이 있다면 어떤 것이 있는지 생각과 경험을 나눠 본 후 더 좋은 교육 과정에 대해 연구해 봅시다.

   ....

   ....

3. 사역적 직업과 생업적 직업이 있을 수 있다는 것에 대해 어떻게 생각하십니까? 책에 소개된 A 집사 사례에 대해 어떻게 생각하십니까? 그리고 적절한 조언이었다고 생각합니까?

   ....

   ....

6장

주말교회기독교학교의 개요

토요일 오후, 김 전도사가 이 목사를 만나기 위해 교회에 왔을 때 교회에는 사람들이 많이 와 있었다. 마치 주일예배와 비슷할 정도로 많은 사람들이 분주하게 움직이고 있었다. 특히 아이와 학생들도 많이 보였다. 김 전도사는 목회실로 가서 이 목사에게 인사했다.

"목사님, 주일 못지않게 사람들이 교회에 많이 나와 있군요."

"주말교회기독교학교 학생들과 교사들이 있고요. 아이들을 데려다 주기 위해 오신 부모님들과 또 주권선교사 셀 모임을 하기 위해 오신 분들이 있습니다. 그러다 보니 토요일 오후에 많은 교인이 교회에 나오게 되는 것 같네요. 오늘은 우리 교회 주말교회기독교학교에 대해 말씀드릴 텐데, 먼저 제가 전체적인 설명을 하고 그 후에는 직접 교육 현장을 가 보도록 하겠습니다."

"목사님, 그런데 이름이 좀 긴 것 같아요. 그 이름에 특별한 의미가 있나요?"

"정식 이름은 '소빛 주말교회기독교학교'입니다. 굉장히 이름이 길지요? 그런데 이렇게 긴 용어를 쓰는 데는 이유가 있습니다. 용어 설명을 들으면 자연스럽게 우리 교회의 기독교학교를 이해하실 수 있을 겁니다. 김 전도사님은 기독교학교에 대해 관심이 좀 있으셨나요?"

"특별히 관심이 많이 있었던 것은 아니고요. 기독교학교 운동이 있다는 것과 기독교 홈스쿨을 하는 사람들이 있다는 정도만 알고 있어요. 자세한 것은 잘 모릅니다."

"그렇다면 제가 처음부터 말씀드릴게요. 저희는 아이들을 어떻게 하면 기독교 세계관적으로 교육할 수 있을까를 고민하고 그 답을 찾아가는 과정에서 주말교회기독교학교를 시작하게 되었습니다. 그리고 저도 아이들을 키우면서 우리나라 공교육의 문제점에 대해 심각하게 고민하게 되었고요.

일반 사람은 교육이라고 하면 학교교육을 생각하고, 기독교인은 학교교육과 함께 교회교육을 생각합니다. 또 여기에 한 가지 덧붙이자면 가정교육을 들 수 있습니다. 그런데 이 교육들이 모두 제대로 되고 있지 않다는 생각이 들었어요. 학교교육은 비기독교적인 사상에 물들어 있어서 아이들에게 진화론을 가르치고, 세상적인 세계관에 입각한 여러 생각을 전달합니다. 그리고 하나님의 진리가 아닌 인본주의적인 지식을 전수합니다. 이런 교육 속에서 자라나는 아이들은 그 생각이 자연히 인본주의적이고 세상적인 생각으로 가득 차게 되어 하나님의 진리가 아닌 왜곡된 지식을 갖게 될 겁니다.

물론 교회교육에도 문제가 많습니다. 문제가 많다기보다는 귀한 하나님의 자녀들을 하나님의 진리로 가르치고 양육하는 데 필요한 시스템과 노력이 너무 부족하다는 것이 더 정확한 표현입니다. 무엇보다 교회에서 아이들을 가르치는 시간이 너무 짧고 범위가 너무 작아요. 학교교육은 주 5일 동안 7-8시간씩 배우고 나서도 학원에 가서 또 반복해서 배우는데, 교회교육은 일주일에 1시간도 제대로 하지 못하고 있어요. 그리고 배우는 범위도 너무 작고요. 성경 공부 시간을 통해 성경을 배우기는 하지만 시간도 너무 부족할 뿐 아니라 단순한 성경 지식을 배우는 데 그치는 경우가 대부분이죠. 그렇다고 가정에서 이런 문제들을 보완하거나 교정해 주거나 제대로 가르칠 수 있는 상황도 아니고요. 물론 가정에서 많은 것을 가르치고 기독교교육을 제대로 하는 경우도 있겠지만 그렇지 못한 가정이 절대적으로 많습니다."

"목사님, 말씀 중에 죄송한데요. '기독교교육'이라는 말씀을 자주하시는데 저는 지금까지 기독교교육과 성경 공부를 비슷한 개념으로 생각하고 있었거든요. 그런데 목사님께서는 조금 다른 개념으로 말씀하고 계시는 것 같아요. 기독교교육의 개념에 대해 설명을 해 주시면 좋을 것 같아요."

"물론 넓은 의미로 보면 성경 공부나 성경 교육도 기독교교육이라고 할 수 있지만, 기독교교육이라는 것은 단순히 성경에 대해 공부하는 것을 넘어서 전반적인 교육을 기독교적 또는 성경적으로 하는 거예요.

우리가 기독교교육을 말할 때 먼저 '교육이 무엇인가?' 또는 '교육의 목적이 무엇인가?'부터 생각해 볼 필요가 있어요. 교육의 목적 또는 교육의 정의에 대해 정확하게 말하는 것은 어려운 문제이지만, 한 가지 생각할 수 있는 것은 '교육은 세계관과 연관되어 있다'는 것입니다.

'자녀를 교육시키고자 하는 목적은 무엇인가?' 또는 '자녀를 학교에 보내려는 목적은 무엇인가?'라는 질문에 답할 때, 거기에 그 사람의 교육에 대한 정의와 목적이 내재되어 있습니다. 많은 사람들은 아마 이 질문에 '자녀를 국가와 사회에 필요한 사람으로 만들기 위해'라고 답할 것입니다. 좀 더 노골적으로 말하는 사람이라면 '자녀가 나중에 좋은 직장을 얻어서 잘 먹고 잘살 수 있게 하기 위해'라고 답할 것입니다.

그런데 과연 우리 그리스도인은 교육의 목적에 대해 무엇이라고 말할까요? 이 질문은 많은 사람들에게 생소할 수 있습니다. 그러나 이것은 답이 꼭 있어야 하는 중요한 질문입니다. 기독교인의 세계관으로 생각할 때 모든 사람이 동의할지는 모르겠지만 '하나님의 마음에 합한 훌륭한 그리스도인으로 양육하는 것'이 교육의 목적이 될 것입니다. 단순히 많은 지식을 얻거나 아니면, 돈을 잘 벌고 사회적인 지위와 권력을 갖게 하려고 자녀를 길러 내는 것만은 아닐 것입니다.

우리 그리스도인에게 학교교육을 포함한 교육의 목적이 하나님의 마음에 합한 훌륭한 그리스도인을 양육하는 것이라면, 우리의 교육은 거기에 초점이 맞춰져야 합니다. 우리가 생각하는 가시적인 교육은 가정교육 또는 교회교육, 학교교육을 생각할 수 있는데 이런 교육을 통해 훌륭한 그리스도인을 양육해야 한다는 것입니다.

그러나 현재의 모습을 돌아보면 학교나 가정, 교회가 유기적으로 이런 목적에 따라 교육하고 있지는 못합니다. 기독교인은 교회에서 신앙교육을 하고 있지만, 학교에서는 세상의 교육 목적에 따라 자녀를 사회에서 성공하도록 길러 냅니다. 그리고 이렇게 하면 가정이나 교회교육의 영향으로 그리스도인으로 자라나서 학교교육을 통해 사회에서 영향력 있는 사람으로 양육될 것이라고 막연히 생각합니다.

그러나 과연 그러할까요? 하나님의 마음에 합한 훌륭한 그리스도인이라는 의미가 과연 교회에 다니는 사람이 사회적으로 출세하는 것을 뜻할까요? 또한 학교교육을 통해 그리스도인의 일정한 수가 사회적으로 성공할 수는 있겠지만 과연 가정교육과 교회교육이 우리 자녀를 훌륭한 그리스도인으로 양육한 것이라고 말할 수 있을까요?

간혹 그렇게 되기도 하지요. 우리 주변에 그런 사람들이 존재하는 것도 사실이니까요. 그러나 특별한 가정교육을 통해서나 하나님의 특별한 은혜로 간혹 훌륭한 그리스도인이 생겨난다고 해도, 그것이 의도된 교육 과정을 통해 나온 훌륭한 기독교인이라 말할 수 없다는 것입니다.

제 생각은, 현실의 기독교교육은 조금 부족한 정도가 아니라 거의 시도조차 안 되고 있는 것 같습니다.

저는 이 문제를 해결하는 데 학교의 역할이 중요하다고 생각합니다. 우리나라 교육 실정과 분위기에서는 더욱 그러합니다. 가정과 교회에서의 변화와 책임도 강조되어야 겠지만, 우리나라 실정에서는 학교에서의 변화가 중요합니다.

만약 어떤 아이가 기독교학교에서 기독교적인 교육 커리큘럼에 의해 교육을 받게 된다면(물론 기독교학교에 보낸 부모는 이미 준비가 되어 있다고 할 수 있겠지만) 이 아이에게는 가정과 교회로 연결된 효과적인 기독교교육이 가능해질 것입니다.

현재 한국의 현실은 학교교육이 가정과 교회를 움직인다고 할 수 있습니다. 학교교육에 따라 가정이 자녀를 지도합니다(과외를 시키거나, 독서실을 보내는 것 등). 또한 학교 학사 일정에 따라 교회가 교회교육 일정을 조정합니다(수련회나 교회행사 계획을 학교 시험이나 보충 수업 일정을 보고 결정). 이러한 현실 속에서 기독교학교가 아니고서는 온전한 기독교교육은 불가능해 보입니다.

그래서 저는 기독교학교를 세우고 보내는 것이 중요하다고 생각합니다. 할 수만 있다면 우리 교회도 기독교학교를 세우고 우리 교회 아이들을 모두 기독교학교로 보내고 싶습니다. 그러나 기독교학교를 세우거나 보내는 것이 현실적으로 어렵기 때문에 대안적으로 우리 교회가 시도하는 것이 '주말교회기독교학교'입니다."

"목사님, 그런데 기독교학교 얘기가 나왔으니 여쭤 보고 싶은 게 있는데요. 목사님이 앞으로 세우고 싶은 기독교학교는 어떤 것인가요? 흔히 볼 수 있는 기독교 이념으로 세운 미션스쿨도 기독교학교에 포함되는 것인가요? 기독교학교에도 여러 종류가 있을 것 같아요."

"미션스쿨도 처음에는 기독교학교의 개념을 바탕으로 출발했다고 할 수 있어요. 그러나 우리나라에 선교사들이 처음 들어와 세운 학교들을 비롯한 미션스쿨은 그 이름이 말하고 있듯이 선교의 목적, 즉 복음을 전할 목적으로 세워진 것이에요. 우리나라에 기독교가 막 들어왔을 때는 복음을 전하는 것이 가장 중요한 문제였으니까 당연한 것이었겠지요. 그러나 요즘 논의되고 전개되고 있는 '기독교학교 운동'은 기독교 복음을 전한다기보다 성경적으로 학문을 가르치고 성경적으로 훌륭한 인물

리포밍 처치

을 양육하는 것이 목적이에요. 물론 기독교학교마다 그 특성이 다르고 또 추구하는 것에는 차이가 있지만 말이에요. 그리고 현존하는 기독교학교가 자신들이 추구하는 목적을 잘 이루어 내고 있는가 하는 것에도 큰 차이가 있다고 할 수 있지요.

제가 생각하는 기독교학교의 모습을 물어보셨는데, 구체적으로 그 방법에 대해서는 말할 수 없지만 이런 기독교학교가 되었으면 하는 바람은 다음과 같습니다.

첫째, '하나님 나라 시민윤리'를 가르치는 학교였으면 좋겠습니다. 예수님이 말한 천국시민의 모습과 윤리를 가르치고 그것이 훈련돼서, 이웃을 위해 겉옷을 벗어 줄 줄 알고 다른 뺨을 돌려 댈 줄 알며 남을 비방하지 않고 자신의 들보를 볼 줄 아는 아이로 양육되었으면 좋겠습니다.

둘째, 성경적인 인생의 목표와 가치관을 지닌 아이로 교육하는 학교였으면 좋겠습니다. 예수님과 같은 마음을 지닌 아이로 자라나서 심령이 가난하고, 먼저 그의 나라와 그의 의를 구하며, 재물을 천국에 쌓는 지혜를 가진 아이로 훈련되었으면 좋겠습니다.

셋째, 아주 성실히 배우는 학교였으면 합니다. 학교에서는 학문 공부를 위해 가장 많은 시간을 투자하겠지만, 그렇다고 해서 지식 습득이 학교교육에서 가장 중요한 것은 아닐 것입니다. 그래서 앞에서 여러 가지 다른 중요한 것들을 말했습니다. 하지만 학교에서 학문 공부를 게을리 하는 것은 용납될 수 없습니다. 따라서 공부를 잘 못하는 것은 이해돼도 불성실하게 학업에 임하는 것은 용납될 수 없는 곳이어서, 최대한 성실하게 학업할 수 있도록 돕는 학교였으면 좋겠습니다. 그리고 책을 보는 공부 외에도 예술이나 체육에도 중요한 가치를 두는 학교가 되어 각 학생들의 타고난 재능을 잘 살려 주었으면 합니다.

넷째, 기독교적인 학문과 커리큘럼이 있는 학교였으면 합니다. 일반 학교에서 잘못 전하는 모든 지식과 세계관을 하나님의 세계관과 진리로 바꾸어 가르치고, 하나님의 원리에 맞는 과목과 과목비중 그리고 성경적 원리에 합하는 교과 과정과 학교운영이 이루어지는 학교였으면 좋겠습니다.

이런 기독교학교에 대한 꿈을 꾸면서 우리 주말교회기독교학교는 이를 실천하기 위해 노력하고 있습니다. 기독교학교에 대한 것은 주말교회기독교학교와도 계속 연결되니까 이어서 주말교회기독교학교에 대해 말씀드리겠습니다."

이 목사는 몇 가지 유인물을 나눠 주면서 다시 말을 시작했다.

"우리 교회가 주말기독교학교를 시작한 이유는 기독교교육을 해야겠다는 필요를 느꼈기 때문입니다. 앞에서도 말했지만 현재 기독교교육은 전혀 제대로 이루어지지 않고 있습니다. 그래서 기독교교육을 하겠다고 기독교학교를 보내거나 홈스쿨을 하는 사람들도 있지요.

하지만 이런 것들은 쉽지 않은 일입니다. 기독교학교가 많지도 않고 또 비용도 많이 듭니다. 그리고 기독교 홈스쿨을 하는 것은 더 힘든 일입니다. 특별한 결단과 노력 없이는 결코 할 수 없습니다. 우리 교회에도 기독교학교를 보내거나 홈스쿨을 하는 가정이 있지만 아주 소수에 불과합니다.

이런 상황에서 우리는 교회가 무엇인가를 해야 한다고 생각했습니

리포밍 처치

다. 기독교교육을 말할 때 흔히 기독교교육의 주체로서 가정과 교회와 학교를 말합니다. 가정과 교회와 학교가 삼위일체가 되어 각각의 영역에서 온전한 역할을 할 때 기독교교육이 추구하는 교육 목표를 이룰 수 있습니다. 그런데 대부분의 학생들은 근본적으로 한두 가지 이상 결핍된 상태의 기독교교육을 받습니다.

학교교육에서는 기독교교육을 받지 못하고 있는 학생이 많이 있습니다. 어떤 경우는 가정에서는 기독교교육이 이루어질 수 없는 불신 가정의 학생들도 있고요. 그리고 교회교육도 시간적으로 봤을 때 상당히 부족한 경우가 많습니다.

'기독교교육'이란 여러 가지로 정의할 수 있지만 일반적으로 '온전한 그리스도인(예수님의 제자)으로 양육하는 것'이라고 할 수 있습니다. 이는 기독교적인 지식을 전수하거나 기독교적인 지성에 국한하여 생각하는 것을 넘어서는 것입니다. 기독교교육은 가정과 교회와 학교가 삼위일체를 이루어야 하는 것과 같이 기독교 지성, 감성 그리고 의지 교육이 모두 온전하게 이루어지는 것이라 할 수 있습니다. 즉 기독교교육에는 기독교지성교육(그리스도인으로서의 지성을 갖게 하는 교육), 기독교감성교육(그리스도를 닮은 감성을 갖게 하는 교육), 기독교의지교육(그리스도인의 의지와 품성과 생활 등을 교육)이 있다고 할 수 있습니다. 그리고 여러 가지 형태의 교육 프로그램을 통해 또 가정과 교회와 학교에서 각각 또는 연합을 통한 교육으로 기독교교육이 이루어진다고 할 수 있습니다.

그래서 사실 기독교학교를 보낸다고 해도 기독교교육이 완전히 이루어지는 것은 아닙니다. 기독교학교에서 기독교교육의 많은 부분을 담당하겠지만 주된 부분은 '기독교교과학습'이라고 할 수 있는 국어, 영어, 수학, 과학 등을 기독교적으로 가르치는 교육에 집중됩니다. 그러나 기독교교육은 그런 지적인 학습으로만 이루어지는 것은 아닙니다. 분명히 가정에서 담당해야 할 역할이 있고, 교회에서 담당해야 할 영역이 있습니다. 따라서 기독교학교에 자녀를 보낸다고 할지라도 여전히 가정 기독교교육의 필요와 의무는 가정에 존재하는 것이고, 교회에서 기독교학교를 설립했다 해도 교회 기독교교육은 여전히 필요합니다. 보다 철저하게 기독교 세계관적이고 온전한 제자로 양육하기 위해 기독교가정교육과 교회교육이 있어야 하는 것이지요.

그리고 같은 원리를 다시 거꾸로 적용해서 '기독교가정교육, 교회교육이 있다고 해서 기독교학교교육이 필요 없는 것은 아니다.'라고 말할 수 있습니다. 그런데 어떤 아이들은 불신 가정에서 교회에 다니는 경우가 있고 또 어떤 아이들은 기독교학교를 다닐 수 없는 상황에 있을 수 있습니다. 이는 일반 교회에서 흔히 있을 수 있는 일인데, 아이들이 기독교학교를 다니지 않아서 기독교학교교육에서 제외된다는 것은 온전한 기독교교육의 실현에 있어서 심각한 문제가 될 수 있다는 거지요.

거기에 교회가 기독교학교를 따로 설립했을 경우라도 불신 부모 등의 이유로 기독교학교에 출석하지 못하는 아이들이 있을 때 그들은 기독교교육에서 소외되어야 하는가 하는 문제가 남습니다. 만약 그 아이들이 기독교학교를 다니지 않아서 온전한 기독교교육을 받지 못한다면 기존의 기독교학교를 다니는 아이들과 같이하는 교회교육에서도 여러 부조화의 모습이 나타날 것입니다. 즉 기독교홈스쿨이나 기독교학교를 다니는 아이들이 교회학교에서 교육받을 때 기독교지성교육이 부족한 아이들과 함께 교육받음으로 교회교육의 수준과 교과 내용의 부조화가 나타날 가능성이 크다는 것입니다.

이런 이유로 교회는 기독교학교교육을 받지 못하는 아이들을 위한 '기독교학교'의 교과와 프로그램을 진행할 필요가 있습니다. 이에 우리는 '교회기독교학교'라는 이름으로 이러한 필요를 채우려고 합니다. 즉 교회가 기독교 홈스쿨이나 기독교학교를 다니지 못하는 아이들에게 교회교육과 함께 '기독교학교'의 교육 영역을 보완해 주는 것입니다.

이에는 여러 형태가 있겠지만 일반 학교를 다니는 아이들에게 기독교학교는, 차별성 있게 공급하고 있는 교육 과정과 프로그램 등을 제공합니다. 물론 기독교학교에서 하는 만큼의 기독교교육을 제공하기는 어려울 것입니다. 왜냐하면 기독교교육은 단지 창조론을 가르치고 기독교 교재를 사용한다고 되는 것이 아니라 기독교사의 영향력과 기독교학교의 전체적인 교육 철학과 분위기도 중요하기 때문입니다.

그러나 그럼에도 교회학교가 기독교학교에 다니지 못하는 아이들을 위해 최대한 노력함으로써 그 격차를 조금씩 좁히려고 합니다. 또 모든 아이들에게 꼭 필요한 기독교학교의 교과와 프로그램이 있다면, 그것을 제공하려고 최대한 노력하는 것이 교회의 사명이라고 생각합니다. 이런 의미에서 교회에서 주말기독교학교를 운영해 모든 교회학교 학생들에게 기독교교육을 제공하는 것은 꼭 필요한 일이라고 생각합니다.

그리고 또 하나의 이유를 말씀드릴 수 있는데, 우리 교회가 주말교회기독교학교를 시작할 때쯤 주 5일제 수업 및 주 5일 근무제가 시작되었기 때문입니다. 주 5일제 수업 제도는 기독교교육을 할 수 있는 기회인 동시에 교회교육의 위축을 가져올 위험도 동시에 갖고 있었습니다. 사회적으로 주 5일제를 대비해 많은 여가 및 문화 활동 프로그램이 제공되었는데 이런 변화에 잘 대처하지 못한다면 주말 시간을 세상의 문화와 프로그램에 빼앗기게 되고, 특히 비기독교적 주말 프로그램이 주말과 주일에 걸쳐 운영되는 경우에 주일예배와 주일학교의 부실도 염려되었기 때문입니다.

따라서 시대의 이런 변화에 교회가 민첩하게 대응할 필요가 있었습니다. 즉 주말 시간을 세상 프로그램에 빼앗길 것이 아니라 교회 안에서 주말 프로그램을 운영함으로써 기독교교육의 기회로 삼아야 한다는 것이지요. 또한 최소한 세상 기관에서 하는 프로그램을 교회 안에서 운영함으로 주일성수와 주일교회학교의 기회를 확보하는 역할을 할 필요가 있었습니다. 이런 필요와 이유로 주말교회기독교학교가 시작된 것입니다."

"목사님의 말씀을 들으니 주말교회기독교학교가 기독교학교나 기독교 홈스쿨을 대신해서 기독교학교교육과 교회교육을 한다는 말씀인 것 같은데, 이것을 교회에서 감당하기에는 너무 힘들지 않을까요? 그리고 어떤 방식으로 이것들을 해 가는지 궁금합니다."

"예, 우리가 하려는 것이 주말 시간을 이용한다고 해도 시간적으로나 여러 가지 면에서 부족한 점이 많이 있습니다. 우리가 학교와 교회의 기독교교육을 온전히 감당하고 있다고 말씀드릴 수는 없어요. 그러나 우리가 할 수 있는 최대한의 것들을 하는 것이고, 부족한 것은 하나님께서

리포밍 처치

채워 주시길 기도하고 소망하는 것이지요. 교육은 사람의 노력도 중요하지만 결국 하나님이 하시는 것이라 믿으니까요. 우리 교회가 주말교회기독교학교 교육을 어떻게 하는지 대해 물으셨는데 이에 대한 대답을 해 드릴게요."

1. 주말교회기독교학교 이념과 명칭

이 목사는 주말교회기독교학교 자료 중에 하나를 김 전도사에게 보여 주면서 말했다.

"먼저 다른 교회학교교육과 우리 주말교회기독교학교와의 다른 점을 말하는 것이 우리 교회학교를 소개하는 데 도움이 될 것 같습니다.

현재 주말교회기독교학교와 비슷하게 사용하는 용어를 정리해 보면 '교회학교', '기독교학교', '주일학교', '주말학교', '주말교회학교', '주말기독교학교' 등이 있습니다. 하지만 이것들이 서로 아주 분명하게 구별된다고도 말할 수는 없습니다. 특히 개별 프로그램에 있어서는 서로 겹치고 통용되는 프로그램이 많습니다. 그럼에도 일반적으로 실제 운영되는 형태로 구별해서 정리해 보면 다음과 같습니다.

1) 교회학교(주일학교): 일반적인 주일학교를 말합니다. 유초등부나 중고등부 예배와 성경 공부 그리고 교회에 따라 오후 프로그램 등으로 진행됩니다.

2) 기독교학교: 기독교적(교재)으로 학문을 가르치는 학교를 말합니다. 정규 학교와 다른 교과를 가르쳐서 정부로부터 정식 학교로 인정받지 못하고 주로 대안학교 형태로 운영되는 경우가 많습니다.

3) 주말학교: 이것은 주일에 하는 교회학교를 주말에 한다는 의미일수 있지만, 실제는 주일학교와는 달리 사용되는 경우가 많습니다. 주말에 교회에서 악기나 어학 등을 가르치는 경우에 사용되기도 하고, 주일학교와 별개로 '문화 프로그램'을 개설하는 경우에 사용되기도 합니다.

4) 주말교회학교: 이것은 주말에 교회학교가 주축이 되어 교회학교의교육 목표를 공유하며, 보다 폭넓은 교육 프로그램을 운영하는 형태라고 할 수 있습니다. 즉 주일에 하는 성경 공부를 보충하고 보완하는 학교입니다.

5) 주말기독교학교: 주말을 이용해 기독교학교에서 이루어지는 교육을 한다는 의미를 갖고 있습니다. 따라서 교회학교보다는 기독교학교와비슷한 구조와 커리큘럼을 갖습니다. 그리고 교회가 아닌 단체가 모임의 주체가 되는 경우가 많습니다.

6) 주말교회기독교학교: 주말을 이용해서 기독교학교에서 이루어지는 교육을 한다는 의미와 교회학교가 갖는 교육 목표를 공유하고 교회가 주체가 되어 교육을 한다는 의미가 있습니다. 또한 교회학교가 주체가 되어 주말기독교학교를 한다는 의미와 교회학교에 기독교(학교)교육적인 내용을 포함한다는 의미를 갖고 있습니다.

이렇게 정리한 것을 토대로 '주말교회기독교학교'의 차별성과 정체성을 위해 우리 주말교회기독교학교는 '학교성', '교회성', '여가성', 기독교세계관성'이라는 4가지의 요소를 포함하고 있습니다. 아래는 주말교회기독교학교의 정체성에 대해 정리한 것입니다.

1) 학교성: 주말교회기독교학교는 '학교'라는 이름을 갖습니다. 이것은 일부 주일학교 2부 순서나 주말학교의 체험활동 등으로 주어진 시간을 메우는 것처럼 계획성 없이 이루어지는 교육을 지양해야 한다는 의미입니다. 단순히 토요교회모임의 성격을 떠나서 학교라는 형태가 되려면 분명한 교육 목표와 계획이 필요하고 적절한 교육 활동이 있어야 합니다. 교회에서 이루어지는 교육이라고 쉽게 생각해서 아무런 계획과 체계를 갖추지 않는다면 효과적인 교육이 이루어지기 어렵지요.

온전한 기독교학교교육이 되려면 교사, 학습자, 내용, 환경에 대한 철저한 계획을 통해 그날에 이루어질 교육을 미리 계획하고, 준비하며, 전문적으로 고안해야 합니다. 이 모든 과정은 하나님의 형상을 지닌 하나님 나라의 백성으로 가르치고자 하는 의도성을 가진 교육 활동이어야 합니다. 주말교회학교는 교육을 계획함에 있어서 구체적으로 교육 목표를 명시해야 합니다. 또한 사용 가능한 학습 관련 모든 자료를 수집하여 교수 체계를 마련하고, 계획을 시험해 보며, 조정한 후에 운영하는 과정을 거쳐야 합니다. 마지막으로는 교육 목표의 달성 여부를 측정하고, 더 좋은 교수-학습 방법을 고려하는 평가 단계를 두어야 합니다. 학교에서 하는 일반 교육에도 이와 같은 체계적이고 전문적인 교육 시스템이 있는데, 하나님 나라의 일꾼을 만들어 내겠다는 교회교육에 이와 같은 체계적이고 전문적인 시스템은 더 필요하다고 생각합니다.

이와 같이 주말교회기독교학교에서는 '기독교교육적인 전체 커리큘럼이 있는가?', '기독교육적인 목표가 분명한가?' 하는 질문이 중요하고 이런 부분이 충족될 때 학교로서의 위치를 갖게 된다고 생각하면서 노력하고 있습니다.

2) 교회성: 주말교회기독교학교라는 이름에는 '교회'라는 부분도 있음을 간과해서는 안 됩니다. 교회성이라고 할 때, 교회가 주관하는지 또는 교회 공동체적인 요소가 얼마나 있는지 하는 것도 중요하지만 교육 프로그램이 얼마나 교회 목표와 일치하는지도 중요합니다.

주말교회학교가 일반 문화교실처럼 단순히 운동이나 예술, 음악만을 가르치거나 또는 학교 공부를 돕는 보충학습 또는 학원 형태가 되어 단순히 영어반과 수학반이 운영된다면 그것은 '교회기독교학교'라고 할 수 없습니다. 물론 교회에서 교회 밖의 이웃을 위해 봉사하는 형태로 교회 기독교성을 강조하지 않는 교육을 할 수도 있을 것입니다. 그러나 이것은 우리가 생각하는 학교의 형태와는 조금 다릅니다. 주말교회기독교학교에서는 교회교육적인 커리큘럼으로 교육 활동이 이루어져야 합니다. 그리고 우리 교회는 주일에 따로 교회학교를 하지 않기 때문에 성경 공부도 커리큘럼에서 중요하게 다루어집니다.

3) 여가성: 이것은 교회기독교학교가 '주말'에 이루어진다는 것을 깊이 고려해야 한다는 점입니다. 우리는 주말이 여가적인 성격의 시간인 것을 무시할 수 없습니다. 사람들은 주말이 되면 학교를 가지 않거나 학습을 빨리 끝내고 쉬고 싶어 하거나 혹은 다른 활동을 하는 것을 기대합

리포밍 처치

니다. 특히 어린 학생들에게는 더욱 그렇습니다.

이런 요소를 생각하지 않고 기독교교육이 필요하다고 해서, 일반학교에서 하는 것과 같은 교과서 공부 형태의 교육을 한다면 교육의 효과나 특히 참여도 부분에서 큰 문제가 발생할 것입니다. 아무리 좋은 커리큘럼으로 잘 가르친다고 해도 수업에 참여하는 사람이 없고, 교육이 효과적으로 이루어지지 않는다면 이는 결코 바람직하지 않습니다. 특히 실제 교회 현장에서 주말교회기독교학교를 운영할 때의 참여도는 아주 중요합니다. 따라서 참여하는 학생들의 만족도와 선호도를 고려해야 합니다.

따라서 주말에 이루어지는 교육이라는 특성을 살려서 학교 공부와 차별된, 책상에서 벗어난 교육 프로그램이 필요합니다. 또 주입식 교육이 아니라 자발적인 교육이 이루어져야 합니다. 교육에 놀이와 유희적인 요소가 포함되어야 합니다. 이런 여가성을 생각할 때, 주말교회기독교학교 프로그램에는 좀 더 통합적이고 전인적인 교육을 지향하며 자발적인 참여를 이끌 수 있는 놀이적인 흥미 요소가 충분히 반영되어야 합니다. 여가성은 연령에 따라 아주 다양하고 차별 있게 적용됩니다.

4) 기독교세계관성: '주말교회학교'에 관해 말할 때 위에서 언급한 여가성, 교회성, 학교성을 말하는 경우가 많습니다. 그런데 굳이 기독교라는 말이 더 붙어 있는 '주말교회기독교학교'라는 말을 사용하는 것은 '기독교 세계관'에 대한 강조입니다. 교회성을 말할 때 같이 언급될 수도 있지만 조금 더 세밀하게 구별하고 강조할 필요가 있습니다.

주말에 교회학교를 열어 교회 교육의 내용을 심화하는 것이 주말교회학교인데, 여기서 한걸음 더 나아가 주말교회학교는 기독교학교적인 요소가 있어야 합니다. '기독교학교적'이라고 할 때 이는 기독교적인 교과서로 학문을 가르친다는 의미가 있습니다. 또 기독교 세계관적인 학문을 가르친다는 목표에 근거해 있다고 할 수 있습니다. 따라서 주말교회기독교학교는 기독교 세계관을 심어 주는 교육 목표를 지향해야 합니다. 또 그것을 위한 프로그램으로 교과 과정이 구성될 때 주말교회기독교학교에 합당한 정체성을 지닌다고 할 수 있습니다.

기독교 세계관적인 교육은 단순히 성경적 지식과 교훈을 가르치는 것에서 더 나아가, 이 세상이 타락했다는 것과 하나님이 예수 그리스도를 통해 이 세상을 구속하셨고 그리스도인에게 이 타락한 세상을 하나님 나라로 바꿔 가야 하는 소명을 주셨다는 세계관을 갖게 하는 것입니다. 기독교교육 프로그램을 통해 이런 내용이 교육되고 훈련될 때 이를 기독교 세계관적인 교육이라고 할 수 있습니다. 이것이 특별한 기독교 세계관 교육을 통해서뿐만 아니라 다른 모든 교육 프로그램에 스며들어 있는 것이 주말교회기독교학교의 정체성의 중요한 한 요소라고 할 수 있습니다.

다음은 우리 교회 주말교회기독교학교의 교과 프로그램에 대해 말씀드리겠습니다.

리포밍 처치

2. 주말교회기독교학교 교육 원리

1) 다양한 프로그램을 어떻게 담아낼 것인가?

우리 교회가 처음 주말교회기독교학교를 시작할 때 이 문제로 가장 힘들어했던 거 같습니다. 또한 이것이 중요한 문제이기도 했고요. 앞에서 말한 여러 가지 교육 목표와 이상을 구체적으로 어떤 교과와 프로그램으로 담아내고 이루어 낼 것인가 하는 것이 실질적인 문제이고, 또 이것이 가장 핵심이라고 할 수 있습니다. 사실 몇몇 교회와 단체에서 시도했던 주말학교가 이 부분에서 실패한 경우가 많습니다.

저희 학교를 준비했던 팀이 살펴본 바에 따르면, 주말교회기독교학교는 각 주말학교에서 사용한 개별 프로그램은 매우 좋았던 반면, 그것이 전체적으로 어떤 목표와 의미를 지니는가가 분명하지 않아서 교육 수요자에게 설득력이 없었다는 문제가 있었습니다. 각 학교들이 대부분 좋은 프로그램으로 나름대로 준비를 많이 했지만, 그 프로그램이 주일학교교육을 더 심화하는 것인지 아니면 세상의 문화센터를 대체하는 것인지 그 목표가 분명하지 않고 또 이것이 꼭 필요하다는 의식을 심어 주지 못한 면이 있었던 거지요.

개별 프로그램이 아무리 잘 진행된다고 하더라도 그것이 전체적인 교육 목표에서 어떤 위치를 차지하는지 그리고 주말학교가 전체적으로 무엇을 목표로 하는지가 분명하지 않으면, 사람들에게 전혀 설득력이 없습니다. 따라서 저희는 전체적인 교육 목표를 분명히 하고, 그것이 꼭 필요한 교육이라는 것을 충분히 설득하는 것이 선행되어야 하며, 또 그런 목적에 따라 프로그램을 잘 배열하는 것이 성공의 열쇠가 될 것이라 생각했습니다.

저희도 특히 처음 시작할 때에는 기존 프로그램을 많이 차용해서 써야 했습니다. 학교를 운영하면서 살펴보니까 기존 프로그램을 사용하는 것이 결코 나쁜 것만은 아니었습니다. 기존 프로그램은 안정성이 담보되어 있고 효과가 입증된 것이기 때문에, 잘 사용한다면 오히려 교육 효과가 더 좋을 수 있다고 생각합니다. 문제는 기존 프로그램을 단순히 가져다가 마구잡이로 사용하는 것이 아니라 교육 목표에 맞게 적절히 배치하는 것이 중요하다고 생각합니다. 예를 들어 주일학교 오후 프로그램으로 하는 '부모님께 편지쓰기'나 '용돈기입장 기록하기'라는 프로그램을 별다른 전체적인 교육 목표 없이 진행하기보다는, 전체적인 교육 과정에서 성경의 부모 사랑과 연결하고, 성경적인 경제 교육이라는 전체 교육 목표에 연결할 때 훌륭한 주말교회기독교학교 프로그램이 될 수 있다는 것입니다.

독서토론, 연극연습, 봉사체험 등도 일반 교회 프로그램이나 주말학교 프로그램에서 많이 사용되지만 보다 전체적인 교과 과정 속에서 분명한 교육 목표를 지향하며 시행할 때 같은 프로그램이지만 전혀 다르게 사용될 수 있습니다. 그래서 '여러 프로그램을 어떻게 포장하고 담아내는가?' 또 '얼마나 적절한 교육 과정 속에 배열하고 다듬어 사용하는가?' 하는 문제가 주말교회기독교학교 프로그램의 승패를 좌우하는 중요한 요인이 될 수 있다고 생각했습니다. 지금도 저희는 기존에 개발된 좋은 교육 프로그램을 우리 학교에 맞게 구성하고 개선해서 사용하고

리포밍 처치

있습니다.

2) 기독교세계관성을 프로그램에 어떻게 담아낼 것인가?

앞에서도 언급했듯이 주말교회기독교학교의 차별성과 정체성은 '그 교육이 얼마나 기독교 세계관적인가?'에 달려 있다고 할 수 있습니다. 이 부분이 잘못될 때 이 학교는 단순한 주말교회(성경학교) 프로그램이나 주말보충학습, 주말문화센터로 변질될 수 있습니다.

따라서 '각 프로그램이 얼마나 기독교 세계관 교육에 초점이 맞춰 있고 그에 맞는 교육 효과를 이끌어 낼 수 있는가?' 하는 것이 중요한 문제일 수밖에 없습니다. 이것은 단순히 여러 프로그램을 통해 성경의 내용을 잘 가르치는 것과도 다른 것입니다. 성경퀴즈 대회 같은 것은 성경을 잘 배울 수 있는 프로그램은 될 수 있지만, 직접적인 기독교 세계관 교육과는 거리가 있다고 할 수 있습니다. 또 성탄절 연극 프로그램도 예수님 탄생과 관련된 복음서의 내용을 잘 배울 수 있는 도구가 될 수 있지만, 그것만으로 기독교 세계관적인 교육이 이루어졌다고 할 수는 없을 것입니다.

단순히 환경에 대해 공부하고 환경보호에 대한 의식을 고취하는 교육을 했다고 해서 그것이 기독교적인 교육이 되고 기독교 세계관적인 교육이 되는 것은 아닙니다. 왜냐하면 환경보호에 대해 기독교적인 관점 외에도 불교적 관점 등을 비롯한 다양한 관점이 있을 수 있기 때문입니다. 단순히 미디어를 절제할 수 있는 교육을 하는 것도 같은 맥락이라고 할 수 있습니다.

교육 프로그램은 성경적 관점을 잘 설명할 뿐 아니라 성경적 시각으로 이끄는 분명한 교육적 장치를 갖고 있어야 합니다. 주말교회기독교학교 프로그램을 선택할 때 이러한 요소가 중요한 기준이 되어야 합니다. 그리고 세상적인 세계관과 성경적인 세계관의 차이를 잘 드러내 주고, 성경적인 사고로 이끌어 줄 수 있는 교육 프로그램의 개발과 발굴이 주말교회기독교학교의 승패를 좌우하는 중요한 문제가 될 것입니다. 저희 교회에서는 이런 부분에 신경을 써서 전체적인 커리큘럼을 짜고 또 교육 프로그램을 진행합니다.

3) 안식일 개념을 살리는 주말교회기독교학교

어떤 분들은 주말교회기독교학교를 운영할 때 주일학교는 어떻게 되느냐고 물어보시기도 합니다. 저희도 처음 시작할 때 이 부분에 대해 고민했습니다. 학교 형태에 따라 주일학교 프로그램과 중복되거나 겹칠 수 있고, 또 주말교회기독교학교 교사가 주일학교 교사를 같이하게 될 때 오는 문제도 예상했습니다. 그래서 우리 교회는 주말교회기독교학교 프로그램을 주일학교 오후 순서나 분반공부를 대체하는 형태로 운영하고 있습니다. 즉 주일에 하는 주일학교는 완전히 없어지고 주말학교로 대체한 것이지요.

이렇게 운영하는 것이 여러 가지 면에서 효율적입니다. 주말교회기독교학교 프로그램에 주일학교 분반공부의 성경 공부 시간을 일부 배정하고, 이후에는 주말교회기독교학교 프로그램과 연결해서 진행하고 있습니다. 이렇게 해서 주일학교 영역에서 했던 교육을 더 효과적으로 수

행하고 있습니다.

그리고 보다 중요한 문제는 주일에 성경 공부를 하는 것이 기독교 세계관적이지 않기 때문에 우리 교회는 주일학교를 주말학교로 대체했습니다. 기독교 세계관의 가장 중요한 목표 중에 하나는 이원론의 극복이라고 할 수 있습니다. 세상에는 영적인 영역과 세상적인 영역이 있어서 평일에는 세상적인 영역에서 나를 위해 일하고 주일에는 영적인 영역에서 하나님을 위해 일한다는 것이 대표적인 이원론적인 생각입니다. 평일에는 자신의 일과 자신을 위한 학교 공부를 하고, 주일에는 하나님의 일과 성경 공부를 한다는 생각은 아주 잘못된 것이기에 자녀들에게 이런 식의 생각을 심어 주어서는 안 됩니다.

성경 공부, 기독교교육, 일반 공부가 모두 같다는 것이 기독교 세계관적인 시각입니다. 만약 이 부분이 제대로 정립되어 있지 않으면 우리는 아이들에게 '평일에는 나를 위해 일하고 주일에는 하나님을 위해 일하면 된다'는 이원론적인 세계관을 심어 주게 됨으로 이런 교육 형태는 기독교교육을 기초부터 흔드는 일이 될 수 있습니다. 따라서 주일이 아닌 평일에 성경과 기독교 세계관을 공부하게 하고 또 여러 교육 프로그램이 하나님과 연관되어 있다는 것을 느낄 수 있도록 주말교회기독교학교 프로그램을 하는 것이 좋겠다는 생각이 들었습니다.

구체적으로 우리 교회의 주말교회기독교학교가 어떻게 운영되는지에 대해서는 나중에 직접 각 반을 방문하셔서 담당선생님을 만나 보시면 될 것 같습니다. 제 설명을 마치기 전에 학생들을 대상으로 하는 소명 교육에 대해 좀 더 말씀을 드릴게요."

"아! 성인들을 대상으로 하는 소명 교육 외에 학생들을 대상으로 하는 소명 교육이 또 있나 보죠?"

"예, 그렇습니다. 우리 교회는 소명을 아주 중요하게 생각하기 때문에 어릴 때부터 소명에 대해 깊이 생각하고 자신의 소명을 따라 삶을 살도록 돕고 있습니다. 소명 교육은 여러 형태로 주말교회기독교학교를 통해 이루어지고 있습니다. 교과 과정 속에서 강조되고 수련회 형태로 소명학교를 개설하기도 합니다. 그리고 선생님과의 상담을 통해 앞으로 어떤 영역에서 하나님 나라의 일을 해야 할지를 같이 고민하고 생각합니다.

학생들이 자신의 삶의 목적이 개인적인 부귀영화와 세상적인 출세가 아니라 하나님 나라를 위해 쓰임받는 것임을 분명히 인식하게 하고 또 그 각자의 특성과 달란트를 발견해서 하나님 나라를 위해 쓰임받는 일꾼이 되도록 격려합니다.

어린 학생들을 대상으로 하는 소명 교육은 이미 삶의 영역이 정해진 성인들과 여러 부분에서 다르게 접근되고, 다른 방식으로 강조됩니다. 성인의 경우는 이미 정해진 삶의 상황에서 소명을 찾아야 하는 부분도 있지만, 어린 학생의 경우는 백지 상태에서 소명을 찾아야 하고 또 소명을 이룰 수 있는 능력을 만들어 가야 하기 때문에 접근 방식이 다를 수밖에 없고 또 더 중요할 수밖에 없습니다.

그리고 이 소명 교육은 어떻게 보면 우리 교회학교의 전체적인 목적과도 같은 것이라고 할 수 있습니다. 그래서 우리 교회는 아이들이 분명한 소명을 발견하고 동기를 부여받으며 또 소명을 이루겠다는 강한 열

리포밍 처치

심과 의지를 갖게 합니다. 그 소명을 이루어 갈 수 있는 힘과 능력을 갖도록 양육하고 있습니다. 이것이 결국 신앙교육이고 기독교교육이며 기독교 세계관 교육이라고 생각합니다.

　그러면 오늘은 여기까지 하고 다음 주에는 각 주말교회기독교학교 반들을 방문해 보시도록 하죠!"

토론을 위한 질문

1. 기독교학교(대안학교)나 기독교 홈스쿨에 대해 어떻게 생각하는지 서로
의 생각을 나눠 봅시다. 그리고 그런 교육을 받을 수 없는 많은 학생들을
위해 실제로 교회에서 어떻게 도울 수 있는지를 논의해 봅시다(당장 주말
교회기독교학교도 할 수 없다는 전제에서).

....

....

2. 교회학교가 기독교교육(기독교학교를 일부 대신하는 차원)을 하는 것에
대해 어떻게 생각하십니까? 어떻게 하면 그런 교육을 할 수 있을까요?

....

....

3. 현재 속한 교회의 교회학교의 상황은 어떤지 나눠 보고, 주말을 이용해
서 교회교육을 더 많이 하는 것에 관해 토론해 봅시다. 또한 주말교회기
독교학교가 실현될 수 있는 방안에 관해 의견을 나누어 봅시다.

....

....

리포밍 처치

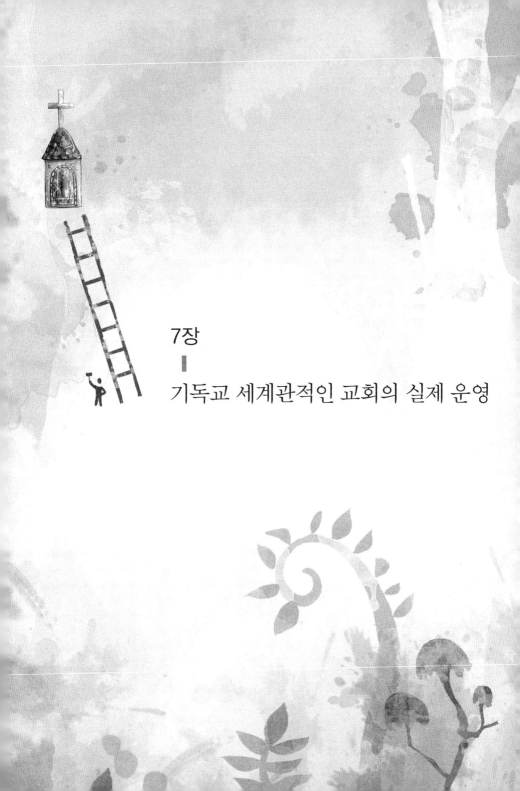

7장
┃
기독교 세계관적인 교회의 실제 운영

토요일 오후, 김 전도사는 이 목사가 미리 말해 준 초등부 교육이 있는 교육관으로 향했다. 그곳에는 초등학생들과 선생님들이 있었는데, 수업 시작 전에 서로 인사를 나누고 있었다. 김 전도사가 두리번거리고 있을 때, 초등부 부장선생님이 김 전도사를 맞아 주었다. 부장선생님의 안내로 초등부실을 돌아본 후 김 전도사는 초등부 사무실에 자리를 잡고 앉았다. 탐방을 시작하기 전에 부장선생님이 전반적인 초등부 교육에 대해 설명해 주기로 했다. 그때 김 전도사가 먼저 물었다.

"선생님, 갑자기 생각이 났는데요. 초등부면 초등학교 학생들을 대상으로 하는 것이지요. 그러면 초등학교에 들어가기 전에 유치부 학생들은 어떻게 교육하나요?"

"유아부터 초등학교 입학 전까지는 우리 교회에 있는 공동육아 공동체에서 담당합니다. 이곳에서 부모가 함께 모여 아이들을 같이 돌보고 또 좋은 품성과 인성을 교육합니다. 좋은 프로그램이 많고 또 그곳에 있

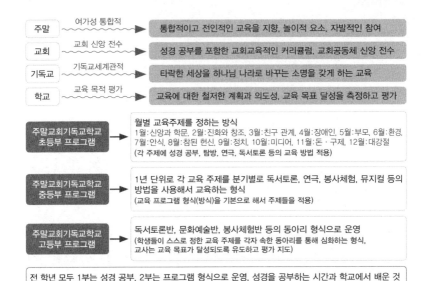

주말교회기독교학교 🏛 ┈┈┈┈┈┈┈┈┈┈┈

교회학교교육

주말	여가성 통합적	➤ 통합적이고 전인적인 교육을 지향, 놀이적 요소, 자발적인 참여
교회	교회 신앙 전수	➤ 성경 공부를 포함한 교회교육적인 커리큘럼, 교회공동체 신앙 전수
기독교	기독교세계관적	➤ 타락한 세상을 하나님 나라로 바꾸는 소명을 갖게 하는 교육
학교	교육 목적 평가	➤ 교육에 대한 철저한 계획과 의도성, 교육 목표 달성을 측정하고 평가

주말교회기독교학교 초등부 프로그램 ➤ 월별 교육주제를 정하는 방식
1월:신앙과 학문, 2월:진화와 창조, 3월:친구 관계, 4월:장애인, 5월:부모, 6월:환경, 7월:안식, 8월:참된 헌신, 9월:정치, 10월:미디어, 11월:돈ㆍ구제, 12월:대강절
(각 주제에 성경 공부, 탐방, 연극, 독서토론 등의 교육 방법 적용)

주말교회기독교학교 중등부 프로그램 ➤ 1년 단위로 각 교육 주제를 분기별로 독서토론, 연극, 봉사체험, 뮤지컬 등의 방법을 사용해서 교육하는 형식
(교육 프로그램 형식(방식)을 기본으로 해서 주제들을 적용)

주말교회기독교학교 고등부 프로그램 ➤ 독서토론반, 문화예술반, 봉사체험반 등의 동아리 형식으로 운영
(학생들이 스스로 정한 교육 주제를 각자 속한 동아리를 통해 심화하는 형식, 교사는 교육 목표가 달성되도록 유도하고 평가 지도)

전 학년 모두 1부는 성경 공부, 2부는 프로그램 형식으로 운영, 성경을 공부하는 시간과 학교에서 배운 것을 되짚어서 교정하고 보완하는 시간 그리고 서로를 위해 기도하는 시간으로 구성.

는 부모들이 아이들을 위해 아주 열심히 하고 있어요. 저희 아이들이 졸업한 지가 오래되어서 자세히는 설명해 드릴 수가 없을 거 같네요. 만약 공동육아 공동체에 대해 관심 있으시면 나중에 주권선교사 셀을 탐방하실 때 한번 방문해 보세요."

1. 주말교회기독교학교(초등부) 프로그램

부장선생님은 초등부 교육 커리큘럼을 주면서 다시 얘기했다.

162
리포밍 처치

"저희 초등부 교육에 대해 말씀드리려면 한도 끝도 없을 것 같아요. 이제까지 여러 과정을 거쳐 현재의 커리큘럼이 완성되었고, 지금도 계속 머리를 맞대고 어떻게 하면 더 좋은 교육을 할 수 있을지 연구하고 있거든요. 현재 저희가 하고 있는 것을 소개해 드리는 것이 좋을 것 같아요. 저희가 완전한 주말교회기독교학교 초등부 교육의 모범을 제시하거나 보여드릴 수는 없지만 현 상황과 환경에서 우리가 할 수 있는 것들을 하고 있는 것이라고 생각하고 봐 주셨으면 좋겠어요. 저희 1년 계획표를 기준으로 전반적인 초등부 교육을 말씀드릴게요."

주말교회기독교학교(초등) 프로그램			
월	주제	프로그램	비고
1	신앙과 학문	친교 및 교무정리	*프로젝트 수업: 신앙적으로 공부해야 할 이유와, 학문과 신앙의 일치에 관한 공부	1년 단위로 상황에 맞는 적절한 교육 계획과 프로그램을 짜는 것으로 한다.
		학문(공부)은 무엇인가?(교실수업)		
		프로젝트 수업-수학 속의 하나님		
		공부사명서 작성 및 발표		
2	진화와 창조	세상은 어떻게 만들어졌을까?(교안)	*프로젝트 수업: 진화론, 포스터모더니즘 등 교과서 중 교정되어야 할 것들을 돌아가면서 교육	
		창조론 비디오(강의)		
		교과서 안의 진화론		
		과학으로 본 하나님		
3	친구 관계	그리스도인에게 친구의 의미(교안)	*프로젝트 수업: 성경이 말하는 이웃 사랑의 의미와 방법을 교육하는 것으로 전도 방법, 친구와 좋은 관계를 맺는 법 등을 교육	
		좋은 친구 되기 / 교실 속의 에티켓		
		왕따는 누구인가?(프로젝트 수업)		
		친구 초청 잔치		

4	장애인	예수님과 장애인(교안) 장애인 주제 독서토론 장애인(독서토론) 장애인(독서토론)/ 역할극 준비 장애체험/ 역할극 발표	*독서토론: 시각, 청각, 척추, 정신 등의 각기 다른 장애인에 대해 돌아가며 심층적으로 이해하고 돕는 법을 교육	주제는 대체로 고정하는 것으로 하고 프로그램과 교육방법은 1년 계획(커리)을 세울 때 적절히 배치한다.
5	부모	성경이 말하는 부모 사랑(교안) 부모 이해하기(프로젝트 수업) 부모님께 편지 쓰기, 선물 만들기 부모님 초청 시간/ 역할극 발표	*프로젝트 수업&역할극: 부모님께 효도해야 할 이유와 방법 등을 교육(매주 수업이 끝나기 30분 전 역할극 준비)	
6	환경	성경적 환경보호(교실수업) 환경단체 탐방 환경보호(주변환경) 사진전 환경보호 체험	*탐방&체험: 성경적 환경보호와 비성경적 환경보호의 차이, 그리스도인이 환경보호를 해야 할 이유와 방법 등을 교육	
7	안식	하나님이 주신 안식(교실수업) 스트레칭 교육 여름성경학교 살림욕장 방문 물놀이(수영장)	*레크리에이션&체험: 성경에서 말하는 안식의 의미와 방법 교육과 안식이 우리 삶에 주는 유익을 체험하게 함	
8	참된 헌신	수련회(캠프) 참된 헌신(교안수업) 최춘선 할아버지 비디오 관람 및 토론 밥퍼 공동체 탐방	*캠프&비디오&탐방: 8월에 캠프가 있다는 것을 생각해서 경건과 신앙훈련에 초점을 두고 교육	
9	정치	성경에서 말하는 정치 참여 모의국회 (우리가 아는 정치 문제 토론회) 불의에 관한 역할극 좋은 학교 만들기 정책 개발 및 토론 영화 미션 관람과 토론	* 영화감상&역할극&토론: 정치에 그리스도인이 관심을 가져야 할 이유를 교육하고 참여 방법과 성경적인 정치관을 공부. 기독교와 정치 역사도 공부할 수 있음	

10	미디어	성경과 미디어(교안수업)	* 연극: 미디어의 비기독교적인 요소들과 미디어를 통해 물들고 있는 비신앙적인 면들을 소개하고 바른 미디어 사용법을 훈련
		흥부와 놀부 각색하기	
		연극연습	
		부모 초청 발표회	
11	돈 구제	성경이 말하는 돈(교안학습)	* 비디오&봉사: 물질주의와 맘모니즘에 물든 세상적 가치와 성경적 물질관을 분명히 교육하고 성경적인 물질관을 갖도록 훈련
		구제단체 탐구	
		제3세계 비디오 시청과 토론	
		고아원, 양로원 봉사	
12	대강절	성탄절 뮤지컬 대본 공부	* 뮤지컬: 예수님 탄생의 의미와 성경적인 세계관 공부를 비롯해서 성경적 사건을 두고 깊이 연기해 봄으로 신앙의 내면화 추구
		뮤지컬 연습	
		뮤지컬 연습	
		뮤지컬 연습	
		졸업식	

우리 교회의 교육 목적 등에 대해 설명을 들으셨지요. 우리 초등부에서는 자녀들을 하나님 나라의 일꾼으로 교육하는 것을 목표로 하고 자연스럽게 성경과 세상을 기독교적으로 보게 하는 것에 초점을 둡니다. 그리고 초등학교 아이들의 특성을 생각해서 아이들이 교회교육에 흥미를 잃지 않고 재미있게 참여할 수 있도록 프로그램을 구성했습니다. 지금 보여 드린 표는 초등부 프로그램인데, 초등 1-3학년 학생들은 유년부로 따로 구별해서 별도의 프로그램을 운영하고 있습니다. 그 이유는 아시다시피 초등학교 1학년과 6학년이 프로그램을 같이할 때 어려움이 있을 수 있기 때문이지요. 그러나 전체적인 커리큘럼은 비슷하게 구성되고요. 프로그램에 따라 때로는 같이 때로는 나눠서 운영합니다. 예를 들면 보여 드린 표에서 보듯이 탐방을 가거나 야외활동을 하는 것들은 주

로 같이 하게 되고요. 공부와 관련된 것은 유년부 수준에 맞게 교안을 만들거나 아니면 다른 주제로 공부하게 되는 식이지요.

그리고 앞에서 보여 드린 표는 2부 순서에 관한 것이고요. 1부 순서로는 특별한 경우가 아니면 보통의 주일학교와 같이 모임과 함께 성경 공부, 나눔과 기도 형식의 분반공부를 합니다. 우리 교회는 공동체성을 중시하는데 우리 초등부에서도 서로 긴밀한 교제가 이루어지도록 노력하고 있어요. 즉 그리스도 안에서 우리는 한 몸을 이룬 형제자매임을 경험할 수 있도록 교제에 힘쓰고 있어요. 그래서 성경 공부를 한 이후에 서로 한 주간의 삶을 충분히 나누고 또 서로를 위해 기도해 주는 훈련을 어릴 때부터 하고 있어요. 이 시간에 아이들이 성경이나 지난주에 공부했던 것 중에 질문을 하게 돼요.

저희는 월별로 교육 주제를 정하고 각 주별로 그 교육 주제를 따라 구체적인 프로그램을 구성합니다. 위에서 보듯이 '1월: 신앙과 학문, 2월: 진화와 창조, 3월: 친구 관계, 4월: 장애인, 5월: 부모, 6월: 환경, 7월: 안식, 8월: 참된 헌신, 9월: 정치, 10월: 미디어, 11월: 돈, 구제, 12월: 대강절'이라는 주제로 교육하기로 했어요. 각 프로그램을 지금 다 설명드릴 수는 없을 것 같은데, 혹시 보면서 질문하실 것이 있으면 답해 드리는 것이 좋을 것 같군요."

김 전도사는 프로그램을 살펴보다가 질문을 했다.

"지금 제가 구체적인 것을 질문하기가 쉽지 않은데 눈에 띄는 것이 하나 있네요. 7월에 여름성경학교가 있고 8월에 캠프가 또 있군요."

"네, 그렇지요. 저희도 프로그램을 짤 때, 이 부분에서 논란이 좀 있었

리포밍 처치

는데요. 여름성경학교가 우리 교회에서는 필요 없다는 얘기도 있었지만, 여름성경학교가 믿지 않는 친구들을 전도하는 데 의미가 있기 때문에 중요하다고 생각했어요. 그래서 친구들을 초청해서 그들에게 예수님과 교회를 소개하고 또 우리 교회 학생들이 새로 온 친구들을 섬기는 시간으로 여름성경학교를 운영합니다. 8월 캠프는 전체적으로 7-8월 기간이 무더운 여름방학이라는 것을 생각해서 여가활동의 차원으로 접근하고 있고요. 캠프와 같이 집중 교육의 시간을 통해 헌신과 소명에 대해 깊이 생각해 볼 수 있는 기회로 삼고 있어요. 여름성경학교가 새로 온 친구들을 위한 것이라면, 8월 캠프는 기존 학생을 위한 성숙의 시간으로 편성되어 있다고 할 수 있지요."

"예, 그리고 또 하나 질문이 있어요. 제가 처음 주말교회기독교학교에 대해 상상했던 것은 1월과 2월에 나오는 '수학 속의 하나님'과 '교과서 안의 진화론' 같은 수업을 생각했던 것 같아요. 그런데 1-2월 말고는 그런 식으로 기독교적 학문을 배우는 수업과는 다른 형식인 것 같다는 생각을 했습니다. 제 생각이 짧아서 그런 것이겠죠?"

"그렇게 생각할 수 있습니다. 저희도 처음에 그런 식의 수업을 많이 생각했었어요. 기독교학교를 대신해서 기독교적인 학문과 교육을 한다고 할 때 당연히 그런 것을 생각하게 되지요. 그런데 막상 커리큘럼을 짜고 구체적으로 프로그램을 구상하면서 생각이 조금 달라졌어요.

그 이유는 두 가지로 들 수 있는데 첫째는 주말학교라는 특성 때문에 너무 공부 위주로 가면 안 되겠다는 생각을 하게 되었고요. 또 초등학생이라는 특성을 생각할 때에도 너무 공부 형식으로 가는 것은 곤란하다고 생각했습니다.

둘째는 학교 공부의 잘못된 것을 교정하는 것과 함께 일반 학교에서 심어 주지 못하는 기독교교육의 영역을 채워 주는 것이 중요하다는 생각이 들었습니다. 학교에서 배운 잘못된 세계관 수업이나 인본적인 학문을 교정하는 것도 중요하지만, 그보다는 하나님의 마음을 심어 주고 성경적인 생각을 하도록 만드는 교육도 중요하다는 것입니다. 그래서 나머지 열 달의 교과는 그런 쪽에 맞춰졌다고 할 수 있어요.

그리고 앞에서 말한 성경 공부 나눔의 시간에 담임선생님과 학교에서 배운 내용을 같이 얘기하는 시간을 갖습니다. 선생님이 한 주간 배운 내용을 물어보고 그중에 특별히 교정하거나 보완해야 할 교과 과정이 있으면 그 시간을 통해 성경적인 시각을 갖도록 교육하고 있어요."

"잘 알겠습니다. 그러면 오늘 배우는 교과에 대해 미리 설명을 좀 해 주시겠어요? 제가 참관을 하기도 하겠지만 전체적인 것을 좀 알고 나서 보면 좋을 것 같아서요."

"예, 그게 좋겠군요. 1부 성경 공부 한 시간 외에 2부 교육이 두세 시간 정도가 소요될 텐데 그것을 다 보는 것은 쉽지 않을 거예요. 그리고 중등부와 고등부도 가 보셔야 하니까 오늘 하는 순서에 대해 제가 프레젠테이션을 해 드릴게요. "

초등부 부장선생님은 오늘 진행할 교재를 찾아 주면서 다시 얘기를 계속했다.

"오늘 진행되는 프로그램은 기독교 환경 교육입니다. 제가 드린 교재는 우리 교회에서 성경적 환경 교육 교안으로 만든 것입니다. 이를 기초

리포밍 처치

로 오늘 교육을 진행하실 선생님이 좀 더 세부적인 교안을 만들어 오셨을 것입니다. 현재 인적 구성이나 환경에 맞춰 적절히 진행될 수 있도록 내용을 재구성하는 것이지요. 먼저 이것을 한번 쭉 보세요. 그리고 궁금한 것은 질문하시면 제가 보충설명을 해 드리겠습니다."

주말교회기독교학교 초등부 교재

- 기독교 이웃 교육: 성경적 환경보호 교실수업(교사용) -

1. 도입 - 환경에 관련된 사진 모으기

* 준비물

촬영도구(디지털 카메라, 휴대폰 카메라 등), 노트북, 프로젝터 등

* 진행

① 아래에 해당하는 세 종류의 사진을 각 개인 또는 조별로 모아봅시다(디지털 카메라를 들고 1시간 동안 교회 주변에 나가 아래 주제로 촬영).

ㄱ. 하나님께서 창조하신 자연환경 중에 가장 아름답다고 생각하는 것들

ㄴ. 환경이 오염되고 파괴된 결과들

ㄷ. 사람들에 의해 새롭게 환경이 회복된 것과 사람들이 만든 아름다운 것들

→ 가까운 주변환경 중에 가장 아름답다고 생각하는 것을 모읍니

다. 산, 꽃, 하늘, 나무, 동물, 곤충 등이 소재가 될 수 있습니다. 또 오염된 환경과 함께 동식물들의 열악한 생존 모습도 담을 수 있습니다. 사람들에 의해 회복된 환경의 모습은 멋진 건축물, 공원, 아름다운 집 등이 있습니다. 더 좋은 것은 주변 환경에 어울리고 동식물을 배려한 건축물입니다.

② 각 조별로 취재해 온 세 가지 주제의 사진 등을 같이 보면서 각자 그것을 선택한 이유를 말해 봅시다.

→ 찍어온 사진들 중에 최우수 작품상 등을 시상함으로써 학습동기를 고취할 수도 있을 것입니다.

2. 환경에 관한 성경적 관점 공부하기

* 아래의 문제들을 같이 풀면서 환경에 대한 기독교적인 입장과 성경적 가르침을 공부합니다.

→ 아이들의 적극적인 참여를 유도하기 위해 문제를 풀 때 각 문제마다 손으로 정답을 표시하게 하고, 그 답을 선택한 이유를 말하게 하거나 1등한 그룹이나 개인에게 상품을 예시하는 방법을 사용할 수 있습니다. 또 정답을 제시하고 설명할 때 "다른 것도 답이 될 수 있지만 이것이 가장 좋은(or 더 가능성이 많은) 답

리포밍 처치

이다."라고 말해서 생각의 여지를 주는 것이 좋습니다.

[하나님의 창조물]

1) 이 세상이 얼마나 아름답게 창조되었을까요?

　① 중간쯤 아름다운 상태로

　② 아름다운 것도 있고 그렇지 않은 것도 있는 상태로

　③ 최고로 아름답고 완벽해서 조금도 아름답지 않은 것이 없는 상태로

　④ 별로 아름다울 것이 없는 상태로

* 창세기 1장 31절을 같이 읽어 봅시다.
　하나님이 지으신 그 모든 것을 보시니 보시기에 심히 좋았더
　라 저녁이 되고 아침이 되니 이는 여섯째 날이니라(창 1:31).

이 세상을 창조하신 분은 하나님이십니다. 하나님께서 만드신 것
은 가장 완전하고 아름다운 작품입니다. 하나님께서도 보시고 아주
좋았다고 했을 정도입니다. 하나님은 세상의 어떤 미술가보다도 아
름다운 것을 그리고 창조하실 수 있는 분입니다.

2) 이렇게 아름답게 창조된 이 땅은 누가 가꾸어야 합니까? 하나
　님께서 누구에게 아름다운 이 땅을 맡기셨을까요?

① 천사들이 열심히 환경을 위해 일함으로 보호하도록 하셨다.

② 동물들에게 맡기셨다. 동물들이 씨를 옮기기도 하고 퇴비도 주면서 관리하게 하셨다.

③ 자연 스스로 정화작용을 하고 자연히 아름답게 발전되게 하셨다.

④ 사람들에게 잘 가꾸고 다스리게 하셨다.

• 창세기 1장 27-28절을 같이 읽어 봅시다.

하나님이 자기 형상 곧 하나님의 형상대로 사람을 창조하시되 남자와 여자를 창조하시고 하나님이 그들에게 복을 주시며 하나님이 그들에게 이르시되 생육하고 번성하여 땅에 충만하라, 땅을 정복하라, 바다의 물고기와 하늘의 새와 땅에 움직이는 모든 생물을 다스리라 하시니라(창 1:27-28).

하나님은 사람들에게 이 땅을 맡기셨습니다. 하나님께서 아름답게 창조하시고 보실 때 정말 좋았다고 하셨던 이 땅을 사람들이 잘 다스려서 잘 가꾸고 보존하기를 바라셨습니다. 물론 하나님이 해를 비춰 주시고 비를 내려 주셔야 하며, 동물들도 각자가 역할이 있고 자연 스스로도 하는 일이 있지만 사람들이 땅을 잘 다스려 환경을 보호해야 할 책임이 있음을 잊어서는 안 됩니다.

※ 그런데 앞에서 우리가 찾아본 것처럼 이 땅에는 아름답지 못한 것들도 있습니다. 가장 아름답지 못한 자연환경은 어떤 것들이 있나요?(사진 찍어 온 것들을 다시 보면서)

3) 왜 이 땅은 이렇게 더러워지고 아름답지 못한 것들이 많아졌을까요? 가장 중요한 이유는 무엇일까요?

① 시간이 지나면서 자연히 낡아지고 더러워졌다.

② 아담과 하와가 선악과를 따먹었기 때문이다.

③ 사람들이 너무 많아져서 어쩔 수 없이 더러워졌다.

④ 기상이변이 생겼기 때문이다.

- 창세기 3장 17-18절을 읽어 봅시다.

  아담에게 이르시되 네가 네 아내의 말을 듣고 내가 네게 먹지 말라 한 나무의 열매를 먹었은즉 땅은 너로 말미암아 저주를 받고 너는 네 평생에 수고하여야 그 소산을 먹으리라 땅이 네게 가시덤불과 엉겅퀴를 낼 것이라 네가 먹을 것은 밭의 채소인즉(창 3:17-18).

하나님께서 처음 창조하신 이 땅은 가장 아름답고 완전한 곳이었습니다. 그러나 아담과 하와가 범죄한 뒤에 인간은 타락했습니다. 그리고 그 결과, 땅과 자연도 같이 하나님의 저주 아래 타락하고 더러워지게 되었습니다.

4) 이 땅은 점점 더 타락하고 환경은 점점 더 오염되고 있습니다. 사람들이 더 살지 못할 정도로 환경이 오염되고 있는 이유는 무엇일까요?

① 오래된 물건이 더러워지듯 자연히 지구도 오래되어 오염된 것이다.
② 아담과 하와 때문에 받은 하나님의 벌이 심해지고 있기 때문이다.
③ 사람들이 점점 많아지기 때문이다.
④ 타락한 사람들의 욕심과 이기적인 마음 때문이다.

현재 지구는 사막화, 오존층 파괴, 기상이변 등의 문제를 안고 있고, 인간의 탐욕으로 인해 자연환경이 무분별하게 파손되어 동식물의 생존에 많은 위협을 주고 있습니다. 그리고 여전히 하나님과 이웃을 사랑하지 않고 타락한 본성대로 사는 사람들이 많아서 환경을 파괴하는 생활을 계속 합니다. 그 결과는 참혹한 환경파괴 재앙으로 나타나고 있습니다.

[구원되는 이 땅]

사람들의 노력으로 다시 점점 좋아지고 아름다워진 것들도 이미 찾아봤습니다(이 부분에 관한 사진을 다시 보여 주고 진행한다).

5) 이 땅이 다시 처음 하나님께서 창조하신 것처럼 아름다워질 수 있을까요?

① 100퍼센트 하나님이 처음 창조한 것처럼 아름다워질 수 있다.

② 자연환경은 점점 더 안 좋아질 수밖에 없다.

③ 열심히 노력하면 완전하지는 않지만 하나님이 창조하신 아름다운 자연을 회복할 수 있다.

④ 사람들이 현재와 같이 많으면, 결국 동물과 식물은 더 안 좋아질 수밖에 없다.

- 골로새서 1장 20절을 읽어 봅시다.

  그의 십자가의 피로 화평을 이루사 만물 곧 땅에 있는 것들이나 하늘에 있는 것들이 그로 말미암아 자기와 화목하게 되기를 기뻐하심이라(골 1:20 / 롬 8:19-23 참고).

아담의 범죄 이후에 타락하고 죽을 수밖에 없던 사람들도 우리가 열심히 전도하면 예수님을 믿고 구원을 얻으며 의로운 사람들이 되듯이, 타락하고 저주받은 땅도 우리가 열심히 노력하면 하나님의 처음 창조하신 아름다운 땅으로 변화되어 갈 것입니다. 우리 때문에 더러워지고 오염된 자연을 이제부터 잘 가꾸고 다스리면 얼마든지 좋아질 수 있습니다. 그러나 이 땅에서 모든 사람이 구원받고 완전히 의로워지지 않듯이 자연도 완전히 회복될 수는 없을 것입니다.

   6) 어떻게 이 땅을 다시 아름답게 만들 수 있을까요? 누가 책임을 지고 이 일을 해야 할까요?

   ① 과학이 발달하면 자연이 보호될 것이다.
   ② 사람들이 간섭하지 않으면 자연의 힘으로 스스로 좋아질 것이다.
   ③ 사람들이 열심히 환경을 보호하고 잘 다스리면 좋아질 것이다.
   ④ 어느 날 갑자기 하나님께서 환경을 좋게 해 주실 것이다.

예수님이 십자가에서 피 흘리고 죽어 주심으로 우리를 구원해 주실 뿐 아니라, 타락의 결과로 하나님과의 관계가 깨진 것들을 회복시키십니다. 이처럼 예수님의 구속은 자연 속에 깨지고 어그러진 모든 것을 창조의 아름다운 모습으로 바꾸시고 조화로운 모습으로 회복하실 것입니다. 그것은 예수님이 하신 일이고 또한 예수님은 이 일을 우리 그리스도인에게 하라고 말씀하셨습니다. 그래서 예수님의 일을 이어받은 우리는 복음을 전할 뿐 아니라 세상의 모든 더러워진 것을 아름답게 변화시키고 회복시켜야 합니다.

3. 토론식 기독교 환경 교육

* 이제까지 공부한 것을 기초로 토론을 함으로써 생각을 정리하게 합니다. 먼저 환경에 대한 기독교적인 입장과 비기독교적인 환경 이론을 비교할 수 있도록 설명하고, 그것으로 토론을 유도합니다 (아래의 세 가지 입장에 대한 차이를 학생들이 먼저 설명해 보도록 할 수도 있습니다).

– 환경 개발론자

– 환경 보호론자

– 환경을 다스리는 자

● 환경 개발론자: 인간이 주인이 되어 인간을 위해 마음대로 자연 환경을 이용(파괴)하고 동식물에 해를 가할 수 있다. 인간만 중요하게 생각하는 측면이 있다.

● 환경 보호론자: 환경을 보호하는 것은 좋은 것이지만 지나치면 자연 자체가 절대시되고 우상화되는 경향이 있다. 자연 그 자체가 숭고하고 그것이 절대가치가 되어서 자연을 숭배하고 사람이 자연을 위해 희생하는 경향이 나타날 수도 있다.

● 환경을 다스리는 자(자연을 다스리는 그리스도인): 자연에 대해 주인의식이 아니라 청지기의식을 갖고 하나님께서 창조하신 자연

을 소중하게 생각하고 사랑한다. 그러나 그 자연환경을 하나님이 인간을 위해 주셨다는 것으로 생각하고, 자연을 사람들을 위해 개발하고 사용하는 것을 두려워하지 않는다. 그러나 자연에 대해 책임감을 갖고 환경을 보호하며 사람과 자연이 조화롭게 살도록 다스린다.

〈토론하기〉

댐을 건설하면 많은 동식물이 죽을 수밖에 없고 환경이 파괴된다는 주장과, 댐이 건설되지 않으면 홍수가 나서 많은 사람이 피해를 볼 수밖에 없고 또 여러 다른 문제가 있기 때문에 댐을 건설하는 것이 좋다는 생각이 있습니다. 기독교적으로 어떤 것이 더 올바른 주장일까요?

- 댐을 건설하는 것이 옳을까요?
- 댐을 건설하지 않는 것이 좋을까요?

→ 두 팀으로 나눠서 토론을 진행하는 방법도 있음, 둘 다 가능하지만 개발론이나 지나친 환경보호 쪽으로 빠지지 않도록 유도, 자연친화적인 댐 건설 등의 대안도 있음.

4. 실생활에 적용하기

* 환경을 보호하고 잘 다스리기 위해 우리가 할 수 있는 것은 무엇

일까요?(먼저 학생들에게 아래의 주제에 관해 말하도록 합니다. 그 후에 대답들이 나오면 구체적으로 그것을 실천할 수 있는 방법을 같이 기록해 봅니다.)

- 자신이 환경보호를 위해 가장 열심히 해야 하는 부분은 무엇입니까?
- 물을 아끼고 보호하기 위해 할 수 있는 일에는 어떤 것이 있습니까?
- 에너지를 절약하기 위해 할 수 있는 일은 어떤 것일까요?
- 음식을 먹는 생활 중에서 실천할 수 있는 일에는 어떤 것이 있을까요?

5. 실천을 다짐하고 결단하기

위에서 찾아본 방법 중에 각자가 실천할 수 있는 것 몇 개를 정해서 쓰게 하고 그것을 사람들 앞에서 발표하게 합니다. 그리고 꼭 지키겠다는 결심을 하게 합니다.

그것을 잘 실천해서 하나님이 창조하신, 아름다운 이 땅을 회복하는 사람들이 되게 해 달라고 같이 기도합니다.

"아주 좋은 프로그램인 것 같습니다. 그런데 한 가지 질문이 있는데요. 오늘 공부한 것이 매년 반복되는 것인가요? 아니면 매년 달라지나요? 오늘 공부하는 것은 아주 근본적이고 기초적인 것 같은데 이것을 어떻게 운영하는지 궁금합니다."

"사실 저희도 그 부분이 늘 고민입니다. 저희가 교실 수업은 3년 단위로 교과 학습을 하는데, 이것이 기본적인 것이라고 해서 그대로 반복할 수는 없으니까요. 그런데 매년 다른 것을 하면, 새로 오는 아이들이 기본적이고 기초적인 것을 못 배우는 경우가 생깁니다. 그래서 환경과 관련된 교실 수업은 1년에 한 번 하는데, 기본적인 교과를 반복하되 그 형식과 강조점을 바꾸는 식으로 하고 있어요. 다음 해에는 성경을 더 깊이 공부하는 식으로 기독교 환경교육에 접근하고, 또 다른 해에는 실제적인 환경보호 활동을 구체적으로 살펴보면서 오늘 교육한 내용에 접근하는 거지요. 그리고 매년 하면서 선생님들이 좋은 아이디어를 내놓기 때문에 점점 더 좋은 프로그램이 생겨나고 있어요. 또 그것을 잘 정리해 두기 때문에 시간이 지날수록 좋은 교과 과정이 만들어집니다."

"네, 잘 알겠습니다. 주신 자료를 보니 이번 달 3주 동안은 여러 곳을 다니시는 것으로 되어 있군요. 굉장히 힘드실 것 같아요."

"사실 일반 주일학교에 비해 행사가 많고 밖으로 나가는 경우가 많아서 힘들기도 하지만 저희 선생님들이 이 주말학교 사역을 자신의 삶의 소명으로 알고 사명감으로 하기 때문에 기쁜 마음으로 하고 있습니다. 이번 해에는 다음 주부터 3주간 기독교환경운동연합을 방문해서 '생명밥상 빈 그릇 운동 서약식' 등의 프로그램을 합니다. 그다음 주에는 환경보호와 관련된 사진전이 마침 개최되어 그곳을 견학합니다. 마지막 주에는 환경보호 체험으로 나무 심기와 쓰레기 치우기 행사를 합니다."

리포밍 처치

"그런 탐방이나 외부 행사를 진행하면 성경 공부는 어떻게 하나요?"

"가끔 성경 공부를 못 하게 되는 경우도 있지만 가능하면 성경 공부 시간은 빠지지 않고 하려 합니다. 앞에서 말씀드린 이번 달 순서는 교회에 모여 1부 성경 공부를 하고 난 뒤에 같이 이동하게 되지요."

"부장선생님, 자세한 말씀 정말 감사드립니다. 바쁘실 텐데 저는 이만 가 보겠습니다."

"저도 만나 뵈서 반가웠습니다. 중등부실로 가실 거죠? 제가 안내해 드릴게요."

2. 주말교회기독교학교(중등부) 프로그램

김 전도사는 초등부 교실에서 1부 성경 공부가 끝나고 2부 시간이 준비되고 있는 것을 보면서 중등부실로 자리를 옮겼다. 초등부 부장선생님의 소개로 중등부 부장선생님과 인사하고 중등부 교육에 대해 얘기를 시작했다. 인사를 마치자마자 김 전도사가 먼저 말했다.

"부장선생님, 본격적으로 중등부 교육에 대해 배우기 전에 한 가지 여쭤 보고 싶은 것이 있는데요. 부장선생님이나 주말학교 교사로 섬기시는 분들은 주로 어떤 분이신가요? 그리고 혹시 전문적인 교사라면 보수도 받으시는지요?"

"유초등부와 중고등부에서 교사로 수고하시는 분들은 모두 무보수로 봉사하고 계세요. 저는 일반학교 교사고요. 여기서 교사로 수고하시는 분들 중에는 현직 일반학교 교사 분들도 있고 교사가 아닌 분들도 있지요. 그러나 대부분은 교육 영역 셀들, 즉 교사 셀, 교회학교 셀 등에 속한 분들이에요. 일반학교 교사가 아니라도 기독교교육에 소명의식이 있고 교육 영역에서 주권선교사로 임명된 분들입니다. 기독교교육에 늘 관심을 갖고 더 좋은 기독교교육을 위해 고민하고 연구하시는 분들이지요. 그래서 실상은 주말에만 교사로서 섬기는 것이 아니라 평소에도 주말학교를 위해 같이 모여 연구하고 고민하며 준비하는 시간이 많아요. 전체적인 커리큘럼을 만드는 것, 교육방향을 정하는 것, 좋은 프로그램을 개발하는 것 등의 많은 노력을 하고 있어요. 사실 제가 일반학교 교사이지만 일반학교에서 가르치는 것 이상으로 주말학교에 많은 시간과 힘을 쏟고 있거든요. 왜냐하면 일반학교에서는 교사가 정해진 교과를 가르치면 되지만 주말학교는 우리 선생님이 교과를 만들기도 해야 하기 때문이지요.

한 가지 더 말씀드리고 싶은 것은, 저희 교회에는 정식 교회학교 교사는 아니지만 대학생들이나 청년들, 학부모들이 수업을 돕고 참여하는 부분이 많아요. 필요에 따라서는 수시로 목사님을 비롯한 교역자들의 도움을 받고요. 우리 교회가 교육을 중시하는 만큼 전 교회적으로 이 주말학교를 돕고 지원하고 있다고 할 수 있지요."

중등부 부장선생님은 1년 간의 중등부 교육 프로그램 표를 주면서 다시 말을 시작했다.

주말교회기독교학교(중등) 프로그램				
월	주제	프로그램	비고	
1	[독서] 신앙과 학문 진화와 창조 친구 관계	독서토론 신앙과 학문 관련 책	*신앙적으로 공부해야 할 이유와 학문과 신앙 의 일치에 관한 공부	매 주제별 수업 시작 전에 교실수 업(이론)을 하는 것을 전제로 한 다.
2		독서토론 과학 관련 책	*진화론, 포스트모더 니즘 등 교과서 중 교 정되어야 할 것들을 돌 아가면서 교육	
3		독서토론 친구, 이웃 관련 책	*성경이 말하는 이웃 사랑의 의미와 방법을 교육하는 것으로 전도 방법 및 친구와 좋은 관계를 맺는 법 등을 교육	초신자는 따로 교 육기간을 갖도록 한다.
4	[연극] 장애인 부모 환경	연극 대본 연구	*연극 대본은 기독교 세계관적인 것으로 장 애인, 부모 또는 환경 과 관련된 것을 정한 다.	1년 단위로 상황 에 맞는 적절한 교육 계획과 프로 그램을 짜는 것으 로 한다(주제가 해당 년에 빠질 경우 다음 해에 하는 것으로 할 수 있다. 한 해 동 안 꼭 모든 주제 를 할 필요는 없 다).
5		본격 연극 연습	*단순히 연극하는 것 에만 치우치지 않게 기 독교교육적 효과에 초 점을 맞춰 진행한다.	
6		발표 준비 및 마지막 주 발표		

7	[봉사] 안식 헌신 정치	긴급구조 교육, 장애인 도우미 교육	*심폐소생술, 수상안전, 장애인도우미 교육 등	주제는 대체로 고정하는 것으로 하고 프로그램과 교육 방법은 1년 계획(커리)을 세울 때 적절히 배치한다.
8		수련회(캠프) 참석, 구제기관 봉사, 해외봉사선교	*다른 활동이 없는 토요일에는 봉사활동을 한다.	
9		구제기관 봉사&장애인, 복지정책 공부 및 대안 찾기	*행정기관 방문 등을 통해 장애인 정책 등을 배울 수 있게 한다.	
10	[뮤지컬] 미디어 돈 구제 대강절	뮤지컬 대본 공부와 배역 연구 등을 통해 작품이 지니고 있는 기독교 세계관 교육	*대본은 기독교 세계관 교육이 가능한 것으로 정하고 최대한 그 부분을 살려 대본을 각색한다. 악기를 활용하거나 합창과 독창 등을 섞어서 할 수 있다. 음악공부도 되도록 발성, 악보 등도 교육한다.	1년 계획에 따라 기간 등을 적절히 조절한다(꼭 3개월씩 순환할 필요는 없다).
11		본격적인 연습		
12		발표 준비 및 발표		

저희 중등부 교육은 유초등부 교육과 연결되어 있다고 할 수 있어요. 유초등부 교육 목표 및 주제와 거의 같습니다. 그런데 차이점이 있다면 유초등부 교육에서는 교육 주제를 기본으로 해서 여러 프로그램을 시행한다면, 중고등부에서는 교육 프로그램의 형태를 기본으로 해서 교육 주제를 적용한다는 것입니다. 즉 유초등부에서는 '환경'이라는 주제를 어떤 프로그램을 통해 교육할 것인가를 고민한 후 체험활동이나 영화관람 등의 프로그램을 선정하는 반면, 중고등부에서는 독서토론반, 미디어반, 봉사활동반 등의 프로그램 반이 먼저 정해져 있는 상태에서 각 주제를 선정하고 교육합니다.

고등부는 그 반이 학생들의 선택에 따라서 처음부터 나뉘져 있는 반면, 중등부는 분기별로 돌아가면서 모든 학생이 모든 프로그램에 함께

리포밍 처치

참여합니다. 나중에 고등부 교육을 보시면 더 잘 아시겠지만 고등부에서는 학생들의 취미와 특성에 따라서 자신이 반을 정합니다. 독서를 좋아하는 학생은 독서토론반, 음악이나 연극 등을 좋아하는 학생은 예술반, 실제 체험하고 봉사하는 것을 좋아하는 학생은 봉사활동반에 들어갑니다. 그래서 자신의 특기를 더 계발하고 살려서 그런 방식으로 기독교교육의 교육 주제를 배우게 되는 것이지요. 중등부에서는 그 중간 단계로 학생들이 모든 프로그램 반을 체험하면서 각자의 특성을 찾아가고 또 다방면으로 기본적인 소양을 배양하는 시간이라고 할 수 있습니다.

제가 보여 드린 표는 우리 중등부가 기본적으로 어떻게 1년간 교육을 해 나갈지 지난 연말에 세운 계획표입니다. 교육 주제가 각 프로그램 앞에 표시되어 있습니다. 즉 연극을 하거나 책을 읽을 때 그런 주제들을 담아서 하겠다는 것이고 또 나아가서는 우리가 기독교교육의 중요한 주제를 모두 골고루 잘 다루기 위함입니다. 저희가 유초등부 교육과 달리 중고등부에서 이런 방식으로 교육을 전환한 것은 학생들이 보다 흥미를 갖고 적극적으로 참여하도록 하기 위한 것입니다. 그런데 자칫 학생들이 하고 싶어 하는 것들을 따라가다 보면 교육적인 목표가 희미해질 수 있습니다. 그래서 그것을 방지하기 위해 각 프로그램을 시행할 때 그 교육 목표가 무엇인지 그 프로그램을 통해 어떤 교육적인 효과를 얻을 수 있는지를 꼼꼼히 챙겨 보고 그 교육 주제를 분명히 하고자 합니다.

사실 교육 프로그램의 표에서 나타나는 토요일 교육 시간 외에 교사들이 해야 하는 일들은 많습니다. 교육 목표와 효과를 예측하고 또 그것이 분명히 나타나도록 노력하며, 교육이 끝난 뒤에는 교육 성과를 측정하고 평가하는 부분에 많은 힘을 쏟고 있습니다. 사실 자칫 잘못하면 흥미 위주로만 될 수 있기 때문이지요.

그리고 표에는 자세히 기록되어 있지 않지만, 프로그램을 진행하기 전에 이 프로그램의 의미를 분명히 학생들이 알 수 있도록 교실에서 주제와 관련된 기독교 세계관 등의 이론 수업을 합니다. 예를 들어 학생들이 뮤지컬을 한다고 할 때도 그 뮤지컬을 통해 배워야 할 기독교교육 목표와 의미를 분명히 알고 하도록 하는 것이지요. 그리고 대본을 선정하거나 대사를 만들 때, 기독교적인 시각과 기독교적인 세계관이 반영되고 적용되도록 신경을 쓰고 노력합니다."

표를 보면서 설명을 듣고 있던 김 전도사가 질문했다.

"중등부도 유초등부와 같이 시작할 때 성경 공부 시간이 따로 있나요? 그리고 새로 온 사람들의 교육은 어떻게 하나요? 소빛교회 유초등부를 다니지 않았거나 처음 교회에 온 학생들에게 이런 프로그램을 바로 적용하는 것은 무리가 있을 것 같은데요."

"예, 그렇지요. 처음 온 친구들에게 아무런 사전 교육 없이 바로 뮤지컬을 하거나 봉사를 하게 하는 것은 교육적으로 문제가 있을 수 있습니다. 그래서 저희는 처음 오거나 기초적인 기독교교육이 필요한 친구들을 위해 따로 신입반을 운영합니다. 그러나 신입반을 마치고 본 반에 들어가는 형식이 아니라 본 수업은 같이 하고 수업 전이나 후에 따로 시간을 정해 신입 학생이 알아야 할 것들을 집중적으로 교육합니다.

그리고 중고등부에서도 1부는 성경 공부, 2부는 프로그램 형식으로 운영합니다. 성경을 공부하는 시간과 학교에서 배운 것들을 되짚어서 교정하고 보완하는 시간 그리고 서로를 위해 기도하는 시간으로 구성됩니다. 이 시간이 중고등부에서 더 중요합니다. 그래서 각 반 선생님들이 심혈을 기울여 이 시간에 최선을 다하고 있습니다. 중고등학생 때 여러 고민도 많고 질문도 많고 또 여러 부분에서 상담이 필요한 경우가 많기 때문에 선생님들이 학생들 하나하나를 세밀하게 보고 돌봅니다. 정말 소명의식과 사명감이 있어야 할 수 있는 일이지요. 다른 프로그램들보다 우리 선생님들이 아이들과 깊은 관계를 맺고 그들을 도와주는 것이 우리 학교의 특징이자 자랑입니다. 제 생각에는 교육 과정이나 프로그램도 중요하지만 그보다 더 중요한 것은 교사와 학생이 인격적으로 친해지고 아이들이 교사의 삶과 마음을 보고 배우는 것이라고 생각하는데 우리 선생님들이 정말 잘해 주고 계십니다."

"말씀을 들으니까 여기 계시는 선생님들은 어떤 의미에서는 아이들을 대상으로 목회를 하고 있는 것 같다는 생각이 드는군요."

"예, 그렇다고 할 수 있습니다. 교사와 목회자가 물론 같지 않겠지요. 그러나 목회자들이 소명의식과 사명감을 지니는 것처럼 저희들도 아이들을 돌보고 교육하는 데 소명의식과 사명감을 갖고 하려 노력하고 있어요. 결국 학생들을 하나님의 일꾼으로 양육한다는 것에서는 목회자의 역할을 일부 하고 있는 것이지요."

중등부 선생님이 시계를 보면서 교안을 찾아와 그중에서 몇 부분을 보여 주었다.

"제가 고등부 부장선생님을 잠시 만나고 와야 하는데 그동안 저희 중등부에서 오늘 하는 교안(기독교 이웃 교육-장애인)을 잠시 보고 계시면 좋겠습니다. 저희 중등부에서는 앞으로 3개월 동안 봉사에 대해 배웁니다. 특히 이번에는 장애인들을 만나고 봉사하는 활동이 많아서 오늘은 이론 교육으로 이웃 사랑과 구제 그리고 장애인에 대한 교육을 하게 됩니다. 한번 보시죠!"

주말교회기독교학교 중등부 교재

- 기독교 이웃 교육: 이웃 사랑, 구제, 장애인 교실 교육(교사용) -

공부를 시작하기 전에 남자와 여자 등으로 팀을 정해서 참여를 이끌 수 있도록 한다.

* 준비물
칠판 or 큰 종이, 관련 비디오 시청기기, 장애인 이해와 돕기 자료

[도입 – 이웃 사랑의 의미]

① 성경에서 가장 중요한 말씀은 무엇일까요?(돌아가면서 모두 말하게 한다.)

→ 성경에서 가장 중요한 말씀은 하나님 사랑과 이웃 사랑이다. 이것은 결국 같은 말이기도 하다. 우리 그리스도인에게 가장 우

리포밍 처치

선되고 중요한 것은 '이웃을 사랑하는 것'이다.

- 마태복음 22장 37-40절을 읽어 봅시다.

  예수께서 이르시되 네 마음을 다하고 목숨을 다하고 뜻을 다
  하여 주 너의 하나님을 사랑하라 하셨으니 이것이 크고 첫째
  되는 계명이요 둘째도 그와 같으니 네 이웃을 네 자신과 같이
  사랑하라 하셨으니 이 두 계명이 온 율법과 선지자의 강령이
  니라(마 22:37-40).

신앙생활은 성경을 읽고 배우며 하나님께 예배하는 것에서 머무
는 것이 아니라 그 예배를 받으실 분의 말씀대로 살아가는 것이라
고 할 수 있습니다. 이런 의미에서 '이웃 사랑의 실천'은 우리 신앙의
아주 중요한 한 축이라고 할 수 있습니다. 그리고 그 사랑은 영혼 구
원뿐만 아니라 그의 고통과 슬픔을 돌아보는 것도 꼭 필요합니다(약
2:15-18).

② 그렇다면 '예수님이 사랑하라고 하신 이웃'이란 누구일까요?(이
  웃에 해당하는 사람 말하기-팀을 나눠서)

→ 이웃집 사람, 학교의 짝을 비롯한 친구뿐만 아니라 고난당하
  고 우리의 도움이 필요한 사람이 우리가 사랑해야 할 이웃이다.
  누가복음 10장 27-37절에 나오는 '선한 이웃 비유'를 읽고 설명

한다.

예수님께서는 '내 이웃이 누구입니까?'라는 질문에 대해 우리의 도움이 필요한 자에게 이웃이 되어 주어야 한다고 말씀하셨습니다. '누가 나의 선한 이웃인가?'가 아니라 '내가 누구의 선한 이웃이 되어야 하는가?' 하는 것이 그리스도인의 질문입니다. 그리스도인은 누군가의 이웃이 되어 주어야 할 의무가 있습니다. 그리고 우리를 필요로 하는 자들이 우리 이웃의 대상에서 가장 우선순위를 차지하고 있습니다.

③ 이웃 사랑이란 무엇일까요? 이웃을 사랑하는 방법에는 어떤 것이 있을까요?(팀별로 기록하거나 차례로 말하기 시합을 한다.)

→ 구제: 먹을 것을 주는 것, 몸이 불편한 친구를 도와주는 것
친구: 친구가 되어 주는 것(왕따 삭개오에게 예수님께서 친구가 되신 것처럼), 복음을 전하는 것
화해시키는 것(peace maker): 싸운 친구들을 화해시키고, 왕따 친구도 같이 어울릴 수 있게 하는 것

[이웃 사랑의 방법]

이웃을 사랑하는 것은 하나님의 말씀을 실천하는 것이고 하나님을 예배하는 것입니다. 교회에서 예배 시간에 하나님을 찬양하고 하나님 말씀을 듣는 것만이 하나님을 섬기는 것이 아니라 하나님의 명령을 따라 이웃을 잘 사랑하는 것이 하나님을 섬기고 예배하는 것이라고 할 수 있습니다. 자, 그럼 어떻게 우리가 이웃을 사랑할 수 있을지 알아봅시다.

1) 가난한 사람 돕기

① 왜 우리가 가난한 사람을 도와야 할까요? 예수님이 가난한 사람들과 함께했던 성경 기록에는 어떤 것이 있을까요?

→ 마구간에서 태어나심, 목수로 일하심, 가난한 어부들을 제자로 부르심, 가난한 사람들과 함께하시며 그들을 도우심.

② 우리가 알고 있는 가난한 사람 말하기(or 종이에 써서 제출)

→ 주변 이웃이나 친구뿐만 아니라 가난한 나라의 아이들 그리고 수재민 등 학생들이 보고 들은 것을 모두 나눌 수 있도록 유도.

③ 가난한 사람을 돕는 기관에는 어떤 것이 있나요?

→ 양로원, 고아원, 무료 배식 기관, 무료 진료 병원, 복지단체, 제3
  세계 선교사, 교회 등(구체적인 단체명을 알려 주는 것도 필요)

④ 우리가 할 수 있는 구제의 방법에는 무엇이 있을까요?

→ 구제기관에 기금을 내는 것, 양로원 방문, 지하철 등에서 구걸
  하는 분들 돕기 등.

2) 장애인 돕기

① 예수님은 장애인을 많이 도와주셨습니다. 예수님이 장애인을
  도와준 예에는 어떤 것들이 있을까요?

→ 성경(마태복음 한정)에서 예수님이 병자를 고친 기사들을 찾는
  시합을 할 수도 있음.

• 누가복음 7장 22절, 마태복음 4장 23절을 읽어 봅시다.
  예수께서 대답하여 이르시되 너희가 가서 보고 들은 것을 요
  한에게 알리되 맹인이 보며 못 걷는 사람이 걸으며 나병환자
  가 깨끗함을 받으며 귀먹은 사람이 들으며 죽은 자가 살아나
  며 가난한 자에게 복음이 전파된다 하라(눅 7:22).
  예수께서 온 갈릴리에 두루 다니사 그들의 회당에서 가르치시

며 천국 복음을 전파하시며 백성 중의 모든 병과 모든 약한 것을 고치시니(마 4:23).

② 보통의 사람은 예수님처럼 장애인을 낫게 할 수 없습니다. 그렇다면 우리는 아무것도 할 수 없나요? 장애인을 어떻게 하면 도울 수 있을까요?

→ 의사가 되어서 고쳐 줄 수도 있고 병원에 데려가서 병을 낫게 할 수도 있음, 아프리카의 죽어 가는 아이들을 우리 하루 용돈으로 살릴 수도 있음, 기도할 수 있음 등.

우리는 예수님과 같은 능력으로 장애인을 낫게 하거나 오병이어의 이적으로 굶주린 사람들을 먹일 수 없을지 모릅니다. 그러나 우리가 가진 것들을 통해서도 얼마든지 장애인들을 도울 수 있고, 주린 자들을 먹일 수 있습니다. '고치는 사역'은 특별한 능력이 있는 사람에게만 부여된 사명이 아니라 모든 사람이 할 수 있고 해야 하는 사역입니다.

③ 어떤 사람들이 장애인일까요?

→ 장애의 종류를 말하게 한 후 우리 모두가 장애인일 수 있음을 알게 해서 차별하지 않도록 유도함.

신체적인 장애뿐 아니라 정신적인 장애도 있다. 큰 장애가 아니라도 신체적으로나 정신적으로 작은 장애가 있는 것도 장애라고 할 수 있다. 우리도 모두 조금씩 장애가 있다. 앞으로 장애가 생길 수 있다. 나이가 많아지면 자연히 장애가 생긴다.

④ 앞에서 열거된 장애인을 돕는 방법을 찾아보세요.

→ 시각장애인을 만나면 안내해 줄 수 있고 책을 읽어 줄 수 있음, 수화를 배워서 청각장애인의 친구가 되어 줄 수 있음, 지체 장애인의 짐을 들어 줄 수 있음, 심부름을 해 줄 수 있음, 정신 지체로 친구 없는 사람의 친구가 되어 줄 수 있음 등.

3) 좋은 친구 되기

① 가장 좋아하는 친구는 누구이며, 그 친구가 왜 좋은지 말해 봅시다. 또 가장 싫어하는 친구는 누구이며, 왜 싫은지 말해 봅시다. 나는 친구들 사이에서 좋은 친구일까요?
② 예수님은 우리에게 어떤 친구일까요? 내가 예수님처럼 좋은 친구가 되려면, 어떤 부분을 위해 노력해야 할까요?

→ 우리의 기도(얘기)를 잘 들어주신다. 그리고 우리에게 필요한 것을 주신다. 또 우리를 위해 목숨까지도 내어 주신다(희생). 우

리를 깊이 사랑하신다.

- 시편 133편 1절, 요한일서 4장 12절을 읽어 봅시다.
  보라 형제가 연합하여 동거함이 어찌 그리 선하고 아름다운고
  (시 133:1).
  어느 때나 하나님을 본 사람이 없으되 만일 우리가 서로 사랑
  하면 하나님이 우리 안에 거하시고 그의 사랑이 우리 안에 온
  전히 이루어지느니라(요일 4:12).

③ 예수님은 하나님과 우리 사이를 화목하게 하셨고 사람들 사이
  도 좋아지게 하셨습니다. 예수님을 닮아가는 우리도 예수님과
  같이 주변에서 화목하지 못한 사람들을 화목하게 해야 할 임무
  가 있습니다. 주변에 화해가 필요한 경우가 있습니까? 그렇다면
  어떻게 도울 수 있을까요?

→ 예수님을 닮아 가는 우리는, 싸워서 서로 미워하고 있는 친구
  들과 싸우려고 하는 친구들이 있을 때 적극적으로 화해시키고
  그들이 싸우지 않게 말리는 역할을 해야 한다.

- 골로새서 1장 20절을 읽어 봅시다.
  그의 십자가의 피로 화평을 이루사 만물 곧 땅에 있는 것들이
  나 하늘에 있는 것들이 그로 말미암아 자기와 화목하게 되기

를 기뻐하심이라(골 1:20).

④ 예수님을 믿지 않는 친구에게 우리가 도와주어야 할 가장 중요
한 것은 그 친구도 예수님을 믿고 구원을 얻게 하는 것입니다.
우리가 어떻게 그 친구를 전도할 수 있을지 말해 봅시다.

→ 교회로 초대한다, 성경책을 선물한다, 예수님과 하나님에 대해
자주 말한다, 친구가 예수님을 믿게 해 달라고 기도한다 등.

[실천하기]

4) 전도 편지 쓰기, 화해 편지 쓰기

→ 믿지 않는 친구에게 예수님을 소개한 편지를 써 보게 하고 발
송하는 것
→ 싸운 친구가 있을 때 먼저 화해의 편지를 써 보게 하고 발송하
는 것

5) 장애 체험 프로그램

시각장애, 청각장애, 지체장애, 학습장애

→ 장애 환경을 조성해서 실제 장애인들의 불편과 아픔을 생각해 보는 시간입니다. 장애 체험 요령에 대한 첨부자료를 참고하고, 각 장애 체험이 끝난 후에는 바로 소감을 말하게 하는 것이 좋습니다. 즉 방금 한 것은 어떤 체험이었고, 그 장애 체험을 하면서 힘들었던 점이라든가 '그 사람들이 느낌이나 기분이 어떻겠구나!' 하는 것을 말해 보게끔 합니다. 이때는 인솔자의 정확한 피드백이 필요합니다.

6) 장애인을 돕는 방법 배우기

지체장애인 돕기
1. 호칭
2. 출입문과 엘리베이터에서
3. 계단과 턱에서
4. 휠체어를 다룰 때
5. 넘어졌을 때
6. 만날 장소를 정할 때
7. 대중음식점에서
8. 교통편
9. 개인 물건을 다룰 때
10. 뇌성마비 장애인

→ 첨부자료를 이용해서 장애인을 돕는 법을 가르치고 실제로 시범을 보이거나 실습하게 해서 장애인을 도울 수 있는 구체적인 방법을 익힙니다.

7) 제3세계 이웃에 대한 비디오 보기

→ 비디오를 같이 보면서 도움이 필요한 사람들에 대한 이해와 구제의 필요를 각성시킬 수 있습니다. 첨부자료와 사무실에 있는 비디오 자료를 이용하거나 인터넷 자료를 사용하시면 됩니다. 비디오 시청 후, 감상을 서로 나누는 시간을 갖습니다.

[개인 실천사항 점검]

- 내 주변에 도움이 필요한 사람은 누구입니까? 어떤 도움이 필요합니까?
- 나는 그 사람들을 어떻게 도울 수 있습니까?
- 내가 구체적으로 실천할 수 있는 것은 무엇입니까? 이를 어떻게 돕겠습니까?

→ 위의 질문을 노트에 기록한 후 나와서 한 사람씩 발표하게 한다. 결단한 내용을 두고 같이 기도하며 마무리한다.

김 전도사가 유인물을 다 읽었을 때쯤, 중등부 부장선생님이 돌아왔다.

"좀 읽어 보셨어요. 제가 고등부 부장선생님을 만났는데요. 지금 봉사활동 가는 학생들을 인솔해서 나가야 하신다면서 저에게 고등부 소개도 같이 해 달라고 부탁하셨어요. 사실 중등부와 고등부가 나눠져 있지만 선생님들은 많은 부분에서 서로 같이 모여서 연구하고 일할 때가 자주 있거든요. 그리고 중등부와 고등부 프로그램도 여러 부분에서 연관된 것들이 많기 때문에 제가 설명해 드려도 별로 문제가 없을 거예요. 고등부 부장선생님께서 자료들을 저에게 주셨거든요. 먼저 제 설명을 들으신 후에 고등부 교실에 가서서 실제로 하고 있는 것들을 보시면 될 거 같아요. 그래도 괜찮으시겠어요?"

"예, 물론 좋습니다. 특별히 고등부 교육에 대해 궁금한 것이 있으면 다음에 만나 뵙고 여쭈어 보겠습니다. 그런데 선생님께서 주신 유인물을 쭉 보았는데요, 한 가지 질문하고 싶은 것이 있어요. 오늘 중등부 프로그램은 정말 장애인에 대해서나 또 이웃에 대한 태도와 마음가짐을 배우는 데 중요한 것이라는 생각이 들었어요. 저도 많이 배웠고요. 그런데 1년 계획표에 보면 전반적으로 연극이나 뮤지컬과 같은 프로그램이 많은 것 같아요. 제 짧은 생각으로는 오늘 하는 것과 같은 교실 공부가 더 유익할 것 같다는 생각이 드는데 어떻게 생각하세요?"

"그렇게 생각하실 수 있어요. 저희 중등부 교과에는 연극이나 뮤지컬 또 이번 해에는 빠졌지만 단편영화 만들기, 다큐멘터리 제작 등의 프로그램이 많아요. 이것은 두 가지로 설명할 수 있어요. 첫째는 아이들이 교실 수업보다 영화나 연극 뮤지컬 등을 좋아한다는 것이고요. 설명을 들으셨겠지만, 주말교회기독교학교 특성상 학생들이 흥미를 느끼고 또 즐길 수 있는 교육 방식이 필요한 거지요. 학생들이 즐거워하고 적극적으로 참여하는 것은 주말학교의 아주 중요한 요소입니다. 그리고 다른 하나의 이유는 새로 배우는 것도 중요하지만, 그 배운 것을 내면화하는 것이 중요하기 때문입니다. 예를 들면 오늘 배운 '장애인을 도와줘야 하고 또 소외된 친구를 돕는 것이 그리스도인에게 필요한 태도이다.'라는 것을 아는 것도 중요하지만, 일상에서 장애인을 진짜 돕고자 하는 마음이 생기고 또 소외된 이웃을 정말 위로하고 도와주고 싶은 마음을 갖게 하는 것이 더 중요하다는 거지요. 오늘 한 교실 수업이 지적인 부분을 일깨우는 수업이라면 연극이나 뮤지컬은 그런 내용이 의지와 감정의 영역에서 새겨져서 정말 장애인을 돕고 이웃을 사랑하는 사람으로 만들어 가는 교육을 하게 되는 거지요.

그리고 연극이나 뮤지컬 또는 영화 만들기 등의 작업 효과를 말한다면 아이들이 같이 협력해서 뭔가를 만들어 간다는 거예요. 이런 것을 할 때 서로 일을 함께하는 법을 배우게 되고요. 또 같이 아름다운 작품을 만들어 가는 것을 알게 됩니다. 이렇게 여럿이 뭔가를 만들어 가는 것을 배우는 것은, 우리 교회와 모든 그리스도인에게 아주 중요한 품성이라고 생각합니다."

"정말 그런 면이 있겠군요. 그러면 고등부 교육에 대해서도 설명을 해 주세요. 그 후에 제가 따로 중등부 교실과 고등부 교실을 둘러보겠습니다."

리포밍 처치

3. 주말교회기독교학교(고등부) 프로그램

"예, 그게 좋겠군요. 앞에서 말씀드렸지만 고등부는 중등부에서 3-4 분기로 나눠 하는 프로그램을 각기 따로 반을 만들어서 진행합니다. 연초에 연극반이나 봉사반 등에 가입해서 그쪽에서 활동하고 배우는 거지요. 마치 대학에서 전공을 나누는 것과도 비슷하고 또 특정한 동아리에 드는 것과도 비슷해요. 이 표를 한번 보시지요."

주말교회기독교학교(고등) 프로그램			
월	주제	독서토론반	문화예술반	봉사체험반
1	신앙과 학문 진화와 창조 친구 관계	독서토론 신앙과 학문 관련	1분기 주제: 이웃 (합창) 음악과 가사 연구 본격 합창 연습 발표 준비 및 마지막 주 발표	1분기 시민단체 탐방 참여
2		독서토론 과학 관련		
3		독서토론 친구, 이웃 관련		
4	장애인 부모 환경	독서토론 장애인 관련	2분기 주제: 구제 (연극) 연극 대본 연구 본격 연극 연습 발표	2분기 양로원 봉사
5		독서토론 부모 관련		
6		독서토론 환경 관련		
7	안식 헌신 정치	독서토론 안식 관련	3분기 주제: 환경 (영화) 영화 극본 만들기 본격 영화 촬영 발표	3분기 농활 & 해외봉사활동
8		독서토론 헌신 관련		
9		독서토론 정치 관련		

10	미디어 돈 구제 대강절	독서토론 미디어 관련	4분기 주제: 대강절	
11		독서토론 돈 관련	(성극) 성경의 배경 연구 본격 연극 연습 마지막 주 발표	4분기 방송 모니터 활동
12		문학의 밤 독서 감상문 발표회		

부장선생님은 고등부 1년 계획표를 건네주었다. 김 전도사는 유인물을 훑어보면서 말했다.

"고등부 1년 계획표는 상당히 간단해 보이는군요. 아무래도 고등부가 되면 대학입시 때문에 학생들의 참여율이 저조하지요?"

"참여율이요? 놀라실지 모르지만 어떤 면에서는 참여율이 더 높다고 말할 수 있어요. 주말학교에 오는 평균적인 학생들의 숫자는 적습니다. 입시가 바쁘고 또 시험 때가 되면 더 그렇지요. 그런데 고등부는 참석하는 학생들의 참여도가 아주 높아요. 학생들에 따라 굉장히 열정적으로 참여하는 비율이 높고요. 실제로 일반학교보다 더 열심히 주말학교에 참여하고 열정을 쏟아붓는 아이들이 많아요."

"정말 의외군요. 좀 더 자세히 설명해 주시겠어요?"

"우리 고등부 계획표가 단순하다고 했는데, 그 이유 중 하나는 학생들이 많은 부분을 스스로 결정할 수 있도록 하기 때문입니다. 고등부를 구성하고 있는 상당수의 학생들이 초등부를 거쳐 중등부까지 기독교 세계관에 대해 그리고 기독교교육에 대해 공부했기 때문에 스스로 어떻게 공부해야 하는지를 어느 정도는 안다고 할 수 있지요. 물론 담당선생님이 있어서 교육 방향과 방법을 이끌지만, 많은 부분에서는 학생들의 기호와 선택을 존중합니다. 그래서 학생들이 단순히 주입식으로 배운다는 생각보다 스스로 뭔가를 찾아 배우고 있다는 생각을 하게 합니다. 이것이 학생들의 참여율을 높이는 데 아주 중요한 역할을 하고 있어요. 그리고 고등부는 반별로 나누어져서 공부하고 활동하는데 이것이 마치 대학 동아리나 클럽활동과도 비슷한 모습이에요. 그래서 소속감도 높고 또 애착을 가지고 뭔가를 스스로 만들어 가고 있다는 자부심도 있지요.

'독서토론반'은 책을 읽고 토론하며 또 각자 그 책의 주제에 대해 독후감이나 소논문을 쓰는 연습을 합니다. 결과적으로 논술 수업과도 비슷한 부분이 있어서 글쓰기 연습에 아주 좋습니다. 그래서 기독교 수업이지만 일반 입시공부와도 연관되어 있습니다. 고등학생이라서 학교 공부에 신경을 많이 쓰는 학생들도 도움이 되니까 많이 참석하고 있어요. 주로 책 읽는 것을 좋아하는 학생들이 이 반에 많이 참여합니다. 우리 교회학교에서도 특별히 이 반을 위해 논술지도 능력이 있는 좋은 선생님을 모셔서 지도하고 있습니다. 그리고 이 반에서는 다양한 기독교 서적을 비롯한 일반 서적을 선별해서 공부하기 때문에, 기독교 세계관에 대해 깊이 생각하고 또 일반 세상의 세계관에 대해 비판적인 시각을 갖는 데 아주 좋습니다. 제가 듣기로는 이 독서토론반에서 공부한 학생들이 대체로 사고력이 발달하고 또 글쓰기 능력도 아주 좋아진다고 하네요.

봉사체험반은 실제로 현장에 가서 봉사활동을 하거나 또 여러 분야의 직업 현장을 찾아가 체험하면서 직업 세계가 어떠한지 또는 우리가 살고 있는 세상이 어떠한지를 돌아보면서 세상 속에서 참된 그리스도인으로 살아가는 것을 배웁니다.

올해는 양로원 봉사, 농활 또는 해외 봉사, 장애인 돕기 그리고 시민단체 탐방과 같은 프로그램을 진행합니다. 이 외에도 고아원 방문, 재난 지역 봉사 또 해비타트 같은 기관에서 집짓기 활동도 합니다. 환경단체 같은 기관에 참여하기도 하고요. 그리고 또 하나 특별한 것은 각 교인들의 직업 현장을 돌아보고 그 직업을 통해 어떻게 하나님 나라의 사역을 해 나가는지 배우는 프로그램도 있습니다. 강사 일정 등에 맞춰 중간중간 강의도 듣고 직업 현장 방문도 합니다.

이런 봉사활동은 요즘 학교에서 요구하는 봉사 시간을 채우는 것과 연결되지만 그보다 훨씬 더 깊이 있게 활동합니다. 또 여러 체험을 통해 앞으로 자신의 소명을 발견하고 진로를 결정하는 데 많은 도움이 됩니다. 실제 체험을 중시하는 반이지만 그럼에도 이 봉사와 체험의 기독교육적 의미와 목적을 분명히 하고 교육함으로써 아이들의 가치관과 세계관 형성에 좋은 영향을 주고 있습니다.

다음은 문화 · 예술반이 있는데 이 반에는 사실 굉장히 다양한 분야가 있습니다. 각자의 달란트와 소질을 생각하면 더 세부적으로 나누어서 공부하고 활동해야 하겠지만, 그렇게 너무 특성화하는 것보다는 문화 · 예술이라는 큰 영역으로 같이 활동하고 배우는 것이 더 좋다고 생각합니다. 즉 어떤 학생은 음악에 소질이 있고, 어떤 학생은 그림을 잘 그립니다. 또 어떤 학생은 연기를 잘합니다. 그 재능을 잘 살려 주는 것이 좋긴 하지만, 우리 주말교회기독교학교는 그런 각자의 소질을 전문화하고 계발해 주는 것에는 한계가 있습니다. 따라서 그보다는 그런 특성과 소질이 어떻게 하나님 나라를 위해 쓰일 수 있는지를 알려 줍니다.

리포밍 처치

자신의 달란트가 어디 있는지를 깨닫게 해 주는 것이 더 중요한 문제라고 생각합니다.

그리고 합창이나 연극이나 뮤지컬 또는 영화 만들기 등의 프로그램을 진행하는데, 이런 프로그램을 통해 각자의 소질을 발견하고 드러내서 활동합니다. 또 이런 쪽에 특별히 소질이 없는 아이들도 함께 어울려서 좋은 작품을 만들어 낼 수 있도록 합니다. 연극 등의 단체활동을 통해 예술적인 능력을 계발하는 것 이상으로 중요한 게 있는데 그것은 바로 같이 뭔가를 이루는 방법을 배우는 것입니다. 실제로 학생들 위주로 연극이나 합창 등을 하는데 이때는 갈등도 있고 또 문제도 생기지만 이것들을 잘 풀어 가며 뭔가를 만들어 내는 것이 굉장한 배움이 됩니다.

기독교 세계관적인 주제를 가진 미술, 음악, 연극 등의 예술을 실제로 해 볼 때 책에서 배우는 것 이상의 교육 효과가 있습니다. 머리에 새겨지는 것이 아니라 가슴에 새겨진다고 할 수 있지요. 사실 다른 반도 그렇지만 이 반은 선생님의 역할이 굉장히 중요합니다. 아이들이 스스로 하는 것 같지만, 사실은 뒤에서 선생님들이 도와주어야 합니다. 또 각 작품을 할 때, 학생들에게 기독교교육적인 목표가 잘 전수되도록 해야 합니다.

고등부도 중등부처럼 시작하기 전에 성경 공부 시간이 있습니다. 이때 성경 공부를 하고 또 학교에서 배운 것들 중에 비기독교적인 것을 기독교적인 시각으로 바라보는 교육도 합니다. 그리고 특히 문화·예술반과 봉사체험반은 끝나는 시간에도 오늘 한 활동과 배움을 정리하고 다시 상기하는 시간을 갖습니다. 그리고 배웠던 주제로 함께 기도합니다. 이 시간이 굉장히 귀하고 중요합니다."

열심히 듣고 있던 김 전도사가 질문했다.

"선생님, 한 가지 질문이 있는데요. 고등부에서 각 반이 정해지면 그 반을 계속 3년 동안 해야 하는 건가요?"

"그렇지는 않습니다. 학년마다 다른 반을 선택할 수 있습니다. 물론 3년 동안 같은 반을 하는 학생들도 많고요. 너무 자주 반을 옮기는 것은 제재하지만 많은 것을 경험해 보기 위해 반을 옮기는 것은 환영합니다. 그리고 각 반별로 교류도 활발합니다. 예를 들어 연극할 때 사람이 필요하면 봉사체험반이나 독서토론반에 있는 학생들의 도움을 받습니다. 또 봉사체험반에서 특별히 해외봉사나 농촌 봉사활동을 떠날 때 다른 반에 있는 학생들이 같이 가기도 합니다. 고등부 전체가 하는 초청 강연이나 수련회, 소명학교 등에서 함께 활동하기 때문에 같은 고등부 학생이라는 정체성과 동류의식도 강합니다. 사실 우리가 중요하게 생각하는 것은 단순한 독서나 연극 등의 능력을 향상시키는 것보다는 기독교 세계관적인 교육 목표를 달성하는 것입니다. 그것은 결국 하나님 나라의 일꾼을 양성하는 것인데, 각각 다른 특성과 소질을 지닌 사람들이 협력해서 하나님 나라를 확장해 나가는 법을 배우는 것은 아주 중요합니다.

주말교회기독교학교에서 소망하는 것은 우리 학생들이 정말 하나님 나라의 일꾼으로 잘 양육되는 것입니다. 이전 세대들은 특별한 교육과 준비 과정 없이 세상 속의 그리스도인으로 던져졌다면, 학생들은 이런 교육 과정을 통해 세상을 변화시키는 하나님 나라의 일꾼으로 양성되는 과정을 밟고 있습니다. 이런 교육 목표가 잘 성취되기 위해서는 서로 간에 긴밀한 협력과 도움이 꼭 필요합니다. 그래서 뭔가를 배우는 것 이상으로 서로가 협력해서 하나님 나라를 이루어 가는 능력과 습성을 키우는 것이 매우 중요합니다.

전도사님이 질문하신 것과 조금은 다를 수 있지만 한마디 덧붙이고 싶은 것은, 고등부 교육은 각자의 소질에 따라 특성화되고 또 각자의 소질과 기능이 강조되기 때문에 자칫 너무 기능적인 부분이 부각되어 원래의 교육 목표가 흐려지는 경향이 있을 수 있습니다. 우리는 이것을 아주 조심해서 교육하고 있어요. 3년간의 교육 프로그램을 통해 각 주제가 한 번씩 다루어지고 또 기독교 세계관적인 교육 목표가 분명해지도록 끊임없이 노력하고 있습니다."

"예, 말씀을 들으면서 생각해 보니, 제가 교회 중고등부를 다니면서 가장 기억에 남는 것이 함께 연극하고 또 찬양을 준비했던 시간인 것 같아요. 그리고 그때의 추억과 친구들이 소중한 것 같고요. 제가 주말교회 기독교학교의 경험은 없지만 그런 친밀한 관계처럼 뭔가를 이루어 가는 것은 아주 중요하다고 생각합니다. 그런데 초등부, 중등부는 주셨는데 고등부는 프로그램 교안은 없나요?"

"예, 제가 알기로는 없는 것으로 알고 있어요. 고등부 담당선생님이나 부장선생님은 무엇을 하는지 잘 파악하고 있겠지만 중등부처럼 일일 교안을 만들지는 않는 것 같아요. 왜냐하면 각 반별로 수업 내용이 다르기 때문에 전체가 교안을 공유할 필요가 없어요. 또 학생들과 함께 만들어 가는 부분도 많기 때문에 공식적인 교안을 만들지는 않고요. 그러나 다른 부서처럼 선생님들이 교육 계획서와 그날 교육 평가를 비롯한 일지는 아주 정확하게 쓰고 관리하는 것으로 알고 있습니다. 학생 간에 합동으로 하는 수업이 없는 주간에도 고등부 선생님들은 항상 모여서 교사 회의를 하고 서로 돕고 격려하고 있지요."

"아, 그렇군요. 그런데 교사 교육은 어떻게 하나요? 다른 교회보다 교사 교육이 더 많이 필요할 거 같아서요."

"우리 교회의 경우는 교사 교육이 더 많이 필요하고 중요하지요. 그런데 우리 교회는 앞에서 말씀드렸듯이 교회학교 셀도 있고 셀 모임과 별도로 기독교교육연구모임도 있어요. 실제로 우리 교사들은 이런 곳에 모두 소속되어 있어서 그곳을 통해 많은 교사 교육과 교육 연구가 이루어지고 있어요. 그리고 교사 각자가 주말교회기독교학교 교사를 소명으로 생각하고 있기 때문에 열심과 열정이 대단합니다. 우리 교회 밖에서 하는 교육 프로그램에도 참석해서 배우기도 하고 또 외부의 기독교사단체 등에도 가입해서 활동하고 있어요. 우리 교회는 이런 교사 교육을 위해 필요한 비용을 최대한 지원하고 있습니다.

또 한 가지 우리 교회의 장점은 교사가 자신의 교사직을 소명으로 생각하고 있기 때문에 한두 해 하고 교사를 그만두는 것이 아니라 거의 평생을 교사로 살겠다는 생각과 각오를 한다는 점입니다. 그래서 교사들은 대부분 전문성이 있고 그 교육 경험과 지식이 축적되고 있지요. 우리 교회 교사들은 점점 더 전문적인 교사로 발전하고 있고, 그 경험과 지식의 축적이 교사로 들어오는 사람들에게 잘 전수될 수 있도록 시스템을 마련하고 있어요. 나아가 한국기독교교회교육의 전문가들이 우리 교사

리포밍 처치

들 중에서 많이 양성되리라 기대하고 있어요."

　김 전도사는 부장선생님과의 대화를 마치고 중등부 교실을 돌아보면서 열정적으로 강의하는 선생님과 열심히 참여하고 있는 학생들을 볼 수 있었다. 이어서 고등부 각 반을 돌아보면서 역시 능동적이고 적극적으로 활동하고 참여하는 학생들을 보며 흐뭇한 마음으로 돌아갔다.

토론을 위한 질문

1. 책에 소개된 유초등부, 중등부, 고등부 프로그램에 대해 말해 봅시다. 좋은 점은 무엇이고 또 수정할 점은 무엇인가요?

   ....

   ....

2. 기독교 세계관적인 신앙을 심어 주고 하나님 나라의 일꾼을 교육하기 위해 효과적인 교육 방법에는 어떤 것이 있는지 서로의 경험과 생각을 나눠 봅시다.

   ....

   ....

3. 현재 속한 교회 가운데 책에서 소개한 주말교회기독교학교를 시도할 수 있을까요? 가능하다면 구체적으로 어떻게 시작할 수 있을지 얘기해 봅시다. 만약 전면적인 시도가 어렵다면 일부 주말교회기독교학교의 프로그램이나 교육 방식을 적용할 수 있는 방안을 나눠 봅시다.

   ....

   ....

리포밍 처치

8장

주권선교사 공동체의 실제

한 주가 지난 금요일 저녁, 김 전도사는 교회를 방문했다. 이 목사가 교회 셀들에 대해 안내해 주기로 했기 때문이다. 김 전도사가 교회에 도착했을 때 상당히 많은 사람들이 있었다. 김 전도사가 이런 모습에 당황해하자 이 목사가 김 전도사를 맞으며 말했다.

"우리 교회는 금요일 저녁이 분주한 시간 중에 하나입니다. 금요일 저녁에 모이는 주권선교사 셀들이 많기 때문이지요. 제가 셀의 전체적인 것을 조금 말씀드릴 거고, 이후에는 직접 가서 보시면서 셀의 리더나 회원들에게 질문하시면 될 것 같습니다.

우리 교회는 다른 구역 모임이나 부서 모임 없이 주권선교사 공동체 모임이 모든 역할을 하는 구조입니다. 그래서 이 모임이 일반 교회의 구역 모임의 역할도 하고 여전도회와 같은 부서 역할도 하고 또 기도 모임 역할도 합니다. 보통 교회의 구역 모임이나 부서들은 서로 비슷하게 운영되는데 우리 교회의 셀은 그렇지 않습니다. 여러 다른 종류의 셀이다

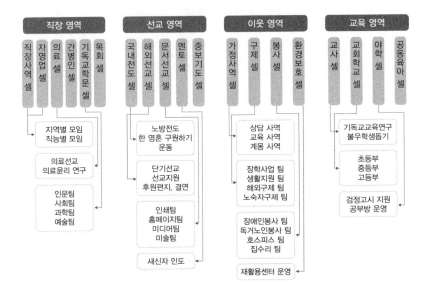

주권선교사 공동체

직장 영역	선교 영역	이웃 영역	교육 영역

직장 영역: 직장사역셀 / 자영업셀 / 의료셀 / 간병인셀 / 기독교학문셀 / 목회셀

선교 영역: 국내전도셀 / 해외선교셀 / 문서선교셀 / 멘토셀 / 중보기도셀

이웃 영역: 가정사역셀 / 구제셀 / 봉사셀 / 환경보호셀

교육 영역: 교사셀 / 교회학교셀 / 야학셀 / 공동육아셀

직장 영역:
- 지역별 모임 / 직능별 모임
- 의료선교 / 의료윤리 연구
- 인문팀 / 사회팀 / 과학팀 / 예술팀

선교 영역:
- 노방전도 / 한 영혼 구원하기 운동
- 단기선교 / 선교지원 / 후원편지, 결연
- 인쇄팀 / 홈페이지팀 / 미디어팀 / 미술팀
- 새신자 인도

이웃 영역:
- 상담 사역 / 교육 사역 / 계몽 사역
- 장학사업 팀 / 생활지원 팀 / 해외구제 팀 / 노숙자구제 팀
- 장애인봉사 팀 / 독거노인봉사 팀 / 호스피스 팀 / 집수리 팀
- 재활용센터 운영

교육 영역:
- 기독교교육연구 / 불우학생돕기
- 초등부 / 중등부 / 고등부
- 검정고시 지원 / 공부방 운영

보니 각자 모임의 형태나 성격도 다 다릅니다.

그런데 한 가지 동일한 것이 있는데, 그것은 서로를 위해 함께 기도하는 '소공동체'라는 것입니다. 제가 지금 '셀'이라는 말과 '공동체'라는 말을 같이 쓰고 있는데, 전체 교회 공동체에서 나눠진 '셀 공동체'라는 의미로 셀이라는 말을 사용하는 것입니다. 우리가 대외적으로 말할 때나 짧게 말하기 위해 '주권선교사 셀'이라고 하지만, 내부적으로는 '공동체'라는 말을 더 많이 사용합니다. 앞에서도 언급했지만 우리 교회는 공동체성을 중시합니다. 그리고 그 공동체성이 강해야지 주권선교사로서 성공할 수 있습니다. 서로 힘이 되어 주고 격려하는 것 없이는 결코 세상 속에서 소금과 빛으로 살아갈 수 없기 때문이지요. 그래서 셀 모임을 할 때

리포밍 처치

서로의 기도 제목을 놓고 같이 기도하는 것, 또 서로의 사역을 위해 관심을 갖고 같이 기도하고 힘을 합하는 것이 아주 중요합니다. 그래서 저희는 셀 모임의 가장 중요한 가치를 공동체성에 두고 있습니다."

"목사님, 그렇게 서로를 진심으로 위하고 기도하는 모임이라면 이미 일반 교회의 구역 모임의 역할을 하고 있다고 할 수 있겠군요. 한 가지 질문이 있는데요. 이제까지 제가 주말교회기독교학교를 보고 또 목사님이 하시는 다른 말씀을 들으면서 공동체성을 아주 많이 강조한다는 느낌을 받았어요. 중고등부 학생들도 뭔가를 함께 만들어 가고 그 안에서 연합해서 같이 하는 것을 강조하시던데요. 물론 저도 그런 공동체성이 중요하고 필요하다고 생각합니다만, 특별히 목사님이 공동체성을 강조하시는 계기가 있을 것 같다는 생각이 들어서요."

"사실 저는 젊을 때부터 공동체에 관심이 많았습니다. 젊을 때에는 '부르더호프' 공동체와 같은 모든 생활을 공유하는 재세례파 공동체에도 관심이 많았지요. 그런데 제가 개혁주의 장로교 출신이고 또 세상을 변화시킨다는 기독교 세계관적인 열정이 있었기 때문에 세상과 분리를 강조하는 재세례파 공동체와는 맞지 않는 부분이 있었습니다. 그리고 실제로 공동체를 이룬다고 했을 때, 공동체가 중요하지만 과연 공동체적으로 무엇을 공유하고 무엇을 함께하면서 동일체를 형성할 것인가가 더 중요하다는 생각을 하게 되었지요. 보통 공동체라고 하면 초대교회에 나타난 모든 재산을 내어 놓고 가진 것을 공유하는 유무상통을 생각하는데, 그것이 현실적으로 어려울 뿐만 아니라 과연 그것으로 얻게 되는 것이 무엇인지에 대해 저는 회의감을 느끼게 되었습니다. 단순히 물질을 공유하는 것만이 공동체의 의미나 목적이 아니라는 생각입니다. 그보다는 서로 한마음이 되고 한 뜻이 되고 힘을 합해서 하나님의 일을 하는 것이 더 의미 있는 공동체가 아닐까 하는 생각을 하게 된 거지요. 물론 저는 재세례파 공동체를 존경하고 그들의 삶과 신앙을 존중합니다. 그러나 그런 형태가 저에게는 잘 맞지 않고, 다른 형태의 공동체가 필요하다는 생각을 하게 된 것입니다. 성경은 공동체에 대해 아주 중요하게 말씀하고 있습니다. 그리고 이웃을 사랑하라는 중요한 말씀이 공동체라는 개념과 형태를 통해 이루어질 수 있다고 생각합니다. 그래서 공동체를 이루어야 하는데, 저는 그 형태가 지금 우리 교회가 하고 있는 소명과 사역을 따라 같이 모이고 그 안에서 서로 협력하고 하나가 되어 일하는 공동체 형태라고 생각하는 것이지요.

공동체에 대해서는 이만하고요. 계속해서 주권선교사 셀에 대해 좀 더 말씀드리겠습니다. 다양한 셀이 있다고 말씀드렸는데요. 모이는 시간도 각자 다르고요. 또 모임 횟수도 다릅니다. 그리고 모이는 사람의 수도 셀 별로 아주 많이 차이가 납니다. 어떤 셀의 경우는 셀이 너무 커서 같은 주권선교사 그룹이라도 나눠 모이기도 합니다. 규모가 너무 커지면 공동체적인 친밀함이 떨어질 수 있기 때문이지요.

모임의 형태도 다른 경우가 많습니다. 어떤 셀은 연구 모임과 같고, 또 어떤 모임은 사역을 협력해서 하는 것에 중심을 두고 있습니다. 또 어떤 셀은 지원 센터 같은 역할을 하고요. 또 서로 협력하고 도와줄 부분이 작은 셀의 경우에는 신앙과 사역을 격려하는 기도 모임이 강조되어 운영되기도 합니다.

그리고 각자의 주권선교사 셀이 나누어져 있지만 셀들 간에 연합해서 하는 사역도 합니다. 예를 들어 해외선교 사역이 있을 때 해외선교 셀뿐만 아니라 의료 셀, 봉사 셀 등이 힘을 합쳐서 같이 일을 하기도 하고요. 어떤 사역들은 몇몇 셀이, 아니면 각 셀에서 지원하는 사람들이 모여서 공동 프로젝트를 하기도 합니다.

우리 교회가 공동체성을 강조하는데 이것은 각 주권선교사 셀의 공동체성만 강조하는 것이 아닙니다. 교회 전체적인 공동체성도, 전체 하나님 나라 일꾼의 공동체성도 아주 중요하게 봅니다. 이것은 우리가 하나님 나라의 일꾼이라는 생각에서부터 시작된다고 할 수 있는데요. 하나님 나라의 확장을 위해 부름받은 일꾼이고 군사라는 생각 그리고 우리 그리스도인은 하나님의 종이라는 의식을 깊이 갖는 것이지요. 그래서 내 사역, 우리 셀의 사역 또는 우리 교회의 사역이라는 생각을 지양하고, 하나님 나라의 사역이라는 의식을 갖기 위해 노력합니다. 또 이 세상의 상급보다 저 세상의 상급을 위해 사역한다는 의식을 강조하고 그런 마음으로 사역합니다. 이렇게 하는 것은 여러 가지로 상당히 중요한 의미가 있습니다. 이런 마음이 없으면 공동체도 문제가 생기고 사역적으로도 많은 문제가 생깁니다.

나 자신을 강조하면 소공동체가 위협을 받고 소공동체를 강조하면 교회 공동체가 손해를 봅니다. 교회 공동체를 너무 강조하면 전체 하나님 나라에 좋지 못한 영향을 끼치게 되지요. 그리고 나와 우리의 공로와 상급을 강조하면 하나님 나라가 확장되는 것이 아니라 이기심만 확장되어 하나님 나라를 병들게 합니다.

주권선교사 셀들은 자발성이 아주 강합니다. 교회적으로 간섭하거나 지도하는 것은 별로 없고요. 거의 모든 일을 자치적으로 합니다. 교회적으로는 각 셀들의 사역을 지원하고 조정하는 일을 주로 합니다. 우리 교회의 모토가 각 성도가 받은 소명을 따라 사역하도록 돕는 것이기 때문에 교회의 가장 중요한 일이 예배와 교육 그리고 주권선교사의 사역 지원이라고 할 수 있습니다.

셀들은 새로 생기기도 하고 나눠지기도 하고 또 때로는 소멸하기도 하고 다른 이름으로 다시 시작되기도 합니다. 그 모든 것은 각 셀들에서 자치적으로 결정합니다. 물론 전체적인 것은 교회에서 보고받고 관리하지요. 그래서 셀들 중에는 오래되어 규모가 있는 셀도 있고, 실험적인 단계에 있는 셀도 있습니다. 또 어떤 셀은 분화하기도 하고 또 어떤 셀은 연합해서 하나의 셀이 되기도 합니다. 아직 우리 교회가 오래되지 않아서 유동적인 부분이 많다고 할 수 있습니다. 나머지 셀에 대해서는 돌아보며 알아보시면 좋겠군요."

이 목사는 주권선교사 셀의 영역과 셀 이름, 모임 시간, 장소 등이 기록되어 있는 표를 주었다.

- 교육 영역: 교사 셀, 교회학교 셀, 야학 셀, 공동육아 셀
- 선교 영역: 해외선교 셀. 국내전도 셀, 문서선교 셀, 멘토 셀
- 이웃 영역: 가정사역 셀, 구제 셀, 봉사 셀, 환경보호 셀
- 직장 영역: 직장사역 셀, 자영업 셀, 간병인 셀, 의료 셀, 기독교학문
  연구 셀, 목회 셀

리포밍 처치

1. 교육 영역

1) 교사 셀

김 전도사가 이 목사의 안내로 처음 찾아간 셀은 '교사 셀'이었다. 교사 셀에서는 일곱 명 정도의 사람들이 모여 대화를 나누고 있었다. 이 목사의 소개로 인사를 하고 그곳에 잠시 있다가 휴식 시간 이후에 중학교 교사라는 홍 선생에게 교사 셀에 대한 안내를 받았다. 그는 중년 남성으로 교사 셀의 총무를 맡고 있다고 했다. 간단한 소개와 인사 후에 홍 선생은 교사 셀에 대한 안내를 시작했다.

"우리 교회는 교사를 직업으로 하고 있는 분들이 많은 편입니다. 그래서 전체 교사가 다 모이면 더 많은 수가 교사 셀에 있어야 하지만 다른 셀에서 활동하는 교사도 많기 때문에 보통 이정도 모입니다. 우리 교사 셀은 주권선교사 셀이 시작될 초기부터 결성돼서 이제까지 이어지고 있습니다. 원래는 더 많은 인원이 있었는데, 중간에 교회학교 셀이 분화되고 야학 셀이 생기면서 그곳으로 또 인원이 빠져 나갔습니다.

우리 교사 셀은 원래는 직장사역 셀에 속한다고 할 수 있습니다. 그런데 교사라는 같은 직종의 사람이 많기 때문에 분리해서 활동하고 있습니다. 그리고 우리 셀이 직장 영역에 들어갈 수도 있지만 교육 영역과 더 가깝다고 생각되어 교사 영역으로 분류했습니다. 그러나 어떤 면에서는 직장 셀들과 비슷한 부분도 많이 있습니다. 기본적으로 여기에 모인 사람들은 교사라는 직업이 하나님이 주신 소명이라고 생각하고, 학교 안에서 교사로서 하나님 나라를 확장하는 사명을 이루어 가는 데 힘

씁니다. 그래서 학교교사 영역의 주권선교사로 부름받고 교회로부터 파송받은 선교사입니다. 우리 셀에서는 이런 영역의 주권선교사들이 그 맡은 사역을 잘할 수 있도록 서로 돕고 힘을 모으는 일을 합니다.

우리 셀은 교사로서 어떻게 하나님 나라를 확장해 가야 할지를 연구합니다. 그리고 세상에서 기독교사로서 흔들리지 않고 지치지 않게 서로 격려합니다. 모임의 형식은 교제와 찬양 시간이 있고요. 그 후에 연구와 토론 그리고 말씀과 기도 시간이 있습니다.

어떤 셀들은 모여서 사역을 함께합니다. 야학 셀이나 교회학교 셀 같은 경우지요. 그러나 저희 셀은 셀 전체적인 사역보다는 각자의 사역을 서로 격려하고 돕는 데 중점을 둡니다. 그래서 각 선생님이 자신의 삶과 사역을 나누는 시간이 아주 중요합니다. 셀 모임을 시작할 때 '성경적 생활 방식 실천을 위한 선서'를 하고, '실천사항 점검표'를 이용해서 서로의 생활과 사역을 돌아보고 나눕니다.

찬양 시간은 초기에는 없었는데 찬양을 좋아하는 몇몇 분들의 요청으로 시작되었습니다. 적은 수이지만 같이 모여서 찬양하면 마음문이 열리고 모든 다른 프로그램을 진행하는 데 긍정적인 역향을 끼칩니다. 그래서 요즘은 모두가 찬양 시간을 좋아합니다. 그리고 찬양 후에 선서와 생활점검을 통해 삶을 나누고 서로 교제합니다.

연구와 토론은 이제까지 여러 방식으로 운영되어 왔는데요. 초기에는 어떤 것이 기독교사의 사역인지 연구하고 토론했습니다. 즉 학생들을 상대로 전도하는 것과 교과를 더 잘 가르치는 것 중에 어떤 것에 열중해야 하는지, 또 기독교적인 교육 방법이란 어떤 것인지, 일반교사와 기독교사는 어떤 부분에서 차별되어야 하는지 등을 토론했지요.

요즘에는 각자 기독교적 교안과 교수법을 작성하고 발표하는 시간을 갖고 있어요. 이번 분기에는 '주어진 교과 안에서 어떻게 하나님의 법과 사랑을 전할 것인가?'에 대해 고민하고, 그 방법을 나름대로 각자 개발해서 발표하고 있어요. 공립학교 교실에서 기독교교리를 가르칠 수는 없지만, 하나님의 원리인 사랑과 공의를 가르치는 방법을 찾는 것이지요. 선생님들은 교회 밖에 있는 기독교 교사 모임 홈페이지를 참고하기도 하고, 직접 그런 단체에 참여해서 새로 배운 것들을 나누기도 합니다.

그리고 그 시간에는 우리 셀에서 거의 초기부터 해 오던 '학교 안의 어려운 아이 돕기'에 대한 보고와 토론을 합니다. 교사로서 잘 가르치는 것이 물론 중요하지만, 그에 못지않게 중요한 기독교사의 역할은 소외되고 어려움에 처해 있는 학생들을 돌보는 것이라고 생각하기 때문이죠. 이것은 그리스도인의 기본이고, 성경에서 가장 중요하게 명령하는 이웃 사랑의 실천입니다. 그래서 교사로서 학교 안에서 복음을 전하는 것에는 한계가 있지만, 어려운 아이들을 도와주는 것은 얼마든지 할 수 있습니다. 선생님들이 이 일에도 사명감을 갖고 열심히 하고 있습니다. 이 시간에 서로 하고 있는 일들을 나누면서 새로운 지혜를 얻기도 하고 또 격려받고 새 힘을 얻기도 합니다. 도움이 많이 필요한 아이들의 경우는 셀 전체적으로 도움을 모색하기도 합니다. 나아가서 봉사 셀이나 구제 셀에 지원도 요청합니다.

그리고 이 시간에 특별히 기독교사로서 겪는 애로사항을 나누고 토론하기도 합니다. 우리 셀의 선생님들은 이런 일을 정말 열심히 합니다. 교사로서의 사역이 하나님께로부터 받은 소명이자 인생의 목표이기 때문에 자신이 할 수 있는 한 최선을 다해 이 일을 합니다. 또 저희 셀에서도 선생님들이 그런 마음을 잃지 않도록 늘 격려합니다.

그다음에 이어지는 말씀 나눔과 기도가 바로 격려 시간입니다. 앞에서 말씀드린 것처럼 이 셀 모임이 구역예배의 역할도 한다고 했는데, 한 주 동안 성경 읽은 것과 또 기도 제목을 나눕니다. 이 시간에 많은 은혜가 있습니다. 서로를 위해 진심으로 기도해 주는 공동체의 힘이 기독교사로서 하나님 나라를 확장해 나가는 힘이 되고 있지요. 그리고 한 주 동안 읽고 감동받은 말씀을 나누는 것도, 서로 간에 성경을 열심히 읽도록 격려하는 역할도 합니다. 받은 은혜를 나눌 때 서로에게 더 큰 은혜가 나타나는 것을 많이 경험합니다. 제 생각에는 교사들끼리 모여 말씀을 나누고 서로를 위해 기도하는 것이 더 은혜가 넘친다는 생각이 듭니다. 왜냐하면 서로의 입장을 잘 이해할 수 있고 비슷한 상황에서 공감하는 부분이 많기 때문이지요."

"선생님의 말씀을 들으니까 정말 그럴 수 있겠다는 생각이 드는군요. 같은 직종이고 같은 소명을 가진 사람들이니까 이미 많은 부분에서 공감하고 있고 또 따로 뭔가를 설명할 필요 없이 한마디를 하면 서로 잘 이해할 수 있겠다는 생각이 듭니다. 그런 면에서는 일반 구역 모임보다 유리한 점이 많다고 할 수 있겠군요. 그런데 셀에 새로 온 회원은 어떻게 교육하고 양육하는지요?"

"우리 셀 같은 경우는 특별히 신입회원 교육을 많이 하지 않습니다.

교사의 경우 이미 교사로서의 교육이 되어 있다고 할 수 있고요. 신앙생활을 시작한 지 얼마 되지 않는 경우에는 교회적으로 신입교인 훈련을 받게 되니 그 과정도 거쳐 왔다고 볼 수 있지요. 기독교교육과 기독교사에 대한 전반적인 교육이 필요한데, 이는 우리 모임에 참석하게 하면서 필요한 책을 읽도록 합니다. 그런데 다른 셀들도 마찬가지입니다만, 신입회원이 적응할 때까지 우리 셀에서 지정한 멘토가 주의 깊게 살펴보고 필요한 것을 안내하는 역할을 합니다. 이런 과정을 거치면 점점 어떻게 학교에서 사역해야 할지를 스스로 찾아가게 되지요. 그리고 기독교사로서 충분히 사역할 수 있겠다는 판단을 멘토가 하면 셀 전체의 동의를 구해 주권선교사로 파송하도록 교회에 요청합니다. 그리고 파송식을 통해 주권선교사의 정회원이 됩니다. 제가 개략적인 교사 셀에 대해 말씀드렸는데, 혹시 질문 있으세요?"

"자세하고 친절한 말씀 감사드립니다. 덕분에 많이 배웠습니다. 그런데 제가 다른 셀에 모두 방문해서 이렇게 안내를 받기에는 부담이 됩니다. 바쁘신데 저 때문에 시간을 내 주셔야 하니까요. 그래서 홍 선생님께 좀 더 폐를 끼치고 다른 분들의 수고를 덜어 주었으면 하는데요. 제게 다른 교육 영역 셀에 대해 조금만 소개해 주실 수 있으세요? 교회학교 셀은 교회학교를 탐방하면서 들은 것이 있어서 조금만 설명해 주셔도 될 것 같고요. 나머지 교육 영역 셀에 대해 개략적인 설명을 부탁드립니다."

"예, 그렇게 하지요. 제가 다른 교육 영역 셀에 대해 아주 자세히는 모르지만 아는 범위 안에서 말씀드리겠습니다. '**교회학교 셀**'은 저도 자주 연합해서 활동하는데요. 아시는 바와 같이 저희와 비슷한 형식으로 모임이 진행되는데 토요일 주말교회기독교학교가 끝나면 함께 평가회를 하고, 다음 주의 계획을 점검하는 회의를 합니다. 제가 몇 번 참석할 기회가 있었는데, 선생님들이 굉장히 하는 일이 많은 것 같습니다. 다음 주의 진행 담당자들은 이미 주중에 준비해서 평가를 받는데 이것도 시간이 많이 걸리고 당일 교육 평가도 시간이 많이 소요됩니다. 그리고 제가 듣기로는 그 시간 외에도 주말학교를 위해 선생님들이 주중에 많은 시간과 열정을 쏟는다고 합니다. 참, 좀 특이한 것은 토요일 수업 후에 우리 셀이 하듯이 연구와 토론 시간을 갖고, 기도 제목과 성경 나눔과 같은 셀 모임 교제는 주말학교가 시작되기 전에 모여서 한다고 합니다. 수업 후에 평가회까지 하고 나면 시간이 너무 많이 걸리고 지치는 경우가 있기 때문에 요즘은 그렇게 바꿔서 하고 있답니다. 교회학교 선생님들이 하시는 사역은 이미 보셨을 테니 생략할게요.

2) 야학 셀

또 우리 교회에는 '야학 셀'이 있는데요. 야학 셀은 주중 저녁에 하기 때문에 자주 모인다고 할 수 있습니다. 그런데 전체 야학에서 사역하시는 분들이 한 번에 다 모이지 못해서 토요일 저녁에 전체 셀 모임을 합니다. 모임 형식은 우리 교사 셀과 거의 비슷하게 합니다. 그 이유는 일단 하는 사역이 가르치는 일이라는 면에서 같고 또 처음에 교사 셀에 있던 분들이 주도해서 야학 셀을 만들었기 때문입니다. 그러나 야학 셀은 사역 위주의 셀이라고 할 수 있습니다. 그래서 야학 사역에 대한 논의도 많고 연구도 집중되지요. 구체적인 진행 방법과 내용은 필요에 따라 조금씩 달라지기 때문에 제가 정확하게 말씀드릴 수는 없어요.

야학 셀은 생긴 지 얼마 되지 않아서 사실 사역을 만들어 가는 중이라고 할 수 있어요. 처음에 우리 교회 근처에 가정형편이 어려운 학생들과 또 이런저런 이유로 학업을 그만두고 검정고시를 준비하는 학생들이 있어서 이들의 공부를 도와주고자 하는 뜻으로 생겨났어요. '자신의 가르치는 은사를 학교에 다니지 못하고 또 어려운 가정환경에서 공부하는 아이들을 돕는 데 사용하겠다.'는 소명의식을 가진 분들이 모여 이 사역을 시작했습니다. 장기적으로는 다른 야학들처럼 중등부 과정, 고등부 과정, 검정고시 과정 등을 만들어서 운영할 생각도 있지만 현재까지는 선생님들도 많지 않고, 더 중요한 것은 그 정도 규모로 운영할 만큼 학생들이 많지 않다는 것입니다. 그래서 현재는 개별지도 형식으로 운영합니다. 검정고시를 준비하는 학생이나 일반학교 학생들 중에는 교과 학습을 잘 따라가지 못하는 경우가 있는데 가정형편이 어려워서 학원에 가지 못하는 학생들 같은 경우는 담임선생님의 역할을 하는 멘토 선생님이 그 학생에게 필요한 교과를 가르칠 수 있는 선생님을 연결해 줍니다. 때로는 비슷한 교과 과정을 하고 있는 학생들이 있으면 같이 모여서 그룹 수업형식으로 진행하기도 하고요.

또 야학 셀에서는 공부방도 운영합니다. 교회에 한 룸을 독서실과 같이 운영해서 방과후에 아이들이 와서 공부할 수 있도록 합니다. 그때 주로 담당선생님이 학생들을 관리하고 지도합니다. 학생들은 공부하다가 모르는 것이 있으면 야학을 지도하러 오신 선생님들에게 물어봅니다.

또 이 공부방은 야학 학생들이 자습하는 공간으로도 사용합니다.

야학 셀은 야학 교사의 소명을 가진 일반학교 교사와 다른 일반 직장을 가진 분들이 비슷한 비율로 주권선교사로 임명받아 교사로 섬기고 있습니다. 또한 정식 교사 외에 대학생들의 도움도 받고 있습니다. 대학생들은 대부분 기독교학문연구 셀에 속해 있기 때문에 정식 야학 셀 회원은 아니지만 야학의 필요에 따라 야학 교사가 다 하지 못하는 수업을 열심히 돕습니다.

제가 듣기로는 야학 셀에서 배우는 학생들의 숫자와 대학생 선생님을 포함한 전체 교사의 숫자가 비슷하다고 합니다. 거의 1:1 수업인 셈이지요. 그래서 너무 비효율적이 아니냐는 우려가 있는데 선생님들은 오히려 현재의 이 상태를 좋아합니다. 왜냐하면 어려운 학생들을 인간적으로 사귀고 구체적으로 도와줄 수 있기 때문이지요. 사실 공부를 도와주는 것 외에 이런 학생들에게 도움이 필요한 다른 부분이 많습니다. 그래서 선생님들이 대부분 공부뿐만 아니라 다른 부분에서 많이 도와주고 힘이 되어 주는 경우가 많습니다. 그것이 사실 힘든 일이지만 또 굉장히 보람된 일이라 생각하며 일하고 있습니다. 또 도움이 많이 필요한 경우에는 교회 구제 셀이나 봉사 셀 등에 연결해서 함께 도와줄 수 있기 때문에 큰 힘이 됩니다.

야학 셀은 시작된 지 얼마 되지 않은데다가 규모가 작아서 셀 자체로 교회적인 모금을 하거나 자체 재정운영을 하지 않고, 일반 교회 기관처럼 예산을 배정받아 운영합니다. 물론 교사들의 사례는 없고요. 특별한 외부 강사가 필요한 경우는 교회 강사비 예산을 쓰거나 주권선교사 운

리포밍 처치

영 예산을 사용합니다. 장학금이나 학생들을 도와야 하는 경우에는 구제 셀이나 봉사 셀 등에서 그 부분을 담당합니다."

3) 공동육아 셀

"다음은 우리 교회 공동육아 셀에 대해 말씀드릴게요. 공동육아 셀은 같이 육아를 고민하고 힘을 합해 아이들을 양육하자는 취지로 만든 공동체입니다. 일반 공동육아 단체 중에는 같이 모여서 어린이집을 운영하는 경우도 있는데 우리 교회는 그 정도의 규모는 아니에요.

우리 교회의 모든 성도는 자신의 소명을 찾고 각자의 사명을 위해 살아가는데 어린아이를 양육하고 있는 부모에게는 이것이 매우 힘든 일입니다. 그래서 젊은 어머니들 중에는 주권선교사 사역에서 소외되는 경우가 있습니다. 이런 상황에서 우리는 영·유아를 양육해야 하는 젊은 어머니들에게는 이 아이 양육이 중요한 사역일 수 있다는 생각을 하게 되었고, 또 그 사역을 같이 할 수 있겠다는 생각으로 '공동육아 셀'을 만들었습니다.

공동육아 셀은 자녀를 양육하는 기간이 정해져 있기 때문에 지속적으로 이 셀에 소속돼서 사역하는 경우는 몇몇 담당교사들을 제외하고는 거의 없습니다. 자신의 자녀들이 영·유아에 속하는 기간 동안만 활동하는 것이지요. 비록 소속되는 분들이 육아 전문가도 아니고 교육에 특별한 소명이 있다고 할 수도 없고 또 한정된 시간 동안만 활동하는 셀이지만, 그 셀에 속해 있는 동안 다른 교육 셀과 마찬가지로 연구하고 고민하며, 마치 소명을 받은 것과 같은 열정으로 아이들을 양육합니다. 사실 어떤 면에서는 모든 부모는 아이들을 하나님의 자녀로 양육해야 할 분명한 소명과 사명이 있다고 할 수 있지요.

'공동육아 셀'은 '영아부 · 유아부', '유치부'로 나누어져 있습니다. 아이들이 너무 많이 모이면 프로그램 진행이 어렵기 때문이지요. 주로 오전이나 오후에 교회 유아부실에 모여 공동육아 프로그램을 합니다. 영유아인 경우 교회에서 시간을 보내기도 하고 조금 큰 아이들은 다른 곳으로 견학을 가기도 합니다. 그리고 주중에 한 번은 같이 모여 다른 셀 모임처럼 찬양과 기도의 영적 교제와 육아에 대한 연구와 공부 그리고 교육 계획도 같이 세웁니다. 공동육아 셀을 통해 아이들의 양육을 함께 고민하면서 서로 많은 도움을 주고받고, 기독교교육에 대해 배우게 됩니다. 또한 장난감이나 아이 용품도 서로 나눕니다. 그리고 제가 듣기로는 공동육아 셀 모임이 아주 은혜롭다고 합니다. 일주일에 한 번 셀 모임을 하는데 그때에는 자원봉사자들이 와서 아이들을 돌봐 줍니다. 그동안 편한 마음으로 어머니들이 찬양과 성경 나눔 그리고 서로를 위해 기도하는 시간을 갖는데 정말 깊은 성도 간의 교제와 신앙적인 돌봄이 있다고 합니다.

유아기 때부터 기독교적으로 양육한다는 것은 사실 굉장히 중요한 문제라고 생각합니다. 많은 사람들이 어릴 때부터 좋은 품성과 신앙으로 양육하겠다는 생각은 있지만 어떻게 해야 할지 모르는데 같이 모여서 그것을 고민하고 방법을 찾아가는 것은 참 좋은 일입니다. '공동육아 셀'은 아직 프로그램이나 운영방식이 완전히 자리 잡힌 것은 아니라서 아직도 사역을 어떻게 해야 할지 고민 중에 있습니다. 그러나 혼자보다는 여러 명이 같이 고민하고 방법을 찾아가며 서로 돕는 것을 통해 하나님 나라가 더 크게 확장된다고 생각합니다."

"그런데 질문이 있는데요. 맞벌이 부부거나 형편에 따라 어린이집이나 유치원 같은 기관에 위탁교육을 해야 하는 부모들도 있을 텐데, 그런 경우는 어떻게 하나요?"

"그렇지요. 제가 알기로는 공동육아 셀에서 아직 어린이집과 같이 위탁교육은 계획하고 있지는 않아요. 그래서 그런 경우는 소외될 수도 있는데, 같이 참석하지 않는 부모라도 시간이 되는 대로 공동육아 셀에 오시면 됩니다. 기독교육아에 대한 공부를 함께하고 공유하는 것은 언제나 누구에게나 열려 있기 때문입니다. 사실 공동육아 모임에 잘 참석하지 못하는 아이들과 부모라고 할지라도 우리 교회 공동체의 아이들이고 부모이기 때문에 가능한 한 많은 부분에서 함께하려고 합니다. 예를 들어 성탄절에 연극이나 합창을 하면 그런 아이들도 꼭 같이 하도록 권유합니다. 또한 특별한 부모 교육이나 아이들의 견학이 있으면 최대한 같이 갈 수 있도록 하고요. 사실 저희 집 아이들이 커서 저는 그곳에 참석해 보지 못했기 때문에 구체적으로 말씀드릴 수는 없습니다. 나중에 따로 한번 참석해 보시면 좋을 것 같아요."

"예, 그렇게 하겠습니다. 오늘 말씀 잘 들었습니다. 정말 감사합니다."

2. 이웃 영역

김 전도사는 한 주가 지나고 이 목사를 다시 찾아왔다. 미리 약속한 대로 이번 주에는 화요일 오후에 와서 이 목사와 얘기를 나누었다. 이 목사는 커피를 권하며 먼저 말했다.

"지난 주에는 교육 영역 셀들을 돌아보셨지요. 이번 주에는 '이웃 영역 셀'을 탐방해 보겠습니다. 이웃 영역에 속한 셀들은 주로 주중 낮 시간에 사역하고 활동하는 경우가 많아요. 물론 셀 모임은 모두 모일 수 있는 저녁 시간에 따로 하는 경우가 많지만요.

아마 교회 안에서는 지금 가정사역과 구제 셀원들이 모여 있을 것입니다. 지금 그곳으로 가시면 그분들을 통해 안내받을 수 있습니다."

1) 가정사역 셀

이 목사는 김 전도사를 가정사역실로 데리고 가서 그곳에서 사역하고 있는 중년 여성을 소개해 주었다.

"안녕하세요? 가정사역 주권선교사로 일하고 있는 '정 선교사'라고 합니다. 그럼 제가 가정사역 셀에 대해 안내해 드릴게요."

"예, 안녕하세요? 저는 김 전도사라고 합니다. 시간을 내 주셔서 감사합니다. 그런데 지금 많은 분들이 나와 계시는 것 같은데 어떤 사역을 하고 계신 건가요?"

"지금 저쪽 상담실에서는 가정상담이 진행되고 있습니다. 우리 교회에 속한 분들보다는 교회 주변에 상담이 필요한 분들을 대상으로 하고

리포밍 처치

있습니다. 가정사역 주권선교사분들 중에 전문적으로 가정상담을 공부하신 분들이 있습니다. 이분들은 주로 이렇게 교회 안에서 가정상담실을 운영하면서 상담 사역을 전담하고 있습니다. 그리고 그 옆 사무실에는 또 몇 분이 인터넷과 전화로 가정 문제에 대한 상담과 조언을 해 주고 있습니다."

"아, 그러면 가정사역 셀은 가정상담을 주로 하나 보군요?"

"꼭 그렇다고 말씀드릴 수는 없습니다. 상담할 수 있는 분들은 그쪽에 전문적인 훈련이 된 분들만 하고요. 상담 외에도 저희 셀에는 다른 여러 사역이 있습니다. 제가 우리 셀에 대해 개략적인 설명을 해 드릴게요. 우리 '가정사역 셀'은 가정을 살리고 회복시키는 사역을 소명으로 삼고 있는 사람들이 모여 만들었습니다. 잘 아시겠지만, 우리 삶에서 가장 중요하고 기본이 되는 것이 가정이라고 할 수 있습니다. 가정이 무너질 때 모든 것이 무너지고, 가정이 병들 때 개인이 병들고 사회가 병들게 되지요. 가정과 신앙이 무관하지 않고 가정과 사회 문제가 무관하지 않다고 생각해요. 어쩌면 세상의 거의 대부분의 문제는 가정에서 시작한다고 할 수 있지요. 그래서 우리는 이 가정을 아름답게 지키고 만들어 가는 것이 하나님 앞에 가장 중요한 사역 중 하나라고 생각합니다. 이런 마음으로 자신의 가정을 아름답게 만들고 이웃의 가정을 온전하도록 돕는 이 일을 소명으로 생각하고 헌신하고 있어요.

가정사역 셀에는 크게 세 가지 분야가 있어요. 앞에서 보신 상담 사역이 있고요. 그리고 교육 사역과 계몽 사역이 있어요. 교육 사역은 우리 교회 교인과 이웃주민을 위해 결혼준비학교와 아버지학교, 어머니학교 등을 개설해서 운영하고 있습니다. 부부세미나와 같은 세미나와 강연도 개최하고요. 그래서 이쪽에서 일하시는 주권선교사님들은 가르치는 사역과 학교 개설 및 운영 사역을 합니다.

계몽 사역은 《하나님 나라의 가정》이라는 잡지를 월간으로 발행하는 일과, 우리 셀에서 하고 있는 사역을 홈페이지에 소개하고 또 아름다운 가정을 만들어 가는 지혜를 나누며 전달하는 일을 하고 있습니다. 상담 사역에서 말씀드린 바와 같이, 우리가 운영하는 홈페이지를 인터넷 가정상담 창구로 활용하고 있습니다. 이 사역에도 인력이 많이 필요하기 때문에 이 영역에 전적으로 헌신하고 있는 주권선교사님도 많이 있지요."

"듣고 보니 가정사역 셀은 하는 일이 굉장히 많은 것 같습니다. 어떻게 그렇게 많은 일을 할 수 있는 거죠?"

"그런 질문을 종종 받습니다. 일반 교회 부서나 기관으로 생각한다면 너무 많은 일을 하는 것이라고 생각할 수 있지요. 그런데 이 사역이 우리 삶의 소명이고, 우리가 최우선으로 해야 할 사명이라고 생각하며 이 일에 전적으로 매달리는 분들이 많기 때문에 가능합니다. 사실 우리 셀은 다른 직장 없이 이 사역에 전념하는 분들이 많습니다. 물론 직장을 다니시면서 사역하는 분들도 있지만요. 비교적 시간적인 여유가 있는 가정주부나 은퇴하신 분들이 열정적으로 사역하니까 우리가 많은 일을 할 수 있는 것 같습니다."

"그러면 셀 모임은 어떻게 하나요? 다른 셀들과 특별히 다른 것이 있나요?"

리포밍 처치

"셀 모임은 금요일 저녁에 합니다. 아무래도 다 같이 모이려면 그 시간이 좋더라고요. 찬양하고 성경 나눔과 기도 시간을 갖는데, 이때에는 세 개의 반으로 나눕니다. 저희가 숫자가 좀 많아서 나눔 시간이 너무 길어질 수 있기 때문이지요. 세 반으로 나누는 것은 특별히 사역별로 하지 않습니다. 또 자주 세 반을 섞어서 가정사역 셀 안에서 서로 잘 교통하고 같이 교제할 수 있도록 합니다. 그것이 끝나면 또 다시 모여 가정사역에 관한 연구 발표처럼 의논할 주제를 놓고 토론한 후, 마지막으로 전체 기도 제목을 갖고 기도하는 시간을 갖습니다."

"제 생각에는 가정사역 셀은 사역을 많이 하니까 회의할 시간도 많이 필요할 것 같은데요. 셀 모임에서 다 할 수 있나요?"

"앞에서 세 가지 분야의 사역이 있다고 했는데 그 분야별 선교사들은 서로 같이 일하고 자주 모여 회의도 합니다. 그래서 그 시간에 충분히 사역에 대한 연구와 의견 교환이 이루어지기 때문에 전체 셀 모임에서는 별로 필요하지 않습니다. 셀 모임 때에는 전체적으로 의논해야 할 것들만 합니다. 한 명씩 돌아가면서 '하나님 나라의 가정'에 대한 주제 발표를 하고 의견을 교환하는 정도니까 그렇게 시간이 부족하지는 않습니다."

설명을 마친 정 선교사가 김 전도사에게 가정사역 셀에서 발간하는 《하나님 나라의 가정》이라는 잡지 몇 권을 선물로 주고 구제 셀 방으로 안내해 주었다.

2) 구제 셀

구제 셀은 봉사실과 나란히 붙어 있었다. '선인실'이라는 팻말이 붙어 있는 방으로 들어가 보니 마치 일반 회사 사무실처럼 컴퓨터와 전화, 캐비닛 등의 사무실 장비가 있었고, 책상에 앉아 있는 사람들도 마치 사무직원처럼 보였다. 김 전도사가 그 방에 들어갔을 때, 구제 셀 총무를 맡고 있는 '구 선교사'가 김 전도사를 옆에 있는 회의실로 안내했다. 자리에 앉으면서 김 전도사가 먼저 말을 건넸다.

"선교사님! 이곳은 마치 일반 사무실 같군요. 업무가 많으신가 봐요? 모두 바쁘게 일하시는 것 같습니다. 그런데 궁금한 게 있는데요. 이름이 '구제실'이 아니라 '선인실'이네요."

"예, 우리 셀은 사무실 업무가 좀 많은 편입니다. '구제실'이라 하지 않고 '선인실'이라고 한 것은 저희가 얼마 전부터 이름을 새로 만들어서 쓰고 있기 때문이지요. 저희가 구제할 때 '구제'라는 직접적인 단어를 쓰는 것이 좋지 않다고 생각되어서요. 받는 분들이나 저희도 부담이 되는 구제라는 단어보다 다른 단어가 필요하다고 생각해서 '선인'이라는 단체이름을 만들어서 사용하고 있습니다.

'선인'이라는 말은 표면적으로는 선한 사람이라는 말이지만, 원래 의미는 '선한 사마리아인'입니다. 저희가 구제할 때 단체 이름을 써야 하는 경우가 있는데 주로 '소빛교회'라고 쓰거나 우리 셀 이름을 써야 할 경우 '선인'이란 이름을 씁니다. 이름의 의미대로 선한 사마리인과 같이 고난당하고 어려운 사람을 그냥 지나치지 않고 우리가 지닌 최선의 것으로 돕고 나누는 것이 우리의 사명이라는 뜻입니다.

구제 셀은 원래는 봉사 셀과 같은 셀이었습니다. 당시에는 '구제봉사 셀'이었지요. 구제봉사 셀에 모인 사람들은 하나님이 자신을 구제와 봉사로 이웃 사랑을 실천하라는 목적에서 부르셨다고 생각하고 그것을 위해 살아가려는 사람들입니다. 봉사 셀은 지금 봉사사역으로 모두 나가셔서 아마 제가 봉사 셀 안내도 같이 해야 할 것 같습니다. 이 부분은 같이 말씀드릴게요.

구제 셀과 봉사 셀은 이런 소명의식을 항상 강조하고 스스로 많은 의미를 부여합니다. 왜냐하면 구제하고 봉사하는 것은 모든 그리스도인이 일상적으로 시간과 여유가 있을 때 하는 것이라고 여기기 때문에 특별한 사명의식이나 소명의식이 없기 때문입니다. 우리 교회의 구제나 봉사 셀이 다른 곳과 구별되는 것은 이 일이 하나님께서 특별히 나를 이 땅에 보내신 이유이고 우리에게 이웃을 구제하고 봉사하라는 소명을 주셨다고 생각하며 이 일에 내 일부가 아니라 전부를 드리겠다는 각오가 되어 있기 때문입니다.

그래서 우리 구제나 봉사 셀에 있는 분들은 이 영역의 전문사역자라는 의식을 갖고 사역하고 있습니다. 쉽게 비유해서 말하자면, 어떤 봉사 단체에 간사가 있고 일반 회원이 있어서 간사는 모든 일을 계획하고 관리하며 전적으로 그 일을 하고, 일반 회원은 시간이 날 때마다 한 번씩 봉사하는 행사에 참석해 돕는다고 한다면, 우리 셀에 속한 주권선교사는 한 분 한 분이 모두 간사와 같은 의식을 갖고 사역한다고 할 수 있습니다.

먼저 구제 셀의 사역에 대해 말씀드릴게요. 여러 사역이 있는데요.

구제 셀에는 사역별로 팀을 나눠서 활동하고 있습니다.

- 장학사업 팀: 장학금 모금과 장학금 대상 선정 등의 일을 하고 있습니다. 주변에 장학금을 지급해야 할 필요가 있는 사람들을 정한 후에 모금된 장학금을 공정하고 효율적으로 지급하려 노력합니다.
- 생활지원 팀: 생활이 어려운 분들을 찾아서 정부 보조금을 받을 수 있도록 상담지도를 하고 또 모금된 구제금을 활용해 돈과 물건을 적절하게 보급하는 일을 합니다. 사실, 생활 보호가 필요한 사람들을 찾아내서 그들이 적절한 도움을 받을 수 있도록 지속적으로 관심을 갖고 관리하는 일은 굉장히 많은 시간과 노력이 필요합니다.
- 해외구제 팀: 해외의 어려운 사람들을 돕는 사역입니다. 해외선교사님들과 연계해서 해외로 구호물자들과 자금을 보내는 일을 합니다. 어디서 어떤 어려운 일을 당하고 있는지 파악하고 교회 전체에 알려 모금하며 또 그것을 효율적으로 전달하는 일을 합니다. 도움을 요청하는 곳은 많은데 그것을 적절하게 판단해서 도움을 주는 일은 생각처럼 간단하지 않습니다. 우리 교회의 '해외선교 셀'과 연계해서 사역을 많이 하고요. 해외단기선교 등의 사역을 공동으로 진행하기도 합니다.
- 노숙자돕기 팀: 우리 셀에서는 노숙자들에게 일주일에 한 번씩 무료급식을 제공합니다. 이 사역은 시작한 지 얼마 되지 않아서 단순히 식사만 제공하는 정도인데, 가능하다면 노숙자들의 재활을 돕는 사역까지 연결될 수 있으면 좋겠다고 생각하고, 그 방법을 모색

하고 있습니다.

그 외에 회계 일과 보고서 작성 등의 사무도 보고요. 우리 셀은 교회
에 헌금 항목이 따로 있고 또 헌금을 직접 사용하기 때문에 회계 업무도
많습니다. 또 구제금 모금과 사역 홍보를 위한 홍보물 제작을 하고 월간
지를 만드는 일을 하고 있습니다. 홍보와 월간지 제작 등은 봉사 셀과
같이 하고 있고요."

"질문이 있는데요, 구제 셀 안에는 팀이 몇 개로 나눠 있던데 사역을
각각 따로 하나요? 그리고 목적헌금을 사용하신다고 했는데 이에 대해
좀 더 자세히 설명해 주세요."

"목적헌금과 관련해 먼저 말씀드리면, 일반 교회도 특별구제 헌금을
하기도 하지만 보통은 구제 등에 필요한 재정을 교회 전체 헌금 중 예산
을 배정받아 사용합니다. 그런데 우리 교회는 성도들이 처음부터 자신
이 헌금하는 목적을 정해 헌금할 수 있게 한다는 특징이 있습니다. 구제
헌금으로 따로 할 수 있고, 감사헌금도 구제헌금으로 사용되도록 할 수
있습니다. 주일헌금도 이런 방식으로 할 수 있고요. 예를 들어, 구제 셀
에 속한 분이거나 자신의 헌금이 구제에 사용되었으면 좋겠다는 분이
있다면 모두 구제 셀에서 사용되는 것이죠. 그렇게 모아진 헌금은 교회
회계를 거쳐 각 셀로 지급됩니다.

이렇게 하는 것은 각 사람의 소명을 따라 시간과 노력뿐만 아니라 물
질도 사용될 수 있게 한다는 것과 교회가 일하고 일반 성도가 돕는 것이
아니라 성도가 일하고 교회가 돕는다는 의미를 살리려는 것이지요. 그

런데 사람들은 이런 방식으로 하면 교회 전체 경비의 부족을 염려하는 데요. 십일조는 기본적으로 일반 교회재정으로 들어가는 것을 원칙으로 합니다. 그리고 교회 회계와 셀 회계들의 회의를 통해 서로 남거나 부족한 부분은 서로 협력해서 조절하고 있습니다. 우리 교회 성도들은 헌금을 많이 하는 편입니다. 십일조를 하는 분들도 많고요. 또 각 사역별로 열심과 열정이 대단하기 때문에 목적헌금도 많이 합니다. 그래서 재정적으로 부족하지는 않은 것 같습니다.

팀 사역 문제는, 기본적으로 사역이 나눠져 있으니 따로 한다고 할 수 있어요. 서로 별로 관련 없는 부분도 있고 또 나름대로 전문성이 필요한 사역이라서 각자 속한 팀에 전적으로 헌신합니다. 그러나 노숙자 식사 제공과 같이 사람이 많이 필요한 경우는 다 같이 나가서 하고요. 또 도움이 필요한 경우에는 언제든지 서로 협력하고 지원하며 일합니다. 우리 교회가 한 공동체이기 때문에 절대 팀 간이나 셀 간에 배타적인 마음이나 태도는 없습니다. 그것은 우리 교회가 가장 경계하는 일입니다."

"그러면 셀 모임도 따로 하나요?"

"셀 모임까지 따로 하면 다른 셀로 나눠져야죠. 셀 모임은 같이하고요. 기도와 말씀 나눔의 시간만 몇 반으로 나눠서 합니다. 그런데 사역별로 나누지 않고요. 모두 섞어서 나눔 반을 만듭니다. 그래서 우리 셀 사람들은 서로 친근하고 공동체성을 잘 유지하고 있어요. 우리 셀 모임 형식은 다른 셀과 같이 모여 찬양하고, 그 후에 몇 반으로 나눠져서 말씀과 기도 시간을 갖습니다. 그리고 다시 모여 보고회와 합심기도를 합니다.

보고회에서는 주로 각 팀별 사역 진행 사항을 보고하고 도움이 필요한 경우 도움을 요청합니다. 그리고 간단한 논의나 결정사항이 있으면 그 시간에 합니다. 시간이 필요한 회의나 논의는 주중에 사역하면서 수시로 하고요. 더 중요한 결정사항은 셀 월례회 때 모여서 합니다. 주중에 모이는 셀 모임은 회의시간이 아니라 은혜를 나누고 같이 기도하는 시간이 되도록 노력합니다. 이 셀 모임 시간은 봉사 셀도 거의 비슷한 걸로 알고 있어요. 저희가 같은 셀이었기 때문에 아직 비슷한 부분이 많습니다."

3) 봉사 셀, 환경보호 셀

"구제 셀에 대해 더 이상 질문이 없으시면, 이제 봉사 셀과 환경보호 셀에 대해 말씀드릴게요. 구제와 봉사 셀은 사실 나누지 않는 것이 더 자연스러울지 모릅니다. 구제도 봉사의 일종이고 봉사도 구제라고 할 수 있기 때문이지요. 그런데 셀이 너무 커져서 물질적인 구제와 관련된 사역은 구제 셀에서 하고, 노력봉사가 주가 되는 사역은 봉사 셀에서 하기로 했습니다. 봉사 셀에도 사역 팀이 많이 있습니다. 얼마 전에 환경보호 팀이 독립해서 셀로 분화했는데, 아직은 봉사 셀과 연합해서 사역하고 있습니다. 여기서 환경보호 셀도 같이 설명할게요.

· 장애인 봉사팀: 주변에 장애가 있는 분들을 찾아가 필요한 부분을 도와주는 사역입니다. 예수님처럼 그 장애를 고쳐 주지는 못하지만 그들을 도와 최대한 그들의 불편을 덜어 주고자 하는 것입니다.

요즘은 사회적으로 지원해 주는 부분이 많아서 그것들을 알려 주는 일도 합니다. 장애인이 받을 수 있는 혜택을 소개하고 연결해 주는 것입니다. 국가에서 많은 것을 하지만 여전히 봉사 팀이 할 일이 많습니다.

· 독거노인 봉사팀: 이 팀은 주변에 홀로 사는 노인들이 늘어나면서 할 일이 점점 많아지고 있습니다. 경제적으로 어려움을 겪고 있는 노인들도 많고 또 가족들과 떨어져서 외롭게 생활하는 분들도 많이 있기 때문입니다. 독거노인 봉사팀은 이렇게 도움이 필요한 분들을 찾아가 진심으로 그들을 위해 기도해 주고 진정한 친구와 가족이 되어 줍니다. 식사를 돕기도 하고, 집수리 셀과 함께 집수리를 하거나 필요한 업무를 도와주기도 합니다. 이런 사역은 다른 곳에서도 많이 하겠지만, 우리 봉사 셀의 특징은 대상이 많지 않더라도 결연된 노인들이 돌아가실 때까지 관계를 이어간다는 것입니다.

· 호스피스 팀: 이 팀은 교회 안팎에 죽음을 앞두고 있는 분들을 돕고 그 가족을 돌보는 일과, 그분이 돌아가셨을 때 장례를 돕는 일을 합니다. 또한 그 가족들의 상태를 살펴서 그들을 상담해 주고 위로해 주는 일을 합니다. 이 사역은 정말 필요한 것이고, 이웃 사랑의 의미 있는 실천이라고 생각합니다.

· 집수리 팀: 이 팀은 우리 교회에서 건축과 관련된 직업을 갖고 계신 분들이 만든 봉사팀입니다. 다른 팀과 달리 여기에는 남자 분들이 많고 또 직장생활을 하는 분들이 많습니다. 교회에서나 독거노인

리포밍 처치

팀을 비롯한 각 사역팀에서 요청하는 경우, 시간을 내서 집을 고쳐 주는 사역을 합니다. 이 팀에서는 특별히 시간을 내서 시골교회나 복지시설 등의 보수공사도 합니다. 몇 년에 한 번씩은 해외선교 셀과 함께 해외로 나가서 선교지 교회 건축을 돕기도 합니다.

· 환경보호 셀: 하나님이 창조하신 이 땅을 아름답게 가꾸고 만드는 사역을 하는 것이 환경보호 셀의 모토입니다. 목표가 거창한 것처럼 할 일의 범위도 아주 넓은데 현재는 교회 주변의 지역 청소와 재활용품 모으기(벼룩시장) 사역을 합니다. 교회 주변을 청소하고 정리해서 주변을 아름답게 만드는 일을 합니다. 그리고 교회에 창고를 마련해서 가정에서 쓰지 않는 물건을 모읍니다. 또한 주중에 한 번 벼룩시장을 열어 물건들을 팝니다. 분기별로는 교회 공간 전체를 이용해서 지역 주민들과 함께 '바꿔 쓰기 벼룩시장'을 열어 물물교환을 합니다. 현재 이 사역을 발전시켜 상설재활용 센터를 운영하려고 계획 중입니다. 그래서 환경보호 셀로 최근에 독립했습니다. 그러나 아직은 봉사 셀의 지원과 협력 아래 함께 사역하고 있는 부분이 많습니다. 사실 셀로 분화되기에는 미약하지만, 굳이 나눈 이유는 환경보호 영역이 봉사 차원에서 시작되었지만 환경보호 사역을 전문적으로 연구하고 사역을 발전시켜야 할 필요를 느꼈기 때문입니다. 앞으로 청소나 재활용의 영역을 넘어서 이 환경보호 계몽 등의 여러 사역 분야를 개발하고 발전시킬 계획입니다. 봉사 셀과 새로 분립된 환경보호 셀 모임은 구제 셀과 거의 같은 형식으로 진행됩니다.

"선교사님, 몇 가지 질문이 있는데요. 신입회원은 어떤 교육 과정을 거치는지요? 또한 구제 셀이나 봉사 셀에서 사역하는 분들 중에는 유급으로 일하시는 분도 있나요?"

"신입회원 교육은 멘토 형식 또는 도제 형식을 취합니다. 새로 셀에 들어오신 분은 새로운 공동체에 속하게 되고 또 사역을 새롭게 배워야 하는 입장입니다. 여러 가지로 낯설고 모르는 것이 많은 상황이기 때문에 같은 팀의 주권선교사 중에 한 분이 멘토가 돼서 그들을 돌보고 가르치도록 합니다. 멘토는 그들이 공동체에 잘 적응하도록 돕습니다. 사역도 선배 멘토 선교사님을 따라다니며 익히게 됩니다. 기초적인 이론은 멘토를 통해 교육받고, 나머지는 셀 모임에서 차츰 자연스럽게 배우게 됩니다.

유급 사역의 문제는 우리 교회에서 지속적으로 연구하고 토론하는 부분입니다. 목회자들은 사례를 받으면서 사역하고 일반 봉사단체 간사들도 유급으로 일하는 경우가 많기 때문에, 우리 교회 주권선교사들 중에 다른 직업 없이 매일 출근해 주 20시간 이상 사역하는 분에게는 사례를 하는 것이 옳지 않은가 하는 의견이 있었습니다. 하지만 이것도 여러 문제가 있습니다. 구제나 봉사 셀 같은 경우는 20시간 이상 일하시는 분들이 너무 많습니다. 만약 그럴 경우 자신이 헌금한 것을 자신이 받아간다는 비판도 있을 것입니다. 또한 사례에 너무 많은 경비가 들어가는 문제도 생기게 됩니다.

따라서 현재는 각 셀에서 자원봉사로 할 수 없는 부분이 있을 때, 유급사역 직원을 뽑고 사례를 하는 형식으로 합니다. 우리 구제 셀 같은 경우는 회계를 담당하는 분이 유급으로 일합니다. 회계에 대한 전문적인 지식이 필요하고 또 그것을 전적으로 책임질 수 있는 분이 있어야 하기 때문입니다. 이 사역에서는 유급 직원이 필요하다고 셀의 의견이 모아져서 그렇게 하고 있습니다."

"선교사님, 감사합니다. 친절하고 자세하게 안내해 주셔서 많은 도움이 되었습니다."

3. 선교 영역

김 전도사는 이번 주에는 선교 영역을 탐방하기로 하고 주중에 이 목사의 방을 찾았다.

"오늘은 선교 영역 셀들을 둘러보기로 하셨죠. 선교 영역에는 '국내전도 셀, 해외선교 셀, 멘토 셀, 문서선교 셀' 이렇게 네 개의 셀이 있습니다. 선교 영역 셀들은 일반 교회에도 많이 있습니다. 선교 영역은 사실 교회의 가장 중요한 사역이기도 합니다. 우리 교회가 다른 교회와 비교해 보았을 때 여러 사역을 하고 또 특이한 부분도 많이 있지만, 복음을 전하는 것은 동일합니다. 우리 교회 역시 선교 사역을 중요하게 생각합니다.

먼저 국내선교 셀부터 방문해 보시죠. 이 목사는 김 전도사를 국내선교 셀이라는 푯말이 붙어 있는 방으로 안내했다. 그곳에서는 중년 여성인 '최 선교사'가 김 전도사를 맞이해 주었다.

1) 국내선교 셀

최 선교사는 간단한 소개와 인사 후에 국내선교 셀에 대해 설명했다.

"우리 교회는 영혼구원을 중시하기 때문에 전도를 열심히 하고 있습니다. 그러면 당연히 전도를 담당하는 국내전도 셀의 규모가 가장 클 것이라고 생각되지만, 사실 우리 셀의 회원 숫자는 많지 않습니다. 왜냐하면 국내선교, 즉 전도하는 일은 특별히 '국내선교 셀'에 속한 사람들만 하는 것이 아니기 때문이지요. 우리 교회는 교회 전체적으로 '일 년에 한 영혼 구원하기' 운동을 합니다. 우리 교회가 각자의 소명을 따라 직장사역도 하고 교육사역도 하며 여러 방면의 사역을 하고 있습니다만, 모든 주권선교사에게도 복음을 전하고 영혼을 구원하는 소명은 기본적으로 있다고 생각합니다. 그래서 모든 성도가 복음전도 사역을 하고 있는 것이지요.

그렇기 때문에 어떤 의미에서는 우리 셀이 별로 필요 없거나 설 자리가 없다고 볼 수도 있습니다. 그러나 우리 셀은 하나님이 특별히 전도하는 데 소명을 주셨다고 생각하며, 그 일에 열정이 있는 분들이 모였습니다. 어떤 사람에게는 교육의 은사를 주시기도 하지만, 또 어떤 사람에게는 전도의 은사를 주셨다는 것을 알 수 있으니까요. 그래서 우리는 다른 것보다 전도를 전문적으로 하는 전도 영역의 주권선교사들인 것이지요.

우리 셀에도 몇 가지 사역이 있습니다. 그 사역 중에 가장 먼저 시작한 것은 노방전도입니다. 우리나라는 이미 기독교가 많이 전파돼서 노방전도가 별로 효과가 없다고 말하는 사람들이 있지만, 아직까지 우리 주변에는 복음을 정확히 들어보지 못한 사람들이 많이 있습니다. 복음을 몰라서 여전히 어둠 가운데 있는 사람들이 많은데, 이들을 우리가 모른 척할 수 없는 것이지요. 그래서 우리는 '사영리'를 비롯한 여러 전도 방법으로 복음을 전하기 위해 거리와 공원으로 나갑니다. 우리는 직접적이고 원색적인 전도를 하지만, 최대한 상대를 존중하고 불쾌감이 생기지 않도록 조심스럽게 접근합니다. 오늘도 잠시 후에 전도를 가기로 우리 셀의 선교사님들과 약속되어 있습니다.

또 다른 우리 셀의 사역은 아까 말씀드렸던 '일 년에 한 영혼 구원하기' 운동을 주관해서 진행하는 일입니다. 물론 목회자들과 협력하는 일이지만 우리 셀에서 이 일을 주도합니다. 그래서 어떻게 하면 성도들의 적극적인 동참을 이끌어 낼 수 있을지 고민합니다. 그리고 우리 교회 성도님들이 가족이나 친구 전도에 어려움을 겪을 때 전도 방법을 조언해 주거나 또 도울 부분이 있으면 직접 돕기도 합니다. 가끔은 자신이 복음을 잘 설명하고 전도할 수 없으니 같이 가서 전도해 달라고 부탁을 받기도 합니다.

또 우리 국내 선교사님들은 구제 셀이나 봉사 셀 등과 함께 구제 현장이나 봉사 현장에 가서 전도가 필요한 경우 복음을 전하는 사역을 합니다. 우리 교회는 구제와 봉사를 전도의 도구나 매개로 사용하는 것을 지양합니다. 그러나 구제와 봉사 현장에서 전도가 필요한 경우가 있고 또 구제나 봉사 대상 중에 복음을 알기 원하는 사람들이 있습니다. 그럴 때 우리는 적극적으로 전도 사역을 합니다.

우리 셀의 모임은 다른 셀과 특별히 다를 것 없이 비슷하게 진행됩니다. 그런데 주로 전도 방법에 대해서는 연구 시간에 공부하고, 한 주간 전도했던 경험과 경과 보고는 나눔 시간에 합니다. 기도 시간에는 전도를 위해 특별히 열정적으로 기도를 많이 하는 것이 다른 셀과의 차이라고 할 수 있습니다."

이때 몇몇 사람들이 들어왔다.

"아! 지금 전도하러 갈 시간이 돼서 더 이상 말씀을 못 나누겠네요. 이제 해외선교 셀에 가실거죠? 제가 옆방 '해외선교 셀' 선교사님을 소개해 드릴게요."

2) 해외선교 셀

김 전도사가 해외선교 셀을 방문했을 때 세 명의 사람이 책상에 앉아 있었다. 벽에는 세계지도와 선교현황표가 붙어 있었다. 자신을 강 선교사라고 소개한 중년의 신사분이 김 전도사를 맞이해 주었다.

"안녕하세요. 저는 강 선교사라고 합니다. 저는 얼마 전 회사에서 정년퇴직을 했습니다. 아직 환갑도 안 되었는데 일찍 퇴직했지요. 하하하. 퇴직 후에는 이렇게 거의 매일 교회에 나와서 해외선교 사역을 합니다. 퇴직 후에 이렇게 할 일이 있다는 것, 특히 하나님의 일을 전적으로 할 수 있다는 것이 무척 좋고 행복합니다."

"아, 그러시군요. 퇴직 전에도 해외선교 셀에서 사역하셨나요? 거기에는 선교사님처럼 퇴직하신 분이 많으신가요?

"예, 그 전에는 다른 셀에서 사역한 적도 있는데, 저는 대부분 해외선교 셀에 있었습니다. 제가 회사에 다닐 때 해외업무와 관련된 일을 했었습니다. 그것이 해외선교 사역과 연관되어 있었지요. 우리 셀의 사역 중에서 중요한 것이 해외선교사를 지원하고 돕는 일인데 제가 회사에서 하던 해외업무 지원과 비슷한 부분이 있습니다. 그리고 우리 셀에는 젊은 분들도 있지만, 퇴직하신 분들이 꽤 많습니다. 퇴직하신 분들이 많은 이유는 해외선교사님을 지원해서 선교 사역을 하게 되는 경우가 있는데 이때 퇴직하신 분들이 비교적 자유롭게 선교지에 갈 수 있기 때문입니다.

우리 셀의 사역은 이렇게 선교지로 직접 가서 하는 사역도 있고요. 해외선교사 후원자들에게 선교편지 발송과 후원금 모금, 전달 등의 사역도 합니다. 그리고 우리 교회 청년이나 학생들의 해외단기선교 프로그램을 기획하고 연결하는 사역도 합니다. 우리 교회에서 파송하거나 결연되어 있는 선교사님이 각국에 십여 분 계시는데, 그분들과 지속적으로 연락하면서 그분들의 소식을 교회에 알리고 또 기도 요청을 합니다. 그리고 그 선교지의 필요에 따라 단기선교팀을 파송하거나 우리 교회의 집짓기 셀의 선교사님을 주선해서 파송하기도 합니다. 또 그분들에게 필요한 물품을 구해서 전달하기도 하고요. 우리 셀에서는 선교 후원과 선교 보고를 위해 홈페이지에 글을 올리고 교회 주보에 글을 쓰는 일도 합니다. 이런 작업을 통해 선교사님들이 혼자 외롭게 해외에서 선교하는 것이 아니라 교회 전체적으로 모두 관심을 갖고 함께 기도할 수 있도록 만드는 것이 우리 사역의 목표입니다.

"이렇게 해외선교 셀에서 적극적이고 세밀하게 챙기고 지원을 잘해 주시면 선교사님들이 현지에서 굉장한 힘을 얻겠습니다."

"예, 그렇게 힘을 줄 수 있는 사역이 되도록 노력 중입니다. 그런데 살짝 조심스러운 부분은 우리가 열심히 선교사님과 연락하고 또 이것저것 챙기려는 것이 오히려 현지선교사님을 간섭하는 것이 되거나 부담을 줄 수도 있다는 점입니다. 그래서 가능한 선교 성과나 결과를 간섭하거나 챙기려고 하지는 않아요. 그냥 함께 기도하면서 지원할 수 있는 일이 무엇인지를 찾아보고, 지원요청이 오면 최대한 도와드리려고 합니다. 우리 해외선교 셀은 교회 선교헌금을 직접 관리합니다. 그래서 선교지에 특별한 지원이 필요한 경우, 즉각 특별헌금을 교회에 신청해 모금하고 전달하기도 합니다."

"선교헌금이 많이 필요할 거 같은데, 해외선교 셀에 소속된 회원이 많은가요?"

"우리 셀에 속한 주권선교사님은 그렇게 많지 않습니다. 물론 선교헌금을 하시는 분들은 아주 많지요. 우리 교회에는 해외선교 셀에 속하지는 않지만 선교에 특별한 관심이 있고 아주 헌신적이며 적극적으로 선교헌금을 하시는 분들이 많이 있습니다. 해외선교를 하거나 다른 사람에게 복음을 전하는 일은 모든 사람이 같이 해야 할 일이라고 생각하기 때문에 다른 소명을 갖고 다른 사역을 하고 있는 분들도 선교헌금에는 모두 적극적으로 동참하고 있지요.

우리 셀에 속한 분들은 자신이 직접 해외에 나가지는 않지만 실제적으로 해외선교를 위해 사역하고 있다고 생각하기 때문에 자신을 해외선교사라 인식하고 열정과 열심으로 맡은 사역을 합니다. 우리 해외선

리포밍 처치

교 셀 모임도 다른 셀들이 하는 방식으로 처음에 선서도 하고 생활사역 보고도 하고 찬양과 성경 나눔도 합니다. 그런데 한 가지 특이한 것은 자신의 생활을 보고하고 기도 제목을 내어놓을 때 자신이 담당하고 있는 선교사님과 선교지의 기도 제목도 같이 내어놓고 기도한다는 것입니다. 다른 셀들도 기도 시간이 뜨겁겠지만 저희는 자신의 기도 제목과 선교지의 기도 제목을 놓고 기도하니 기도 시간이 더 길고 뜨겁다고 할 수 있습니다."

3) 문서선교 셀

해외선교 셀 탐방을 마치고 김 전도사는 문서선교 셀을 방문했다. 그곳에는 젊은 청년이 혼자 컴퓨터 작업을 하고 있었다. 각자 소개를 마친 후 '신 선교사'라고 하는 젊은 청년에게 문서선교 셀에 대한 안내를 부탁했다.

"제가 보기에 젊어 보이시는데, 평일에 교회에서 사역을 하고 계시군요."

김 전도사의 말에 겸연쩍은 듯 웃으며 신 선교사가 말했다.

"예, 저는 올해 대학을 졸업했습니다. 지금은 취업 준비를 하고 있고요. 대학생 때부터 문서선교에 관심이 많아서 문서사역 셀에 참여했었고, 졸업하고 얼마 전부터 문서선교사로 파송받았어요. 지금 제가 교회에 나와 있는 것은 문서 작업을 할 것도 있고, 이곳이 평일에는 조용하니까 제 공부도 할 겸 나와 있습니다.

보통 우리 셀은 평일에는 잘 모이지 않아요. 왜냐하면 대부분 직장생활을 하는 분이 많기 때문이지요. 그리고 사역할 때도 이 셀 방에 모여서 하기보다는 각자 자신의 집에서 사역하고 인터넷으로 연락하는 경우가 많습니다. 꼭 직접 만나야 하거나 셀 방에 와서 해야 하는 작업이 있을 때만 이곳에 모여서 같이 일합니다. 마침 제가 나와 있길 잘했네요. 그렇지 않았으면 오늘 하루 종일 기다려도 우리 셀 선교사님을 만나기 어려웠을 것입니다. 제가 잘 모르지만 아는 대로 문서선교 셀에 대해 말씀드릴게요.

우리 문서선교 셀에는 아주 다양한 사역이 있습니다. 전통적으로 문서선교라고 하면 떠오르는 책이나 잡지를 만드는 것과 같은 인쇄매체 사역도 있고, 인터넷과 관련된 사역도 있습니다. 그리고 미디어 영역에 관한 사역도 우리 문서선교 셀에 포함되어 있어요.

사실 우리 문서선교 셀은 지금 과도기에 있다고 볼 수 있습니다. 왜냐하면 주말교회기독교학교 졸업생들이 주권선교사로 영입되기 시작했기 때문이에요. 저와 같은 경우지요. 저희들은 주말에 기독교학교 교육을 받으면서 문화예술과 미디어에 관련된 수업을 받습니다. 조금씩 미디어를 통해 선교하고 싶어 하는 사람들이 늘어나고 있어요. 그러면서 '문서선교'라는 말보다 '문화선교'라는 말이 더 좋겠다는 의견도 있고요. 문서선교와 문화선교로 셀을 나눠야 한다는 얘기들도 나오고 있어요. 제 생각에는 몇 년 후에는 뭔가 좀 더 세분화해야 할 것 같다는 생각입니다. 그건 그렇고요. 현재 우리 셀에는 다음과 같은 팀들이 있어요."

· 인쇄팀: 교회 안팎의 인쇄물을 제작하는 팀이에요. 교회에서 발간

하는 월간지와 교회를 소개하는 팸플릿을 제작합니다. 그리고 전도지나 교회 밖의 홍보물도 만듭니다. 홍보물이라고 하는 것은 지하철역 같은 곳에 공간을 빌려서 전도문구나 성경구절을 부착하는 것 등을 말합니다. 이 팀에서 사역하는 분들은 주로 문학적인 은사가 많은 분들입니다. 디자인이 필요한 경우 미술팀의 지원을 받거나 공동으로 작업하지요. 이 팀에 계신 분들 중에는 사역을 오래하신 분들이 많아서 잡지나 인쇄물의 수준이 아주 높아요. 우리 교회 목사님이 "이제는 홍보 회사를 차려도 되겠다."라고 칭찬하실 정도지요.

· 홈페이지 관리팀: 교회에 여러 셀들이 있는데 대부분 홈페이지를 운영하고 있어요. 정확하게 말하면 셀 게시판을 운영하는 것이지요. 모든 셀의 홈페이지는 교회 전체 홈페이지에서 통합적으로 관리·운영하고 있는데 이 부분을 이 팀에서 하고 있어요. 또한 홈페이지를 통한 교회 홍보와 각 셀들이 홈페이지 운용을 잘할 수 있도록 홈페이지를 꾸미고 개발하는 일을 하지요. 중요한 사역으로는 문서선교팀이나 다른 팀에서 만든 글 등을 홈페이지를 통해 알리는 작업이 있습니다.

· 미디어팀: 이 팀에서는 인터넷 환경을 비롯한 우리 주변을 둘러싸고 있는 미디어 환경의 문제를 지적하고 경고하는 사역과 다양한 미디어를 통해 복음을 전할 수 있는 방법을 연구하고 개발하는 사역을 하고 있습니다. 사실 개인적으로 이쪽 사역은 앞으로 무궁무진하게 발전되고 확장될 것이라고 생각합니다. 처음 시작은 다양

한 미디어를 통한 전도나 복음전파라는 목적이었지만 점차 미디어 비평, 문화비평 등의 영역도 생겨나고 또 미디어의 각 영역별로 하나님 나라를 확장해야 할 부분이 많기 때문에 이 사역이 확장될 수밖에 없다고 생각합니다. 물론 그쪽 직업을 가진 분은 직장사역팀으로 들어갈 수도 있겠지만 현재로서는 그런 분이 많지 않기 때문에 문서선교 셀에서부터 이 사역이 전개될 거라고 생각합니다. 현재는 개봉되는 영화나 TV 프로그램을 모니터하고 기독교적인 시각으로 비평하는 작업을 하고 있고요. 인터넷에서 복음을 전할 수 있는 전도용 플래시 제작을 하고 있습니다.

· 미술팀: 기본적으로 예배실을 비롯한 교회의 모든 외관을 꾸미고 디자인하는 사역과 예술을 통해 하나님을 증거하고 창조 세계의 아름다움을 표현하는 사역을 하고 있습니다. 또 여러 주권선교사 셀들의 사역에서 미술과 디자인을 필요로 할 경우 지원하고 돕는 일을 합니다. 이 팀은 업무량이 점점 많아지고 있어서 더 많은 인력을 필요로 하고 있습니다. 요즘 젊은 사람들이 디자인에 민감하고 미적인 욕구가 높기 때문에 거의 모든 부분에서 이 팀의 역할이 필요한 실정입니다. 그리고 이 팀에서는 교회 절기나 특별행사 때 이를 그림과 디자인으로 표현하는 작업을 하는데 직접적으로 뭔가를 말하지 않아도 꾸며진 예배당의 모습과 또 벽에 걸린 그림과 장식 등을 통해 많은 영감과 감동을 주고 있습니다.

그 외에 제가 우리 문서선교 셀에 대해 말씀드리고 싶은 것은 우리 셀에 속한 선교사님들의 열정입니다. 우리 셀은 다른 셀에 비해 굉장히 다양한 사람들이 모여 있다고 할 수 있어요. 미술을 전공한 분, 컴퓨터를 전공한 분, 글을 쓰는 분들이 있지요. 그리고 사역 방법도 모두 다릅니다. 그런데 우리 문서선교 셀에 속한 분들은 모두 하나님 나라에 대한 뜨거운 열정으로 하나 되어 있다고 말하고 싶어요. 대부분이 다른 직장이 있는 경우가 많고 틈날 때마다 이 사역을 하는데 모두가 정말 열심히 하고 이 사역을 위해 많은 것을 헌신하고 있어요. 이러한 열정과 헌신이 서로에게 영향을 주고 한 공동체로 묶어 주는 것 같아요. 우리 셀 모임은 주로 토요일 저녁에 하는데 형식은 다른 셀들과 거의 같지만 가장 뜨겁게 찬양하고 가장 친밀한 공동체를 이루고 있다고 저는 생각해요. 사실 제가 다른 셀은 안 가 봐서 잘 모르지만요. 하하하.”

김 전도사는 신 선교사의 문서선교 셀에 대한 자부심과 열정을 느끼며 즐거운 마음으로 선교 셀을 나섰다.

김 전도사는 처음에 이 목사가 멘토 셀과 중보기도 셀에는 사람이 없을 거라고 말한 것을 기억하고, 멘토실이 비어 있는 것을 확인한 후 다시 이 목사가 있는 목양실로 갔다. 이 목사는 김 전도사를 보고 자리를 권하며 말했다.

“역시 멘토 셀과 중보 셀에는 아무도 안 계셨군요. 그 셀들에 대해서는 제가 설명해 드릴게요.”

“목사님, 그 전에 한 가지 여쭙고 싶은 것이 있는데요. 조금 전, 문서선교 셀에 신 선교사님이 주말교회기독교학교 출신들이 주권선교사로 영입되고 있다고 말하면서 앞으로 많은 변화가 있을 거라고 하셨는데, 그것에 대해 좀 더 알고 싶어요."

"그 문제는 사실 우리 교회에서 최근 굉장히 중요한 이슈입니다. 얼마 전부터 우리 교회학교 출신들이 주권선교사가 되는 현상이 본격화되고 있기 때문이죠. 이 세대들은 어떻게 보면 학생 때부터 주권선교사로 교육되고 훈련된 사람들이라고 할 수 있어요. 그래서 이들과 기존 성도들 간에 차이가 있을 수 있습니다. 문서선교만 해도 새로 영입되는 세대들이 문서선교 영역을 보는 시각과 접근 방식이 기존 성도들과는 다릅니다. 또 교회학교 출신들은 어릴 때부터 자신의 소명을 생각하며 직업과 인생을 설계해 왔기 때문에 여러 가지로 기존 신자와 다른 부분이 있습니다.

그래서 우리 교회는 기존 성도들에 맞춰져 있던 주권선교사 셀의 구조를 어떻게 그들에게도 잘 맞는 옷이 되게 할지를 고민합니다. 기존 성도들은 그들이 기독교 세계관 교육을 받고 자신에게 주어진 직업을 비롯한 여러 삶의 상황 가운데 어떻게 소명을 이루어 갈 것인가를 고민하는 사람들이라면, 새로운 세대들은 새롭게 자신들의 삶을 개척하고 자신의 소명을 이루기 위해 직업을 선택하고 만들어 가는 사람들입니다.

현재 우리 교회는 이러한 새로운 환경 가운데 두 가지 일을 우선적으로 하려 합니다. 첫째는 필요한 셀들을 새롭게 만들거나 변화를 모색하는 것입니다. 우선 문서선교 셀과 직장사역 영역에서 몇 가지 변화를 생각하고 있습니다. 둘째는 우리 교회 교회학교 출신들이 같이 모여 새로운 기독교 벤처사업을 추진해 보려고 하는데 그것을 교회적으로 지원하

리포밍 처치

는 일입니다. 아직은 구상 중입니다만, 기독교적 컴퓨터 게임회사, 디자인 회사, 찬양 공연팀 등을 만들어 보고 싶어 하는 사람들이 있는데, 이런 것들을 교회가 직접 관여할 성격은 아니지만 필요한 것이 있다면 최대한 후원할 것입니다. 사실 이런 일은 우리 주권선교사 팀의 사역들과 겹치는 것이고 그 사역 중에서 나온 생각인데, 젊은 세대가 이것을 사역뿐 아니라 직업으로 연결시키려고 하는 것은 당연한 것이고 지지받아야 할 일이라고 생각합니다. 아직은 뭔가 본격적으로 시작된 것이 없어서 정확하게 말씀드릴 수 없지만, 앞으로 많은 변화가 있을 것이라 생각하고 기도하며 준비 중입니다.

그리고 이런 젊은 세대뿐 아니라 우리 교회의 주권선교사로서 어떤 분야에서 오랜 시간 사역하는 경우 그 사역을 직업으로 연결하려는 경향이 있습니다. 그에 대해서도 우리 교회는 적극적으로 지지합니다. 어떤 사람은 '봉사가 돈 버는 일로 변질된다.'라고 염려하기도 하지만 우리 교회는 직업을 통해 하나님 나라를 확장하는 일을 지지합니다. 그렇기 때문에 봉사가 되었건 또 그것이 직업이 되었건 하나님 나라를 확장하는 일이면 된다고 생각합니다. 그리고 어떤 면에서는 직업으로 하는 일이 더 지속성이 있고 전문성이 있을 수 있기 때문에 이런 변화를 긍정적으로 생각합니다. 이미 간병인 사역이 그런 과정을 거쳤고요. 앞으로 호스피스 사역도 그런 변화를 모색할 것입니다. 또한 점점 젊은 세대가 많이 활동하고 있는 문서선교 셀의 여러 팀에도 이런 변화가 예상됩니다. 이 부분은 간병인 셀을 탐방하면서 좀 더 들으실 수 있을 것입니다."

4) 멘토 셀

"그러면 이제 멘토 셀과 중보기도 셀에 대해 설명해 드릴게요. 멘토 셀은 우리 교회에 새신자가 왔을 때 그들을 안내하고 양육하며 돌보는 사역을 합니다. 앞에서 멘토의 역할에 대해 들으셨겠지만 이 멘토 사역은 우리 교회에서 아주 중요합니다. 또한 어떤 의미에서는 목회 사역의 일부라고 할 수도 있지요. 목회자와 같이 새로운 사람을 온전한 그리스도인이 되도록 목양하는 것입니다.

이 사역에서 무엇보다 중요한 것은 각 멘토의 영성이라고 할 수 있습니다. 각자가 영적으로 준비되어 있지 않으면 결코 이 멘토의 역할을 제대로 할 수 없는 것이지요. 그래서 멘토 셀에서 가장 중요하게 생각하는 것은 각자의 신앙을 더 뜨겁게 유지하고 성숙시키는 것이라고 할 수 있습니다. 셀 모임 중에 새신자들을 어떻게 양육해야 할 것인가에 대한 공부와 연구도 계속하지만, 그보다도 서로 격려함으로 신앙을 성숙하게 하고 지켜 나가는 것이 더 중요한 역할이라고 할 수 있습니다.

김 전도사님도 경험해 보셔서 알겠지만 새신자를 양육하는 것이 결코 쉬운 일이 아니지 않습니까? 특히 중간에 양육에 실패하는 경우가 있지요. 여러 가지 이유로 잘 따라오지 않고 교회를 떠나는 경우도 있습니다. 그러면 멘토들이 겪는 좌절과 실망은 굉장합니다. 이럴 때 멘토 셀에서 서로의 아픔을 나누고 위로받게 됩니다. 아마 이런 멘토 셀, 멘토 공동체가 없다면 이 사역이 제대로 되기 힘들 것입니다.

또한 멘토 셀은 다음에 말씀드릴 중보기도 셀과도 비슷한 면이 있습니다. 멘토 사역을 하면서 자신이 맡은 새신자를 놓고 잘 양육하기 위해

서로 지혜를 나누고 조언할 뿐 아니라 같이 합력해서 기도합니다. 그리고 멘토들은 세상 속에 붙잡혀 있는 영혼을 하나님 나라로 이끌어 오는 역할을 해야 하기 때문에 가장 치열한 영적 전투 현장에 있는 사람입니다. 그래서 그것을 위해서도 간절하게 기도해야 합니다. 셀 모임에서 이렇게 기도가 중요한 비중을 차지하기 때문에 중보기도 셀과도 비슷하다고 할 수 있습니다.

5) 중보기도 셀

중보기도 셀은 대부분 연세가 많으신 권사님들을 주축으로 만들어졌습니다. 물론 연세가 많으신 분들 중에도 다른 셀에서 사역하는 분들도 많습니다만, 이분들은 연로하셔서 거동이 불편하지만 천국 갈 때까지 기도하는 일은 할 수 있다는 생각으로 함께하고 계십니다. 사실 지금도 중보기도실에서 기도하고 계시는 분이 있을 것입니다. 이분들은 거의 매일 교회에 나와서 기도합니다. 기도하는 것을 사역이라 말하고 또 주권선교사라고 말하는 것이 좀 이상할 수도 있겠지만 우리 교회의 주권선교사 사역에 가장 중요하고 기초가 되는 일을 하시는 분들이기에 이분들의 기도는 결국 하나님 나라를 확장하는 가장 중요한 사역입니다.

이 셀에 속한 분들은 각 주권선교사 셀에서 중보기도를 요청한 것들을 두고 매일 기도합니다. 우리 교회는 사역이 많기 때문에 그만큼 기도해야 할 일들이 많습니다. 각 선교사님들도 기도하지만 이렇게 중보기도 팀에 부탁해서 끊임없이 기도합니다. 그리고 새신자를 위해 기도하고 예배와 목회자를 위해 기도합니다. 또 중보기도를 요청한, 어려움을 겪고 있는 자들을 위해 그리고 전도 대상자들을 위해 기도합니다.

중보기도 셀의 셀 모임도 다른 셀들과 다르지 않습니다. 거의 매일 만나지만 셀 모임 시간을 정해서 프로그램을 하고 교제를 나눕니다. 셀 모임 기도 시간에는 자신들의 기도 제목과 또 교회적으로 절실한 문제를 놓고 기도합니다."

김 전도사와 이 목사는 마지막 직장 영역을 소개하기 위한 시간을 정하고 헤어졌다.

4. 직장 영역

김 전도사가 이 목사의 방을 찾았을 때 이 목사는 통화 중이었다. 이 목사는 김 전도사에게 자리를 권한 후 차를 내오면서 말했다.

"제가 지금 직장 영역 셀에 전화해 봤는데 지금 셀 소개를 해 줄 마땅한 사람이 없다고 합니다. 원래는 제가 간단하게 설명하고 전도사님이 직접 셀에 찾아가셔서 안내받을 수 있었으면 했는데 그냥 제가 말씀드려야 할 것 같군요.

사실 직장 영역은 조금 복잡하게 나눠져 있어서 일일이 다 찾아다니면서 탐방하기가 쉽지 않아요. 그리고 직장 영역의 셀들이 서로 성격이 많이 달라서 다른 셀에 대해 설명하는 것도 쉽지 않고요. 그래도 제가 두루두루 셀의 상황을 많이 아니까 제가 설명하는 것도 나쁘지 않을 거 같네요. 물론 제가 아주 구체적이고 세부적인 것은 알지 못하지만요. 제가 설명해 드려도 되겠죠?"

"예, 물론입니다. 저에게는 목사님이 제일 편하고 질문도 쉽게 할 수 있어서 더 좋습니다."

"그렇다면 좋습니다. 먼저 말씀드릴 것은 우리 교회는 주권선교사 셀이 여러 개로 나눠져 있습니다만, 영역으로는 나눠져 있지 않다는 점입니다. 셀이 많기 때문에 뭔가 분류가 필요해서 직장 영역이나 봉사 영역 등으로 나눈 것이지 그 영역에 큰 의미가 부여된 것은 아닙니다. 이 말을 하는 이유는 각 셀들은 영역과 관계없이 서로 연합하고 동역할 수 있기 때문입니다. 이웃 영역은 이웃 영역 셀들끼리만 친하게 모인다거나, 직장 영역 셀들은 서로 뭔가 동질감을 느낀다거나 하는 것은 전혀 없습니다. 그래서 직장 영역이지만 봉사 사역을 하는 경우가 있고 선교 사역과 연관된 일을 하는 경우도 있습니다. 이 부분은 차차 말씀드리게 될 것입니다.

직장 영역 셀들은 지금 발전과 변화를 계속하고 있고 또 계속해서 분화되고 새롭게 생겨나고 있습니다. 어떻게 보면 가장 역동적이라고 할 수 있고 또 어떻게 보면 계속 자리를 잡아가고 있는 과정 중에 있다고 할 수 있습니다. 지금 형성되어 활동하고 있는 직장 영역의 셀들을 하나씩 소개하면서 이곳에서 진행되는 사역을 말씀드릴게요.

1) 직장사역 셀

직장사역 셀은 우리 교회에서 가장 먼저 생긴 셀 중 하나이면서 가장 큰 셀입니다. 그러나 가장 변화가 큰 셀이기도 합니다. 그 이유는 이 셀에 속한 분들이 계속해서 새로운 셀을 만들어 분화하기 때문입니다. 또한 이 셀에서 다른 셀로 이동하는 분들도 많습니다.

직장사역 셀은 직장에 소명이 있다고 생각하는 사람들이 직장 안에서 하나님 나라를 확장하는 사역을 하겠다는 목적으로 모였습니다. 그런데 직종이 같은 사람들이 모이면서 그 직종을 따라 교사 셀이나 의료 셀 등으로 분화되고 있습니다. 또한 건축 관련 일을 하는 분들은 봉사 셀로 이동해서 집수리를 하는 팀으로 사역하는 경우가 있습니다. 아마 앞으로도 많은 셀들이 직능별로 생겨나고 분리될 것입니다.

그러나 지금 현재 우리 교회 직장사역 셀에는 여전히 많은 분들이 소속되어 있고 활발한 활동을 하고 있습니다. 소속된 주권선교사 숫자가 많고 또 직장이 지역적으로 서로 멀리 떨어져 있기 때문에 세 개의 지역별 셀 모임을 합니다. 그리고 월 1회 교회에서 모이는 전체 모임에서는 직능별 모임을 합니다.

직장사역 셀은 세 가지 방향으로 일터에서 하나님 나라를 확장하려고 노력합니다.

첫째, 직장일을 통해 하나님 나라를 확장하는 것입니다. 어떤 의미에서 하나님 나라는 현재 이 땅에서 이루어져 가고 있습니다. 그리고 우리의 직업은 이 땅에 필요한 것들을 만드는 일입니다. 따라서 우리가 직장에서 하는 일은 결국 하나님 나라를 위한 일이라고 할 수 있습니다. 농부는 열심히 농사를 지어 먹을 것을 만들어야 합니다. 그리고 건축가는 열심히 집을 지어야 합니다. 그렇게 해야 하나님 나라에 필요한 음식과

직장사역셀 운영 실제

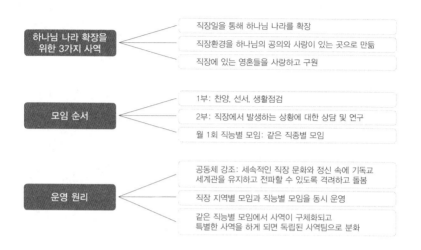

하나님 나라 확장을 위한 3가지 사역	직장일을 통해 하나님 나라를 확장
	직장환경을 하나님의 공의와 사랑이 있는 곳으로 만듦
	직장에 있는 영혼들을 사랑하고 구원

모임 순서	1부: 찬양, 선서, 생활점검
	2부: 직장에서 발생하는 상황에 대한 상담 및 연구
	월 1회 직능별 모임: 같은 직종별 모임

운영 원리	공동체 강조: 세속적인 직장 문화와 정신 속에 기독교 세계관을 유지하고 전파할 수 있도록 격려하고 돌봄
	직장 지역별 모임과 직능별 모임을 동시 운영
	같은 직능별 모임에서 사역이 구체화되고 특별한 사역을 하게 되면 독립된 사역팀으로 분화

집과 옷을 공급할 수 있습니다.

전에 제가 직업소명을 얘기하면서 했던 것들과 겹칠 수 있습니다만, 우리가 직장에서 하는 모든 일이 하나님 나라에서 소중한 사역이 될 수 있습니다. 그러나 만약 하고 있는 일이 이 땅에 구현되고 있는 하나님 나라에 전혀 필요 없는 일이라면, 그런 직업은 그만두고 직업을 바꿔야 합니다. 그러나 그런 직업을 가진 사람은 거의 잘 없지요. 따라서 자신이 속한 직장에서 성실히 일해야 합니다.

둘째는 직장환경을 하나님의 공의와 사랑이 있는 곳으로 만들어야 합니다. 하나님 나라를 확장한다는 것은 어떤 지역이나 영역을 하나님의 법이 통치되도록 만드는 것이라고 할 수 있습니다. 하나님의 법은 공의와 사랑입니다. 직장에서 의롭지 못한 부분을 의롭게 만들기 위해 노력해야 합니다. 또한 사랑의 원리가 아닌 다른 것들에 오염되어 있는 부분이 있다면 사랑의 법으로, 사랑의 분위기로 바꿔야 합니다. 그렇게 직장을 공의가 넘치고 사랑이 있는 곳으로 변화시키는 것이 직장 주권선교사가 해야 할 일입니다.

직장에서 만들어 내는 제품에도 하나님의 공의와 사랑을 담아 내야 합니다. 방송국이나 언론매체에서 일하는 분들은 공의와 사랑이 넘치는 방송을 만들어야 합니다. 농사를 짓는 분이라면 이웃에 대한 사랑을 담아 더 건강하고 정직한 농산물을 만들어 내야 합니다. 자동차를 만드는 사람도 마찬가지이고, 옷을 만드는 사람도 마찬가지입니다. 공의와 사랑이 있는 제품을 만드는 것 역시 중요한 사역입니다.

마지막으로는 직장에 있는 영혼을 사랑하고 구원해야 합니다. 이 사역은 단순히 전도만을 말하는 것이 아닙니다. 먼저 직장 동료를 사랑해야 합니다. 이는 힘들어하고 어려움을 겪고 있는 사람을 돕는 사역입니다. 그리스도의 사랑을 소유한 사람으로서 고통 중에 있는 자들에게 찾아가서 그들을 위로하고 도와야 합니다. 그러는 중에 자연히 복음을 전할 수 있게 됩니다.

직장생활은 각박한 사회생활입니다. 서로가 서로를 밟고 일어서야 하며 또 치열하게 생존을 두고 싸우는 냉혹한 전쟁과 같은 곳입니다. 그러나 우리 그리스도인은 그런 사회의 풍조와 현실에 동조하지 않습니다. 그런 곳에서라도 그리스도인은 사랑과 공의를 포기할 수 없습니다. 냉혹하고 건조한 직장에서 따뜻한 사랑을 실천하는 사람이 되어야 합니다. 그래야지만 주권선교사로 파송받은 의미가 있습니다. 직장 안에는 위로와 도움이 필요한 자들이 많이 있습니다. 그들에게 따뜻한 그리스도인의 사랑으로 다가가는 것이 직장 주권선교사의 가장 중요한 임무입니다.

주권선교사 셀 모임에서는 주로 직장 안에서의 사명을 어떻게 실현할 것인가를 고민하고, 서로에게 힘을 주고 격려합니다. 우리 주권선교사 셀들은 모두 공동체라고 했습니다. 공동체가 필요한 이유가 바로 이런 것입니다. 대개의 직장생활은 사랑과 공의의 환경이 아닙니다. 그런 건조하고 이질적인 곳에서 사랑과 공의로 살아가며 그것을 나타내고 전파하는 것은 외롭고 고독한 싸움입니다. 그런데 이런 와중에 자신이 혼자가 아니라는 것을 확인하고 위로받는 시간이 셀 모임입니다. 나와 같이 외로운 선한 싸움을 싸우고 있는 내 동지들이 있다는 것과 공의와 사랑을 위해 같이 싸워 주고 도와줄 공동체가 있다는 것을 확인하고 힘을 얻는 곳이 셀 모임입니다. 그래서 셀 모임을 하는 동안 직장사역의 여러 지혜를 모으고 또 직장생활의 조언도 듣지만 그보다 더 중요한 것은 마음에 있는 것들을 터놓고 애기하며 서로를 진심으로 아껴 주고 한마음이 되어 서로를 위해 그리고 하나님 나라를 위해 뜨겁게 기도하는 일입니다.

사실 제가 말한 세 가지 직장사역의 사명은 매우 힘든 일입니다. 보통의 의지와 힘으로는 이 싸움에서 이길 수 없습니다. 그러나 공동체가 제 역할을 해서 든든한 버팀목이 되어 줄 때 이 사역을 계속 해 나가고 하나님 나라를 이루어 가게 되는 것이지요.

한 달에 한 번 교회에서 모이는 직능별 모임에서는 직업이 같거나 비숫한 사람끼리 모입니다. 그래서 그 직업 안에서 특별히 어떻게 하나님 나라를 확장할 수 있을지 지혜를 모으고, 어떤 직업군에서는 힘을 합해 할 수 있는 사역이 있을지 찾아보며 그 일을 도모합니다. 또 그 직종에서 특별이 두드러지는 기독교 윤리적인 이슈 등을 논의하고 연구하기도 합니다. 그 모임이 발전되면 새로운 셀을 만들기도 하지요. 제가 듣기로는 기독교문화 영역으로 모이는 팀이 있는데, 이쪽에서 새로운 셀을 만들려고 한답니다. 직장사역 셀에서 분화되어 특정한 사역으로 셀을 이루게 되는 경우, 이제까지 말씀드린 직장사역의 정신과 그리스도인의 역할을 강조하는 것과 동시에 그 특정 직업 영역에서 할 수 있는 하나님 나라의 확장을 위한 사역을 하게 됩니다.

2) 자영업 셀

자영업 셀도 크게 보면 직장사역 셀의 한 부분입니다. 그래서 직장사역과 거의 같은 사역 목적을 갖고 있습니다.

첫째는 하나님 나라의 기업을 만들어 가는 것입니다. 우선 자신이 경영하는 사업이 하나님 나라의 일이고 사업이라는 인식으로 그 사업을 잘 경영해 가는 것이 중요합니다. 특히 사업을 성공적으로 잘해야 하는 이유가 그것이 사람들에게 좋은 일자리를 주는 일이기 때문입니다.

또한 자신의 사업을 통해 좋은 제품을 만들어 내고 좋은 서비스를 제공해야 합니다. 이것 역시 하나님 나라를 위해 굉장히 중요합니다.

둘째는 공의와 사랑이 있는 경영을 하는 것입니다. 일반 직장과 달리 사랑이 넘치는 따뜻한 직장을 만들어야 합니다. 이것은 직원의 후생복지로 드러날 수 있고, 회사 분위기로도 나타날 수 있습니다.

또한 사업할 때 의로운 경영을 해야 합니다. 많은 편법과 불법의 유혹이 있지만 그런 거짓이 없는 정직하고 공의로운 사업을 실현해야 합니다. 물론 이것을 쉽게 이룰 수 있는 사업 영역도 있고, 그렇지 않은 사업 영역도 있습니다. 그러나 사업 영역의 주권선교사로서 힘들고 위험하지만 이 싸움을 꼭 해야 합니다.

셋째는 사업을 통해 선교하는 것입니다. 먼저 직원 중에 믿지 않는 자들이 있다면 기회가 되는 대로 복음을 전해야 합니다. 그러나 결코 직위를 통한 압력이 아니라 그리스도의 향기를 나타내는 방식으로 전해야 합니다. 그리고 사업을 통해 얻게 되는 이익과 물질을 하나님 나라를 위해 사용해야 합니다. 사실 우리 교회의 사역에 필요한 물질이 이 자영업 셀을 통해 많은 부분 공급됩니다. 이 역시 아주 중요하고 귀한 사역이라고 생각합니다.

셀 모임도 직장사역 셀과 거의 비슷합니다만, 이곳에서 주로 많이 논의하고 고민하는 것은 정직하게 사업하는 법과 사랑이 넘치는 직장을 만드는 법입니다. 다른 것도 많이 나눌 수 있지만 바로 위에서 말씀드린 직장 셀과 거의 비슷한 맥락이 될 거 같아서 생략하겠습니다. 단지 한 가지 말한다면, 사업에 있어서 하나님 나라의 일에 대한 열정과 헌신을 강조한다는 것입니다. 우리 교회의 가장 기본적인 생각 중 하나는 소위 말하는 '평신도'가 목회자의 조력자가 아니라 목회자와 같은 사역을 한다는 것입니다. 그렇기 때문에 하나님 나라에 대한 열정과 헌신이 목회자와 같거나 그 이상이어야 한다는 것입니다. 우리 교회가 각 영역에서 주권선교사에게 요구하는 것은 이처럼 굉장합니다.

아마 일반 다른 사람들이 볼 때는 어떻게 '평신도'가 그런 일을 할 수 있느냐고 말할 수 있습니다. 그러나 우리 교회는 그런 '평신도'는 없습니다. 모두가 굉장한 열정과 헌신을 가진 선교사이기 때문에 그 일들을 감당할 수 있습니다. 특히 이런 치열한 사업 현장에서는 이와 같은 열정과 헌신과 용기가 필요합니다. 그래서 이 부분을 더 많이 강조합니다.

3) 간병인 셀

다음은 간병인 셀에 대해 말씀드리겠습니다. 이 셀은 원래 봉사 셀에서 병든 사람을 돌보는 사역으로부터 시작했습니다. 이 셀은 교인 중에 아픈 자를 돕거나 병원에 찾아가 환자들을 위로하고 전도하는 공동체였습니다. 이 팀에는 원래 병원에서 간병인으로 일하시는 분들도 있었는데, 시간이 지나자 유급으로 간병하는 분들도 점점 늘어났습니다. 그래서 이 봉사 셀을 직장사역 셀로 바꾸는 것이 좋겠다는 의견이 나왔습니다. 결국 셀을 바꿔서 직장사역의 한 직종 모임 소속으로 했다가 최근에는 간병인 셀로 분화해서 활동하고 있습니다.

어떤 분은 봉사가 직업으로 바뀐 것에 대해 사역적인 순수성이 없어진 것이라고 부정적으로 보는 분도 있지만, 이는 아주 잘못된 시각입니다. 오히려 우리 교회는 이런 변화를 아주 긍정적으로 봅니다. 여러 가지 측면으로 볼 수 있는데 봉사보다는 직업으로 사역할 때 더 많은 일을 할 수 있다고 보기 때문입니다. 물론 봉사 차원으로도 할 수 있겠지만 사례를 받는 직업이 되는 것이 이 사역에 더 안정성과 지속성을 줄 수

리포밍 처치

있기 때문입니다.

이 간병인 셀은 우리 교회 셀 중에 작은 셀이지만, 다양한 성격을 가진 셀이라고 할 수 있습니다. 간병인 셀 중 어떤 분은 아직도 여전히 봉사 차원에서 사역하고 있습니다. 그리고 어떤 분은 직업으로 하고 있고요. 또 어떤 분은 파트 타임으로 반은 직업, 반은 봉사의 형태로 사역하고 있습니다. 그러나 직업이냐 봉사냐는 구분보다는 간병이라는 사역을 통해 하나님 나라를 확장하고 이웃을 섬기는 일을 하고 있다는 것으로 하나되고 동역하는 셀이라고 할 수 있습니다.

이 셀은 현재 직장 영역의 셀이라고 할 수 있지만 어떤 면에서는 여전히 봉사 영역이라고도 볼 수 있습니다. 직업으로 간병인 일을 하는 분도 그 안에 봉사 정신이 있습니다. 그리고 봉사 차원에서 간병 사역을 하는 분들도 직장인 이상의 열정과 열심으로 이 일에 헌신하고 있기 때문에 어떤 면에서는 차이가 없다고 할 수 있습니다. 분명한 사실은 이분들은 모두 간병 영역에 주권선교사로 파송된 분들이라는 것입니다.

중요한 것은, 직업으로 간병 일을 하는 분들이 하나님 나라와 이웃을 섬기는 사역이라는 마음을 잃지 않는 것이고 또 하나님 나라를 위해 봉사로 사역하는 분들도 직업과 같은 헌신과 열정을 잃지 않는 것입니다. 간병인 셀 모임은 이 부분을 체크하고 격려하며 열정을 북돋는 역할을 합니다.

이분들은 간병 직장이나 봉사 현장에서 자주 만납니다. 직업으로 간병하시는 분들도 언제든지 시간이 허락될 때마다 봉사 현장에서 함께 사역하기 때문에 만날 일이 많습니다. 그때마다 서로 정보를 교환하고 격려하며 교제합니다. 그리고 매주 셀 모임마다 모여 간병 사역에 대해 더 심층적인 공부와 사역에 대한 의견을 나눕니다. 셀 모임의 프로그램을 따라 서로의 신앙과 생활을 나누고 점검받으며, 또 서로 조언을 주고받습니다. 특히 간병인 기술도 배우고, 그보다 더 중요한 간병을 통해 어떻게 이웃을 섬기고 하나님 나라를 확장할지에 대한 지혜를 서로 나눕니다.

실제로 우리 교회 주권선교사님들이 병든 자를 지극정성으로 섬기는 모습을 보고 많은 분들이 감사해하고 또 감동받고 있습니다. 이것 자체로도 정말 훌륭하게 하나님 나라의 일을 감당하는 것인데, 나아가서는 이 일들을 통해 믿지 않는 자들을 전도하는 일도 많이 생겨나고 있습니다.

제가 직접 이 셀에서 사역해 보지 않아서 잘 모르지만 듣기로는 이 간병인 셀에서 가장 강조하는 것은 '성실하고 사랑이 있는 간병'이라고 합니다. 그리스도인의 사랑으로 정직하고 성실하게 간병할 때 병든 자들과 그 가족들이 정말 감동하고 감사하는 마음을 갖습니다. 그리고 열심과 사랑으로 간병할 때, 우리 선교사님들도 '내가 진정으로 하나님을 위해 일하고 있구나!' 하는 생각을 하게 되고, 그때 보람과 기쁨을 누리게 됩니다.

사실 간병일이 힘드니까 게을러지고 꾀를 부리고 싶은 유혹이 많이 있습니다. 그런데 우리는 셀 원들끼리 서로 격려하고 또 서로를 위해 간절히 기도하는 공동체를 만들어 가고 있기 때문에 이런 유혹을 이기고 승리할 수 있다는 간증을 자주 듣습니다.

그리고 셀 모임에서는 사역 분배도 합니다. 교회 안팎에서 간병의 도움을 요청하는 경우 그것을 잘 나누고 관리해서 보고하는 일들을 합니다. 사람들이 모여 일하다 보면 이런저런 잡음도 있고 또 갈등도 있을 수 있습니다. 특히 직업과 봉사 간의 다른 성격에서 오는 갈등도 있습니다. 그런데 우리 간병인 셀은 모든 갈등을 잘 해결하면서 사역하고 있습니다. 그 비결 중 하나는 험담하지 않는 것입니다. 교회 전체적으로 강조하고 모든 셀에서도 강조하는 것인데 다른 사람에 대해 결코 험담하지 않고 문제가 있을 때에는 직접 찾아가서 그 사람과 대화를 나눕니다. 간병인 셀이 처음 독립적으로 형성될 초기에 여러 갈등이 있었지만, 강력하게 험담하지 않기를 실천하면서 대부분의 문제가 해결되었습니다.

4) 의료 셀

다음은 의료 셀에 대해 말씀드릴게요. 의료 셀은 의사나 간호사 등 의료업계에 종사하고 있는 분들이 모여 만든 것입니다. 우리 교회뿐만 아니라 다른 교회도 의료선교회 등의 명칭으로 의료인 단체가 교회 기관으로 활동하는 경우가 많이 있습니다.

우리 교회의 의료 셀 사역도 일반 교회 의료선교회와 별반 다르지 않을 거라고 생각합니다. 먼저 해외선교팀과 함께 선교지에서 의료 사역을 하고 있습니다. 모든 셀 원이 매년 모두 다 가지는 않고요. 필요에 따라 나눠 가는 것으로 알고 있습니다. 그리고 봉사 셀 등 다른 셀의 지원 요청이 있을 때는 서로 협력해서 의료를 통해 이웃 사랑과 하나님 나라의 확장을 위해 섬기고 있습니다.

우리 교회의 의료선교사님들은 대부분 외부 의료선교단체에 소속되어 있습니다. 그분들은 그곳에서도 열심히 활동하시는데 각자가 속한 의료선교단체에서 배운 내용을 셀 모임 때마다 서로 공유하면서 나눕니다.

가장 중요한 것은 역시 셀 모임을 통해 강력한 신앙공동체를 형성하는 것입니다. 서로의 신앙과 삶을 돌아보고 격려해서 하나님 나라의 일꾼으로 직장에서 승리하는 삶을 살도록 합니다. 우리 교회는 의료인들을 의료주권선교사로 파송합니다. 선교사라는 호칭이 어울리고, 헌신된 마음과 하나님 나라에 대한 뜨거운 열정으로 그에 합당한 사역을 하도록 셀 모임을 통해 계속 도전하고 격려합니다.

김 전도사님도 아시겠지만 우리 목회자들에게 하나님의 일을 하는 것은 어떤 의미에서는 전혀 어려운 일이 아닙니다. 자신이 하고 있는 교회 일들이 모두 하나님 일이라고 생각하기 때문이지요. 그러나 정말 하나님 일에 뜨거운 마음과 열정으로 사역하는 목회자도 있고, 그렇지 못한 목회자도 있습니다. 의료인도 그와 같다고 생각합니다. 그들이 병든 자를 고치고 때때로 의료선교도 가면 하나님의 일을 하고 있다고 생각할 수 있지만 그것이 꼭 그렇지 않을 수도 있다는 것입니다.

그래서 우리 의료 셀에서는 마치 오지로 의료선교를 떠난 선교사님들과 같은 열정과 삶의 태도로, 주어진 의료 현장에서 사역하려고 노력합니다. 그리고 그것을 셀 모임을 통해 계속 점검하고 있습니다. 최근에는 '기독교적 의료에 대한 연구'도 같이 시도하고 있다고 들었습니다. 의료계의 여러 사회적 · 의학적 · 윤리적 이슈에 대해 기독교적인 입장을 정리하고 배우는 시간입니다. 이런 노력을 통해 참된 그리스도 의료인이라 불리는, 하나님 나라를 확장해 가는 귀한 선교사가 만들어지고 있다고 생각합니다.

5) 기독교학문연구 셀

다음에 소개할 셀은 기독교학문연구 셀인데요. 이 셀은 주로 청년 대학생들을 비롯한 현재 대학교 이상의 학교에서 공부하고 있거나 재직하고 있는 사람들의 모임입니다. 우리 교회의 규모가 그리 크지 않기 때문에 우리 교회 인력으로 기독교학문연구를 발전시켜 나갈 수는 없습니다. 우리 교회의 학자에 해당하는 분들은 거의 교회 밖의 기독교학문 단체에 가입해서 활동 중입니다. 그래서 사실상 이 셀은 대학생들이 주축이 되고 대학원 이상의 사람들은 대학생들을 이끄는 선생님의 역할을 합니다.

이 셀 안에는 인문팀, 사회팀, 과학팀, 예술팀이 있습니다. 각자의 전공을 따라 자신이 배우는 학문을 통해 어떻게 하나님 나라를 확장할지를 고민하고, 기독교적인 학문을 어떻게 실현할 수 있을지를 배우며 연구합니다. 대학을 다니는 학생들이 모두 학문의 길을 가지는 않지만 자신의 전공을 막연히 배우기보다는 기독교적인 시각 안에서 학문을 바라보고 학문을 발전시키는 방법을 찾아보는 것은 아주 의미 있는 일이라고 생각합니다.

대학생들이 이 셀의 다수이지만 그들이 주권선교사로 파송되는 경우는 거의 없습니다. 물론 대학생 때에도 다른 셀의 사역을 돕고 그곳에서 사역하는 경우는 있지만 학문 영역에서는 주권선교사로 파송하지는 않습니다. 왜냐하면 아직은 배워야 할 시기라고 생각하는 것이지요. 그래서 이 셀에는 대학원 이상의 학자 주권선교사가 소수 있고 선교사가 아닌 사람이 다수인 조금은 특이한 형태를 띠고 있습니다.

이 셀은 어떤 의미에서는 주말교회기독교학교의 대학부 형태로 볼 수 있습니다. 그런 성격을 일부 포함하고 있기 때문입니다. 일반 교회에서 보면, 대학교에서 새로 배우는 세상 학문과 신앙 속에서 갈등하다가 신앙을 떠나는 사람들이 종종 있습니다. 그래서 이 셀에서는 대학에서 배우는 학문이 기독교 신앙 안에서 해석되어 받아들여지고 또 때로는 반증되고 극복되도록 지도하고 이끕니다. 그리고 나아가서 각자의 전공 학문을 통해 어떻게 하나님 나라를 확장해 나갈 것인지를 고민하게 하고, 그 방향과 방법을 찾을 수 있도록 돕는 역할을 합니다."

"목사님, 갑자기 질문이 생겼는데요. 일반 교회 대학부나 청년부들을 보면 젊은 사람들이 함께 모여서 여러 활동을 하는데, 이 셀이 일반 교회의 대학부와 같은 성격이라고 보면 되나요? 그리고 그렇게 되면 그 연령층에 있는 대학을 다니지 않는 다른 청년들은 따로 모임을 하나요?"

"좋은 질문을 해 주셨습니다. 우리 교회의 대학생들은 이 셀에 속할 뿐 아니라 각자 관심이 있는 셀에서 많은 지원 사역을 합니다. 해외선교팀에서 단기선교를 가면 대학생들이 따라 가는 경우도 많고요. 봉사나 구제 셀의 사역을 돕기도 합니다. 그러나 이들이 속한 셀은 대부분 학문 연구 셀입니다. 셀에 속한다는 것은 그 셀에서 소공동체를 형성하는 것이지요. 셀 모임에서 기도 제목을 나누고 그들의 신앙생활 전반을 나누며 기도하는 공동체를 형성하는 것입니다. 그래서 대학생들이 기독교학문연구 셀에 속한다는 것은 실제적으로 일반 대학부 모임의 역할을 하는 것이라고 할 수 있습니다. 그런데 그 연령 가운데 대학에 가지 않은 청년들은 어떻게 하느냐고 질문하셨는데, 여기에는 두 가지 가능성이 있습니다. 대학을 가지 않았지만 관심 있는 학문이 있을 수 있습니다. 만약 그렇다면, 학문연구 셀 중 관심 있는 셀로 가서 활동할 수 있습니다. 또 어떤 사람은 일반 다른 셀에 소속되고 또 주권선교사로 파송되어 그곳 공동체에서 사역하면서 셀 모임을 할 수 있습니다. 그렇게 되면 젊은 사람들끼리 같이 모이는 기회가 없어지는 것처럼 생각할 수 있지만 실제로는 그렇지 않습니다. 교회생활 중에 그리고 다양한 사역을 통해 자주 만나고 사역할 수 있습니다.

우리 교회에서 한 가지 특이한 점은 이렇게 주권선교사 셀로 공동체를 형성하기 때문에 교회가 연령으로 나눠지지 않고 사역으로 나눠진다는 것입니다. 이것이 어떤 의미로는 같은 연령이 함께 모이지 못하는 아쉬움을 가져올 수도 있지만 오히려 이렇게 하면서 세대가 나눠지지 않고 함께 교통하고 교제하는 장점이 더 크다고 할 수 있습니다.

우리 교회의 셀들은 언제나 열려 있습니다. 주권선교사로 파송을 받는 것은 교회적으로 파송식을 거쳐 하는 것이지만, 사역을 함께하거나 다른 영역의 사역을 돕는 것은 전혀 문제가 되지 않고 오히려 권장하는 일입니다. 그리고 다른 셀 모임도 그 셀에서 허락만 하면 언제든지 참석할 수 있습니다. 셀 간에 연합해서 사역하는 것도 어떤 형태로든지 가능하고 권하는 일입니다. 우리 교회가 가장 경계하는 것은 셀들이 어떤 분파가 되거나 셀들 간에 어떤 경쟁의 관계가 되는 것입니다. 아직까지 다행히 우리 교회는 그런 것이 없습니다. 셀들로 모이는 소공동체를 중시하지만 우리가 같은 교회공동체라는 것 그리고 더 크게는 우리가 하나님 나라를 위해 일하는 같은 하나님 나라의 일꾼이라는 것을 늘 강조합니다.

6) 목회 셀

마지막으로 목회 셀에 대해 말씀드릴게요. 목회 셀이 직장 영역으로 분류되는 것이 이상할 수도 있지만 같은 직종으로 모였다는 의미에서 직장 영역이라고 할 수 있습니다. 이 셀의 구성원은 대부분 목회자들이고요. 교회에서 직원으로 사역하는 사람들의 셀입니다. 저도 이 셀에 속해 있습니다.

이 셀 역시 일반적인 셀 모임 형식과 프로그램을 따라 합니다. 성경적 생활방식 실천을 위한 선서를 하고 생활점검도 합니다. 그리고 이 셀도 기도와 교제로 뭉쳐진 강력한 공동체성을 갖고 있어요. 목회자도 신앙적인 돌봄과 공동체의 사랑과 격려가 필요합니다. 이런 부분에서 일반 성도가 공동체를 통해 신앙을 점검받고 격려받아야 하는 것과 전혀 다를 것이 없지요.

목회 셀에서 개인적인 기도 제목과 생활나눔 외에 각자가 맡고 있는 교회 사역에 대한 어려움이나 문제 등을 나누고 같이 해결 방안을 찾기도 합니다. 또한 연구발표 등의 시간을 통해 설교를 어떻게 할 것인지 또 주일 예배를 어떻게 하면 더 잘할 수 있을지에 대해 연구하는 시간도 갖습니다.

교회 운영에 관해서는 여러 가지 다른 결정기구와 회의가 있기 때문에 여기서 얘기할 것이 없고요. 또 교직원 회의가 따로 있어서 공적인 문제나 주제는 그 시간에 합니다. 그보다는 좀 더 목회자로서의 개인적인 고민과 연구들을 나누고요. 그리고 무엇보다도 어떻게 하면 우리 교회의 모든 주권선교사들에게 영적으로 더 힘을 주고 격려할 수 있을지에 대한 지혜를 모읍니다."

"목사님, 제가 들으면서 생각이 난 것인데요. 소빛교회의 목회자들은 다른 교회보다 할 일이 별로 없을 거 같다는 생각이 들어요. 일반 교회는 대부분 사역을 목회자들이 하는데 여기서는 각 셀에서 주권선교사들이 하잖아요."

"예, 그렇게 보일 수 있습니다. 그래서 가능하면 목회자의 수를 최소로 줄이려고 합니다. 그런데 실상은 다른 교회에 비해 목회자 수가 많이 적지는 않아요. 물론 선교도 교육도 또 봉사도 셀 위주로 주권선교사가 주관해서 하기 때문에 목회자들이 그 부분에서 일이 줄어드는 것은 사실입니다. 그러나 반면에 일반 성도들이 사역을 많이 하니까 전체적으로 교회에서 하는 사역이 다른 교회에 비해 굉장히 많습니다. 그래서 그것을 지원해야 하는 목회자의 사역도 함께 늘어나는 경향이 있습니다.

주말교회기독교학교도 교목과 같은 사역의 지원이 필요합니다. 그리고 신학적인 조언과 목회상담도 있어야 합니다. 선교 사역을 할 때에도 목회자의 지원이 필요하고요. 구제나 봉사 사역에도 목회자가 사역을 주관하지는 않지만 돕고 지원해야 할 부분이 여전히 있습니다. 그리고 우리 교회에는 여러 종류의 성경 공부와 성경 대학이 개설되어 있습니다. 새신자들을 위한 성경 공부부터 시작해서 성경 강해가 있고, 또 성경 대학에서는 교회사 연구, 기독교 윤리, 기독교 세계관 등의 여러 공부 반과 강좌가 개설됩니다.

우리 교회는 어떤 면에서는 목회자와 일반 성도 간에 갈등이 많이 있을 수도 있습니다. 일반 성도도 대부분 주권선교사로 파송되어 열정적으로 사역하기 때문에, 사례를 받는 목회자에 대한 불만이 있을 수 있습니다. 그런데 실상은 이런 문제에 대해서는 일반 교회보다 더 불만이 없고, 일반 성도와 목회자 간의 관계가 좋다고 저는 생각합니다. 왜냐하면 모든 성도들이 열심히 사역하고 있기 때문에 유급으로 사역하는 목회자들이 더 열심히 사역할 수밖에 없습니다. 저를 비롯한 우리 교회 목회자들도 이런 상황을 아는 것이지요. '우리만 특별히 사례를 받고 사역하는데 더 열심히 일하고 더 전문적이고 질 높은 사역을 해야겠다'고 생각하는 것입니다.

저는 우리 교회 동료 목회자들에게 많은 사역을 하라고 하기보다는 수준 높은 사역을 하라고 주문합니다. 예배의 모든 것을 준비하고 인도할 때 또 설교를 준비할 때 최선을 다해 가장 좋은 예배와 설교가 되도록 말입니다. 물론 저 자신에게 하는 말이기도 하고요. 교육 부분의 담당목회자 같으면 기독교교육의 전문가가 되어야 합니다. 주권선교사가 하는 사역이 일반 일이 아니라 기독교적인 사역이기 때문에 기독교적이고 신학적인 지원이 필요합니다. 그런 것들을 할 수 있는 전문적인 목회자가 되어야 하는 것이지요.

우리 교회의 목회자들은 다른 교회에 비해 실제 여유 시간이 좀 많을 수 있습니다. 소공동체가 활발하니 심방도 많이 필요 없고, 선교나 봉사 사역 등에서도 시간적으로 유리합니다. 그러나 그만큼 여유 있는 시간을 자신이 맡은 사역에 더 할애하여 최선을 다해야 하는 거지요. 예배에, 청소년 사역에, 성경 공부 사역 등에 최선을 다해 아주 잘 준비된 예배와 성경 교육과 교회학교 교육을 제공해야 합니다.

이제까지 이런 부분이 나름 잘 되어 왔고 또 모든 성도가 함께 사역하니까 성도들이 사역자의 고충도 잘 이해해 주는 면이 있습니다. 그래서 비교적 일반 성도와 목회자 간의 관계가 좋습니다.

자, 이제 우리 교회 주권선교사 셀에 대해서도 모두 말씀드렸습니다. 다음 주에 만나서는 궁금했던 것을 질문하고 대답하는 시간을 갖으면 좋을 것 같습니다. 그리고 우리 교회의 구조나 운영원칙에 관한 자료를 드릴 테니 읽어 보시고 궁금한 것이 있으면 질문해 주세요. 정관이나 교회구조에 대해서도 전체적으로 설명해 드릴까도 생각했는데, 이미 교회를 둘러보시면서 대부분 보셨기 때문에 대략 아실 것 같고, 우리 교회 체제를 일반화하기도 어려운데 굳이 장황하게 설명할 필요도 없을 것 같아서요."

김 전도사는 교회 구조와 운영 등의 자료를 받아들고 교회를 떠났다. 다음 주에 김 전도사는 미리 약속한 이 목사의 점심 대접을 받고 다시 이 목사의 목양실에서 커피를 마시며 마주 앉았다.

ㅈ 토론을 위한 질문

1. 책에 소개된 주권선교사 공동체를 보면서, 실제 교회에 적용할 때 발생될 효과와 문제에 관해 얘기해 봅시다(긍정적인 면, 수정해야 할 점, 또는 어떻게 적용할 수 있을지? 등).

   ....

   ....

2. 주권선교사 공동체에서 헌금의 모금이나 사용에 주도권을 갖는 것에 대해 어떻게 생각하는지 얘기해 봅시다(긍정적인 점. 수정 보완해야 할 점 등).

   ....

   ....

3. 책에 소개된 간병인 공동체에는 봉사가 직업이 되는 경우를 소개하고 있는데 이것에 대해 어떻게 생각하십니까? 또 선교나 봉사 사역 등에 자신의 재능과 시간을 투자하는 사람들에 대해 교회의 사례 원칙을 어떻게 정해야 할까요? 교회가 새로운 사역적 사업을 만들어 가는 젊은이들을 지원하는 것에 대해서도 토의해 봅시다.

   ....

   ....

리포밍 처치

9장

교회 정치와 운영

1. 교단 소속

"목사님, 먼저 여쭤 보고 싶은 것은요. 교단 문제입니다. 제가 이 교회에 와서 기존 교회와 다른 여러 새로운 교회 구조와 형식을 보았는데 교단과의 관계에서 문제는 없나요?"

"우리 교회를 처음 시작할 때, 우리 교회가 시도해 보려는 많은 새로운 형식이 기존 교회와 다른 부분이 많기 때문에 교단에 속하지 않은 독립적인 교회가 되어야 한다는 의견이 있었습니다. 그러나 저는 생각이 달랐습니다. 교단에 속하지 않은 교회는 교단 때문에 생길 수 있는 문제보다 훨씬 더 많은 문제를 갖게 되기 때문입니다. 개교회는 모든 신학적인 입장을 정립하거나 신학적인 문제에 답을 찾기가 어렵습니다. 또 교회에 문제가 생겼을 때 그 문제를 해결하거나 조정해 주는 역할을 할 사람과 기관이 없게 됩니다. 그리고 대외적으로 교회의 정체성이 불분명해 보이고 이단으로 오해받거나 이상한 교회로 오인될 수 있습니다.

저는 김 전도사님이 속한 교단과 비슷한 개혁주의 전통을 따르는 교단 소속입니다. 교단의 전통과 교단에서 정한 형식 및 다른 교회의 모습이 있기 때문에 교단의 간섭과 갈등의 소지는 있지만, 우리 교회가 시도하는 것들이 개혁주의 전통과 신학에 어긋나지 않고 또 그런 신학적 전통을 구현하는 새로운 시도라는 것을 교단에 설명하고 이해를 구합니다. 그리고 교단의 지시에 따라 우리가 하려는 형식을 수정하거나 조정하기도 합니다. 이렇게 하는 것이 조금 불편하기도 하지만 교단의 울타리를 벗어나서 겪게 될 불편한 점에 비하면 아무것도 아닌 것이지요.

그리고 저와 우리 교회는 교회의 전통을 존중하고 현재 교회가 갖고 있는 법과 제도가 쉽게 생겨난 것이 아니라 오랜 세월 동안 만들어진 소중한 것임을 인정합니다. 그래서 가능한 한 우리가 하려고 하는 일들이 교회의 전통에서 벗어나지 않도록 노력하고 아무거나 바꾸지 않으려고 합니다."

"아, 그렇군요. 제가 소빛교회에 처음 와서는 기독교 세계관적인 교회라고 해서 굉장히 다른 교회라고 생각했지만 많은 것들을 보고 들으면서 일반 교회와 많이 다르지 않다는 느낌이 들었는데 다 그런 이유가 있었군요."

"어쩌면 우리 교회가 많은 부분에서 새로운 것처럼 보이지만 사실 새롭지 않은 것일 수 있습니다. 일반 교회에서 대부분 하고 있는 것들이고 그것과 비슷한 구조와 형식을 갖고 있습니다. 단지 우리가 그것들을 조금 새롭게 디자인하고 조금 변형시킨 것이라고 할 수 있어요. 그리고 전

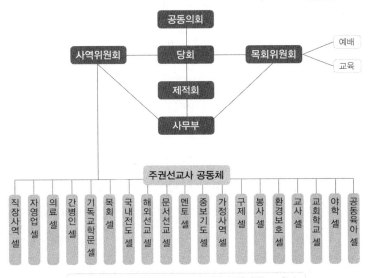

기독교 세계관적인 교회 구조

주권선교사 공동체의 사역과
기능을 강조한 교회 구조

공동의회

사역위원회 — 당회 — 목회위원회 — 예배 / 교육

제직회

사무부

주권선교사 공동체

직장사역셀 | 자영업셀 | 의료셀 | 간병인셀 | 기독교학문셀 | 목회셀 | 국내전도셀 | 해외선교셀 | 문서선교셀 | 멘토셀 | 중보기도셀 | 가정사역셀 | 구제셀 | 봉사셀 | 환경보호셀 | 교사셀 | 교회학교셀 | 야학셀 | 공동육아셀

주권선교사 셀(공동체)은 독자적인 재정관리와 운영을 원칙으로 한다.

통적으로 해 오던 것을 새로운 용어로 다시 포장한 부분도 있고요. 저는 우리 교회가 다르지 않다는 얘기를 듣는 것이 좋습니다. 왜냐하면 그 말은 우리가 잘못된 길로 가지 않고 교회의 전통 안에 서 있다는 것을 확인하는 것이기 때문입니다. 그것에 저는 안도하는 마음이 듭니다.

우리 교회의 목적은 '세상에서 하나님 나라를 확장하는 교인을 양성하고 후원하는 것'입니다. 이것을 이루어 가는 데 더 적합한 방법을 찾다 보니 일반 교회의 전통이나 형식과 달라지는 부분이 있습니다. 그러나 우리 교회의 목적과 일들이 교단의 기본적인 신학이나 교리에 위배되거나 어긋나는 것이 없기 때문에 이해되고 받아들여질 것이라고 생각합니다.

2. 리더십

"목사님, 정관에 보니까 교회의 조직이 당회나 공동의회 등의 전통적인 의사결정기구와 함께 사역위원회가 있고, 목사님이 아닌 다른 분이 위원장으로 되어 있던데요. 사역위원회가 어떤 건가요? 그리고 제가 생각해 보니 일반 성도가 사역하고 목회자는 그 사역을 돕는다고 했는데 실제로 목사님이 모든 셀을 파악하고 조정하며 또 전체적으로 이 사역을 이끄는 일을 하시는 것은 상당히 힘든 일일 것 같다는 생각이 듭니다. 더구나 설교와 일반 목회 일도 같이 하셔야 하잖아요. '목사님께서 너무 사역을 관리하고 인도하는 것이 힘드셔서 다른 분에게 위원장을 맡기신 게 아닌가?' 하고 혼자 생각해 봤어요."

"하하하, 역시 이 전도사님이 같은 목회자이니까 목회자의 힘든 부분을 잘 이해하시네요. 정확하게 보셨습니다. 각 셀은 독립적으로 사역을 하고 있습니다만, 셀 간에 또 사역 간에 조정하고 협력하도록 유도하는 일이 필요합니다. 우리 교회가 모든 셀을 통해 하려는 일이 결국 하나님 나라의 확장입니다. 그런데 각 영역에서 하나님 나라를 확장해 나가는 것 이상으로 중요한 것은, 우리 교회의 각 셀의 사역이 통합적으로 하나님 나라를 위해 힘이 모아지고 또 더 효율적으로 경영되는 것입니다.

얼마 전까지는 이 사역들을 조정하고, 보다 큰 시각으로 인도하는 역

리포밍 처치

할을 제가 주로 했습니다. 그러나 이 일이 저에게 결코 쉬운 일이 아니었습니다. 특히 저의 개인적인 성향과도 잘 맞지 않는 부분도 있었고요. 저는 지금까지 소빛교회를 설립한 후에 현재의 모습으로 교회를 만들기까지 많은 역할을 했습니다. 그러나 제가 스스로 생각할 때, 저는 뭔가를 구상하고 기획하는 것은 잘할 수 있지만, 많은 일을 총괄해서 관리하고 경영하는 데에는 적합한 성향이 아닌 거 같습니다.

우리 교회의 사역이 넓은 의미에서 보면 모두 교회 일이라고 할 수 있지만 또 어떤 측면에서 보면 하나님 나라의 확장을 위한 사업이라고 할 수 있습니다. 그래서 여러 업무가 있고 또 여러 부분의 사업이 있는 것이지요. 물론 이익을 창출하기 위한 사업은 아니지만 하나님 나라 확장을 위한 사업이고, 우리 교회 각 셀들은 하나님 나라 확장을 위한 사업팀인 것이지요. 그래서 이런 사업을 총괄하고 더 힘 있게 하나님 나라를 확장해 나가기 위해, 그에 적합한 리더십이 있는 사람이 리더가 되는 것이 좋겠다는 생각이 들었습니다. 물론 이것 역시 각 교회마다 또 목회자의 성향에 따라 다를 수 있겠지만 우리 교회와 저의 특성을 생각할 때, 사역위원회 위원장은 제가 하는 것보다 다른 분이 하는 것이 좋겠다는 판단이 들었습니다. 마침 우리 교회에는 얼마 전에 은퇴한 장로님 중에 전문경영인으로 재직한 분이 계신데, 이분은 신앙적으로나 인격적으로나 모든 성도의 신임을 받고 있습니다. 그리고 더 중요한 것은 그분이 주권선교사로서 처음부터 열심히 사역했던 분이라는 점입니다. 이분이 주권선교사님들의 투표로 위원장이 되셨는데 제가 할 때와는 다르게 모든 사역을 체계적이고 추진력 있게 운영하십니다. 목사가 예배와 신학적인 문제 혹은 목회에 대해서는 전문성이 있지만, 이런 사역을 경영하는 데에는 저와 같이 적합하지 않은 경우도 있다고 생각합니다. 어쩌면 그분은 그런 사역에 소명이 있고 저는 없는 것이라고 볼 수도 있지요.

사실 우리 교회에서 사역위원회의 역할과 권한은 굉장히 큽니다. 모든 사역을 조정하고 관리하는 역할을 하니까요. 어떤 면에서는 사역위원회 안에 목회팀도 들어가 있다고 볼 수 있습니다. 그래서 어떤 사람들은 그런 자리는 목사가 위원장이 되어야 한다고 말합니다. 그러나 중요한 자리라고 꼭 목회자가 할 필요는 없지요. 우리 교회가 지향하는 기독교 세계관적인 시각에도 합당하지 않고요. 하나님께로 받은 소명을 따라 더 잘할 수 있는 분이 하는 것이 합당하다고 생각합니다."

3. 교회 행정

"사역위원회 위원장의 임기가 3년이라고 했는데 목사님도 임기가 있으신가요? 그리고 기독교 세계관적인 교회 행정이나 운영의 특징을 든다면 무엇이 있을까요?"

"담임목사는 현재 6년의 임기를 갖고 신임투표를 거쳐 연임할 수 있습니다. 사역위원장 제도의 경우는 처음 시작하는 것이어서 일단 임기를 3년으로 하고 투표를 통해 연임할 수 있는 것으로 했습니다. 나중에는 필요에 따라 담임목사와 같은 임기로 할 수 있을 것이라 생각합니다.

리포밍 처치

우리 교회는 기본적으로 '만인제사장' 정신을 존중합니다. 그래서 가능한 한 목회자와 비목회자 간의 구별을 하지 않으려고 합니다. 하지만 그보다 더 중요한 것은 하나님 나라의 사역입니다. 하나님 나라의 확장이라는 목적에 초점을 맞추어 우리 교회의 모든 구조나 행정이 이루어집니다. 그래서 어떻게 보면 담임목사의 임기는 6년인데 사역위원장 임기는 3년이니 불평등하다고 할 수 있겠지만, 그런 것보다는 어떻게 하면 하나님 나라를 온전히 이루어 갈 것인가를 더 많이 생각하기 때문에 이런 것들이 무리 없이 받아들여집니다. 교인들은 그것이 목회자와 비목회자 간의 차별이나 불평등의 문제가 아니라 하나님 나라를 온전히 이루어 가기 위한 효율에 관한 것임을 이해하는 거지요.

　　우리가 처음 만났을 때 이런 얘기들을 나눴습니다만, 한국 교회는 목회자와 비목회자 간의 불필요한 갈등과 헤게모니 싸움이 있는 것 같습니다. 이제까지 목회자의 역할과 권한이 너무 커서 그것을 견제해야 한다는 생각이 있고 또 그런 이유로 교회마다 정관을 만들어 목회자를 견제하는 제도를 도입해서 소위 말하는 민주적인 교회 운영을 하려고 했던 것 같습니다.

　　그런데 이런 갈등의 핵심에는 목회자와 비목회자 간의 계급이 다르다는 인식이 있습니다. 즉 목회자는 하나님의 일을 하는 사람이고, 비목회자는 목회자를 도와 교회를 섬기는 사람이라는 인식이 있었던 것이지요. 그렇다 보니 처음부터 비민주적인 구조가 되고 또 목회자의 역할과 권한이 너무 커질 수밖에 없었습니다. 그러나 우리 교회는 모든 성도가 사역자입니다. 만약 하나님의 일을 하는 사람을 목회자라고 한다면 모든 성도가 하나님의 일을 하기 때문에 모두 목회자의 역할을 하는 것입니다. 그래서 우리 교회는 기본적으로 목회자와 비목회자 간의 차별이 없습니다. 그리고 전혀 계급적으로 차이가 있다거나 신분적으로 다르다고 생각하지 않습니다.

그러나 우리 교회는 하나님께로부터 받은 소명을 존중하고 각자의 역할을 온전히 인정합니다. 목회자와 비목회자가 신분적으로 다르다고 생각하지는 않지만, 목회자로서의 소명과 그 역할을 온전히 인정하고 존중합니다. 목회자도 하나님께 소명을 받았고 비목회자도 하나님께 소명을 받은 사역자이니 다를 것이 없다고 생각하지만, 목회자가 예배와 설교와 목회로 섬기도록 하나님께 부름받은 사람이라는 것을 온전히 받아들이는 것입니다. 그래서 그 설교와 목회를 온전히 존중하고 따릅니다. 목회자도 마찬가지로 각 셀의 사역자들을 하나님께로부터 부르심을 받은 자로 알고 그들의 사역을 온전히 인정하고 도우며 지원하는 일을 합니다.

이것이 우리 교회 행정의 기본 정신이자 원리라고 할 수 있습니다. 우리 교회는 평등과 민주적인 것에 너무 얽매이지 않습니다. 우리 교회의 정관을 보시면 알겠지만 어떤 부분은 별로 평등하거나 민주적이지 않습니다. 그보다 성경적인 원리가 더 중요하고 또 하나님 나라의 확장과 각자 받은 소명과 교회의 사명이 더 중요한 것입니다. 그렇다고 해서 제가 비민주적인 교회 운영을 지지하거나 목회자의 권위를 주장하는 것은 아닙니다. 모든 교인이 하나님께 받은 소명을 이루어 가는 삶을 살게 될 때, 교회 평등과 민주적인 행정도 온전하게 이루어질 수 있다는 것을

리포밍 처치

말하고 싶은 것입니다."

4. 교회 걸어가기

김 전도사는 이 목사의 말에 공감을 표시하며, 질문할 것을 정리한 노트를 보면서 다시 물었다.

"다음은, 제가 가장 흥미롭고 궁금했던 것을 질문할게요. 목사님이 주신 자료들을 읽으면서 가장 신기했던 것이 '교회 걸어가기 운동'이라는 것입니다. 이게 가능한가요? 그리고 어떻게 이런 일을 하게 되었는지 궁금합니다."

"이것은 사실 본격적으로 추진하고 있는 일은 아닙니다. 강요하는 운동도 아니고 실제로 꼭 이루어져야 하는 운동도 아닙니다. 우리 교회의 모든 구성원이 지역적으로도 가까이 살면 좋겠다는 소망이 담긴 마음이지요.

우리 교회는 모든 교인이 다양한 사역을 합니다. 그중에 많은 분들은 교회에 자주 나와야 하고 또 같은 사역을 하는 주권선교사들 간에 교제도 잦습니다. 그렇기 때문에 지역적으로 멀리 떨어져 있으면 그 사역이 원활해지기가 어려운 거지요. 그래서 이상적으로는 주일날 예배드리러 걸어올 수 있는 거리쯤에 살면 좋겠다는 생각을 하게 된 것입니다.

걸어서 30분 거리 이내에 살면 좋은 점이 많이 있습니다. 일단 주일 오전에 가족이 함께 성경책을 들고 걸어서 교회에 올 수 있습니다. 교회적으로도 주차장이 많이 필요 없어서 아주 좋지요. 그리고 우리 교회는 공동체성을 특별히 강조하는데 교인끼리 가까이 살면 더 많은 교제가 있고 서로를 잘 돌볼 수 있습니다. 거리상으로 가깝게 있는 것은 마음도 가까워질 수 있는 중요한 요인이니까요.

하지만 도시 생활에서 여러 가지 이유로 교회 근처에 모여 산다는 것이 쉬운 일이 아니라는 것은 충분히 이해합니다. 어떤 사람의 경우는 교회 근처로 이사하는 것이 거의 불가능할 수도 있으니까요. 그래서 이를 강요하거나 부담될 정도로 요구하지는 않습니다.

그 대신 우리 교회는 '교회 걸어가기 운동'을 다른 방향으로 추진할 계획입니다. 즉, 우리 교회에 사람이 더 많아지면 교회를 다른 지역에 분리해서 설립하는 것입니다. 그리고 또 하나는 우리 교회의 목적과 정신을 홍보하고 보급해서 우리 교회와 비슷한 형제 교회를 만드는 것입니다. 그렇게 되면 기존 성도들이 우리 교회가 아니어도 가까운 교회로 걸어서 갈 수 있지 않을까요? 아직은 꿈에 불과합니다만 '교회 걸어가기 운동'이라는 모토에는 이렇게 두 발로 교회를 걸어간다는 의미와 우리 교회처럼 각 성도의 소명을 격려하고 각자가 하나님 나라를 확장하는 사역에 동참하도록 돕는 교회를 만들어 간다는 이중적인 꿈이 담겨 있다고 할 수 있지요."

리포밍 처치

5. 교인의 숫자

"목사님, 목사님은 교회가 분리되려면 교인수가 몇 명쯤 되어야 한다고 생각하시는지요? 또 어느 정도의 교인수가 기독교 세계관적인 교회에 가장 적합하다고 생각하시는지요?"

"분리될 수 있는 숫자나 이상적인 교인수는 사실 말하기 어렵습니다. 교회마다 특성이 다르고 상황이 다르기 때문입니다. 그러나 수가 너무 적으면 사역을 추진하는 데 어려움이 있고, 너무 많으면 교회 공동체성에 문제가 생길 수 있습니다. 저는 개인적으로 교회가 너무 대형화되는 것을 좋지 않게 생각합니다. 그래서 규모가 너무 커서 교인이 서로 잘 모를 정도가 되면 분리하는 것이 좋지 않을까 하는 생각입니다.

그런데 문제는 기독교 세계관적인 교회를 하기에 적당한 숫자보다 적은 경우입니다. 현재 우리 교회와 같은 방식으로 사역하려면 꽤 많은 교인수가 필요합니다. 그러나 교인수가 적은 교회라도 못할 것은 없습니다. 셀의 숫자를 줄이고 또 사역의 수를 줄이면 되니까요. 물론 그렇게 될 때 자신의 달란트와 소명에 적합하지 않은 일들을 하게 될 수 있습니다. 그러나 그것 역시 하나님께서 주신 사명일 수 있습니다. 다른 사람들의 소명을 위하고 교회가 온전해지기 위해 자신의 특성과 소명을 조금 양보하고 보류하며 다른 사역을 하는 것은 충분히 가능한 일이라고 생각합니다."

6. 기독교 세계관적인 교회를 어떻게 만들 것인가?

"예, 작은 교회에서 어떻게 기독교 세계관적인 교회를 만들 것인가에 대해 말씀하셨는데, 이건 제가 정말 질문하고 싶은 주제입니다. 소빛교회에 와 보니 저도 앞으로 이런 교회에서 사역해 보고 싶다는 생각을 했습니다. 아직 제가 교회를 개척해야 할지, 아니면 기존 교회에서 사역해야 할지 모르지만, 저는 앞으로 기독교 세계관적인 교회를 섬기고 싶은 마음이 간절합니다. 목사님, 어떻게 하면 기독교 세계관적인 교회를 만들 수 있을까요?"

"우선 김 전도사님이 우리처럼 기독교 세계관적인 교회를 만들어 가는 데 함께하신다니 정말 좋고 감사한 일입니다. 기독교 세계관적인 교회를 만드는 것은 사실 어려운 일입니다. 일반 교회도 마찬가지이지만 이 일은 절대적으로 성령의 인도와 강력한 역사가 필요합니다. 사람의 생각과 힘만으로는 안 되는 일이지요. 그러나 성령이 함께하시면 교회를 개척하는 것과 기존 교회를 변화시키는 것 모두 가능하리라고 생각합니다.

교회를 새로 설립하는 경우를 먼저 생각해 볼 수 있는데요. 사실 제가 뭐라고 정확한 답을 드릴 수 없습니다. 왜냐하면 교회를 개척할 때의 상황이 모두 다 다르기 때문입니다. 우리 교회는 같은 뜻을 지닌 사람이 처음부터 많았기 때문에 비교적 평탄하게 교회가 설립되었습니다만, 다른 개척 교회가 모두 우리 교회와 같지는 않을 것입니다.

실제로 교회를 개척해서 전도하고 성경을 가르치는 일도 힘든데, 기

리포밍 처치

독교 세계관적인 교회의 목적까지 이루어 가는 것은 쉽지 않습니다. 기존 성도들이 아니라 새신자들을 모아 놓고 기독교 세계관을 말하고 또 그들에게 세상을 변화시키는 사역자가 되어야 한다고 얘기하는 것은 불가능한 일처럼 보일 수 있습니다. 꼭 그런 것은 아니지만 기독교 세계관적인 접근은 새신자들이 아니라 기존 신자를 대상으로 이루어지는 것입니다. 이미 구원받은 자들이 어떻게 살아야 할지를 말하는 것이니까요. 그런데 교회에 새신자가 많을 경우, 구원의 문제나 기독교 기본교리를 설명하는데도 힘이 들고, 주권선교사로서의 사역이 아니라 교회에 매주 출석하는 것에 힘써야 하는 상황에서 기독교 세계관을 말하기는 어렵지요.

물론 오랜 시간을 두고 새신자에게 분명한 신앙을 심어 주고 성경을 잘 가르쳐서 기독교 세계관을 받아들이는 헌신된 사역자로 만들어 갈 수도 있을 것입니다만, 이것은 아주 힘든 일이라고 생각합니다. 그래서 저는, 처음 교회를 설립하기 전에 기독교 세계관적인 교회를 만들고자 하는 사람들과 성경 공부와 기도 모임을 하면서 교회설립 멤버를 만들고 훈련하는 작업을 먼저 하는 것이 좋다고 생각합니다.

기독교 세계관적인 교회 모습과 신앙생활을 보여 줄 수 있는 모범이 되는 선배가 없고, 새신자만 많을 경우 교회 분위기가 기독교 세계관적으로 형성되기가 어려운 면이 있습니다. 왜냐하면 그들이 갖고 있는 세상적인 세계관이 여전히 남아 있고 또 교회는 목회적인 측면에서 이들의 세상적인 세계관을 인정하면서 접근해야 하기 때문이지요. 그러면 교회의 전체적인 분위기가 일반 교회 형태로 가기 쉽습니다. 결국 이런 방법은 일반 교회를 개척했다가 다시 기독교 세계관적인 교회로 바꾸는 형태가 될 가능성이 큰데 이는 힘든 일을 두 번 하는 것과 같습니다.

물론 그것도 불가능한 일은 아니지만, 그보다는 개척 당시에 기독교 세계관적인 교회 목표에 동의하고 그런 사역을 할 수 있는 사람들이 모여 기독교 세계관적인 교회 형태를 먼저 만드는 것이 좋습니다. 물론 처음부터 이런 사람이 많이 모인다는 것은 어려운 일입니다. 그러나 적은 수라도 기독교 세계관적인 형태를 갖추고 있는 것이 중요하다는 거지요. 그렇게 되면 새로 오는 분들이 기존 기독교 세계관적인 교회 질서와 형식에 따라 신앙생활을 하게 될 것입니다.

작은 규모라도 주권선교사 사역 셀이 있으면 그것을 따라 한걸음씩 갈 수 있습니다. 그리고 새신자들이 교회 안에서 주로 생활하는 목회자의 삶을 보고 교회 안에서의 신앙생활을 배우는 것이 아니라, 세상 속에서 살아가는 선배 성도의 삶과 신앙을 보고 세상에서 나타나는 신앙을 배우고 닮게 됩니다. 그렇기 때문에 이런 기본적인 교회 형태를 만들고 모범을 보일 수 있는 그룹이 있는지가 아주 중요한 문제라고 생각합니다. 이런 측면에서 보면 기독교 세계관적인 교회는 목회자가 만드는 것이 아니라 기독교 세계관에 뜻이 있는 헌신된 성도들과 함께 만드는 것이라고 할 수 있습니다.

7. 기존 교회를 기독교 세계관적인 교회로 변화

기존 교회를 기독교 세계관적인 교회로 만드는 것 역시 어려운 일입니다. 사람이나 집단은 자신이 익숙한 것을 쉽게 바꾸려 하지 않는 경향이 있고, 변화에 대해 저항하는 습관이 있기 때문입니다. 특히 익숙하고 편한 것을 새롭고 어려운 것으로 바꾸는 것은 더 힘든 일입니다. 그래서 어떤 사람은 기존 교회를 기독교 세계관적인 교회로 바꾸는 것보다 새 신자를 대상으로 기독교 세계관적인 교회를 만드는 것이 쉽다고 말합니다. 하지만 그것 역시 앞에서 말한 어려움이 있습니다. 이와 같이 기존 교회를 기독교 세계관적인 교회로 바꾸는 것은 아주 힘든 일입니다. 그러나 불가능한 것은 아니라고 생각합니다. 교회마다 상황이 다 다르기에 꼭 이렇게 해야 한다고 말할 수는 없지만 제 생각은 이렇습니다.

기독교 세계관적인 교회 목표를 지속적으로 교육하고 홍보하는 동시에 가장 쉽게 적용할 수 있는 것부터 시작하는 것입니다. 한꺼번에 모두를 바꾸는 것보다 몇몇의 사람을 대상으로 한 가지씩 시도해 보는 것이지요. 예를 들면 기존의 교회구역 모임이나 셀 모임 형태를 그대로 유지하면서 우리 교회에서 하고 있는 직장사역 셀이나 봉사사역 셀과 같은 것을 만들어, 자원하는 사람들을 대상으로 셀 모임과 사역이 연결된 셀을 만드는 것이지요. 그것이 성공적으로 정착하면 또 다른 셀을 만들고 그곳에 기존 성도를 이동시키는 것입니다. 또 주권선교사 파송도 다른 사람에게 부담이 되거나 이질감이 들지 않도록 소수의 사람을 파송하는 것부터 할 수 있습니다. 주말교회기독교학교도 주일학교를 단번에 바꾸기보다는 주말에 특별활동반을 만들어 원하는 학생을 대상으로 운영하는 것부터 시작하는 것이 좋습니다. 이렇게 조금씩 기독교 세계관적인 교회로 움직여 가는 것이지요. 그런데 중요한 것은 이런 변화가 부분적인 변화로 끝나면 여러 문제와 한계에 봉착할 수 있습니다. 왜냐하면 모든 것이 유기적으로 움직여야 하기 때문입니다. 꼭 지금 우리 교회와 같아야 한다는 것은 아니지만, 전체적으로 하나님 나라를 확장해 나가는 주권선교사들을 양성하고 지원하는 교회 형태가 되어야 합니다. 모든 것이 서로 연결되어 있고 서로 영향을 주기 때문이지요.

　한 가지 더 아주 중요한 점이 있습니다. 기독교 세계관적인 교회의 가장 중요한 기초는 제가 처음에 말씀드린 것 같은데 철저한 헌신의 자세가 있는가 하는 것입니다. 교회의 형태는 조금씩 바꿔 갈 수 있지만 결국 하나님 나라를 위해 헌신된 삶을 살겠다는 결단이 없으면 아무것도 이루어지지 않습니다. 성도의 변화와 헌신에 대한 결단 없이 교회 형태만 바꾼다고 해서 결코 기독교 세계관적인 교회가 될 수 없습니다. 그래서 기존 교회를 조금씩 바꾸어 간다는 것은 결국 사람을 철저히 헌신된 사람으로 바꾸어 간다는 것입니다. 기독교 세계관적인 셀을 만들고 그곳에 사람을 끌어오는 것은 결국 그 사람을 철저히 헌신된 하나님의 일꾼으로 바꾸는 것이라고 생각합니다. 각 개인의 신앙과 삶의 변화에 중점을 두어야 한다는 것이지요. 이 정도만 말씀드릴게요. 사실 저도 해 보지 않은 일이고 또 제가 뭔가를 말한다고 그대로 되는 것도 아니니까요. 결국 이 일을 추진하는 분들이 상황마다 하나님께 지혜를 구해서 성령님이 역사하셔야 이루어질 일이니까요."

리포밍 처치

토론을 위한 질문

1. 기독교 세계관적인 교회에 꼭 필요한 교회정치적인 요소나 구조가 있다면 어떤 것이 있을까요?

....

....

....

2. 기독교 세계관적인 교회를 만드는 데 있어서 기존 교회를 변화시키는 방법과 새로운 교회를 개척하는 것 중에 어떤 것이 더 좋은 방법일까요?

....

....

....

3. 현재 자신의 상황에서 기독교 세계관적인 교회를 만드는 사역에 어떻게 기여할 수 있을까요?(교회 개척의 방법과 현재 교회를 변화시키는 방법 등을 통해)

....

....

....

맺음말

"목사님, 마지막으로 기독교 세계관적 교회를 만들어 가는 데 가장 중요한 것이 무엇인지 말씀해 주세요. 제가 앞으로 기독교 세계관적인 교회를 섬기려는 데 필요한 조언을 부탁드립니다."

"모든 것이 다 중요하지만 그중에서도 저는 교육이 가장 우선되어야 한다고 생각합니다. 우리 교회는 주말교회기독교학교에 많은 힘을 쏟고 있습니다. 자라나는 세대를 기독교 세계관적으로 교육해야 온전한 기독교 세계관적인 교회가 가능하리라고 생각합니다. 우리 교회가 기독교 세계관적인 교회로서 여러 새로운 모습과 형태를 보여 드렸지만, 사실 아직 부족한 것이 많습니다. 저는 앞으로 우리 교회 주말교회기독교학교 출신들이 각 셀에서 본격적으로 활동하는 때를 기대하고 있습니다. 어려서부터 준비되고 교육된 주권선교사들이 활동하게 되는 것입니다. 그렇게 되면, 보다 더 역동적으로 하나님 나라를 확장해 나가는 기독교 세계관적인 교회의 모습을 보일 수 있을 거라고 생각합니다.

기독교 세계관적인 교회를 시작할 때도 교육은 중요합니다. 기존 교회를 변화시킬 때도 충분한 시간을 두고 기독교 세계관적인 교회와 소명과 사역에 대해 교육해야 합니다. 또한 하나님 나라에 대한 열정과 철저한 헌신을 가르쳐야 합니다. 이런 교육이 밑바탕으로 깔리지 않으면 온전한 교회가 세워질 수 없고 하나님 나라를 확장하는 사역이 일어날 수 없습니다. 소명에 대한 교육, 기독교 세계관적인 교육, 헌신에 대한 교육, 전인적인 신앙에 대한 교육이 온전히 이루어져야 합니다. 그리고 자신의 삶을 하나님께 온전히 맡기고 하나님 나라를 이루어 가는 하나님의 일꾼과 군사로서 살겠다는 의지를 심어 주는 교육이 이루어지지 않으면 아무것도 할 수 없습니다.

김 전도사님께 마지막으로 드리고 싶은 말은, 목회자로서 말씀과 기도에 전념하라는 것입니다. 김 전도사님은 이제 곧 목사가 될 것이고 또 설교와 말씀, 가르치는 사역을 하게 될 것입니다. 이 일이 사실 기독교 세계관적인 교회에서 가장 중요합니다.

하나님 나라를 확장하는 성도들을 지원하는 기독교 세계관적인 교회가 되려면, 하나님 나라에 대한 열정과 헌신이 있어야 합니다. 이런 열정과 헌신의 결단은 교육과 함께 말씀과 찬양과 기도를 통해 일어납니다. 그리고 예배를 통해 그 열정과 헌신의 마음이 유지되고 자라납니다. 이것이 무너지면 기독교 세계관적인 교회도 무너집니다. 목회자로서 이런 열정과 헌신과 감동이 있는 설교와 예배를 인도할 수 있도록 온전해지기를 바랍니다. 목회자의 역할은 하나님의 말씀을 전하고 가르치는 것입니다. 이것이 본분인데 이 부분을 제일 열심히 노력해야겠지요. 하나님 말씀을 정확하게 읽고 그것을 가감 없이 가르치고 전할 때 하나님의 역사가 일어나고 온전한 교회가 세워집니다.

또한 우리는 열심히 기도해야 합니다. 사실 앞에서 말한 모든 것은 기도 없이 될 수 없습니다. 제가 교육을 많이 강조했지만 사실 실제로 우리를 깨닫게 하고 교육하는 분은 성령님이고, 사람을 성장시키고 성숙하게 하는 분도 성령님입니다. 성령의 역사 없이 되는 일은 없습니다. 늘 하나님이 함께하시기를 빌고 기도해야 합니다. 그리고 기독교 세계관적인 교회를 섬기는 데 많은 어려움이 있을 것입니다. 그것을 이기고 승리할 수 있는 유일한 비결은 기도입니다.

우리 교회가 일반 교회와 다르게 모든 성도가 많은 사역을 하는 것은, 결국 교인 한 사람 한 사람이 자신을 하나님의 군사와 일꾼으로 생각하기 때문입니다. 우리 교회의 교인은 모두가 열심히 하나님을 위해 일해야 한다고 생각하며, '내 삶을 하나님 나라의 확장을 위해 드리려는 마음'이 있습니다. 이것이 없으면 아무것도 이룰 수 없습니다. 그런데 이런 헌신과 온전한 신앙인의 자세를 불러일으키고 발전시키는 것이 목회자의 역할입니다. 이 일을 할 수 있는 비결은 결국 말씀과 기도입니다. 너무 틀에 박힌 얘기 같습니다만, 조언을 부탁하셨는데 한 문장으로 말하면 '열심히 성경 읽고 열심히 기도하라.'입니다."

이 목사와의 대화를 마친 후 전철을 타고 집으로 향하는 동안 김 전도사는 앞으로 어떻게 목회 사역을 해야 할지를 생각하며 상상의 나래를 펼쳤다.

전철이 지하를 벗어나 지상으로 올라왔다. 그리고 전철이 바로 하늘을 향해 올라갈 때 쯤, 얼굴에 비춰는 햇살 때문에 김 전도사는 선잠에서 놀란 듯 깨어났다.